[英国]理查德·谢泼德 著
左安浦 译

The Seven Ages of Death
Richard Shepherd

七种死亡

只有法医知道的身体秘密

译林出版社

图书在版编目（CIP）数据

七种死亡：只有法医知道的身体秘密 ／（英）理查德·谢泼德(Richard Shepherd)著；左安浦译.—南京：译林出版社，2023.3
（医学人文丛书／梁贵柏主编）
书名原文：The Seven Ages of Death: A Forensic Pathologist's Journey Through Life
ISBN 978-7-5447-9615-6

Ⅰ.①七… Ⅱ.①理… ②左… Ⅲ.①法医学 Ⅳ.①D919

中国国家版本馆 CIP 数据核字（2023）第 039271 号

The Seven Ages of Death: A Forensic Pathologist's Journey Through Life by Richard Shep
Copyright © Dr Richard Shepherd 2021
First published in Great Britain in the English language by Penguin Books Ltd
Simplified Chinese edition copyright © 2023 by Yilin Press, Ltd
All rights reserved.

著作权合同登记号　图字：10-2020-298号

封底凡无企鹅防伪标识者均属未经授权之非法版本。

七种死亡：只有法医知道的身体秘密　　［英］理查德·谢泼德／著　左安浦／译

责任编辑	潘梦琦
装帧设计	周伟伟
校　　对	王　敏
责任印制	单　莉

原文出版	Michael Joseph, 2021
出版发行	译林出版社
地　　址	南京市湖南路1号A楼
邮　　箱	yilin@yilin.com
网　　址	www.yilin.com
市场热线	025-86633278
排　　版	南京展望文化发展有限公司
印　　刷	苏州市越洋印刷有限公司
开　　本	850毫米×1168毫米 1/32
印　　张	13.375
插　　页	4
版　　次	2023年7月第1版
印　　次	2023年7月第1次印刷
书　　号	ISBN 978-7-5447-9615-6
定　　价	72.00元

版权所有·侵权必究

译林版图书若有印装错误可向出版社调换。质量热线：025-83658316

● 主编序
  生命、医学和人文故事

在我们能看到的所有现象中,生命现象是最神奇的。

伟大的美国物理学家理查德·费曼在他的畅销书《费曼物理学讲义》的开篇指出:"如果某种大灾难摧毁了所有的科学知识,我们只有一句话可以传给下一个(智慧)物种,那么用最少的词汇来表达最多信息的陈述是什么?我相信这应该是原子假设,即万物都是由原子构成的。这些微小的粒子一刻不停地运动着,在彼此分离时相互吸引,但被挤压在一起时又会相互排斥。只要略加思考和想象,你就可以从那句话中得到关于这个世界的大量信息。"

"一切生命世界的行为都可以被理解为原子的颤动和扭动。"

一堆杂乱无章的原子在一定物理规则之下排列组合,变成了性质各异的分子,这是生命的物质基础,我们所了解的所有生命,都是建立在这个物质基础之上的;一堆性质各异的分子在一定物理规则之下排列组合,又变成可以从外界获取能量,从而完成自我复制的细胞,这是生命的原始状态。我们所知道的所有生命,都是从一个细胞开始的;一堆完全相同的细胞,在外界能量驱动下不断复制的过程中出现了几个随机的错误,生成了性质各异的新细胞,这是生物世界多样性的基础,我们所看到的各种美丽的生命形式,竟然都源于这些"不经意的复制错误"……

细胞的协同形成了器官,器官的协同塑造了小草和大树,塑造了小狗和大象,也塑造了你和我。

下一次,当你看到一棵枝叶被压弯的小草,奋力托起一滴露珠,在阳光里闪烁着晶莹;当你看到一株挺直了躯干的大树,轻松抖落一身雪花,在乌云下舞动着狂野,你是否会想:若干年前,我们都曾是一堆杂乱无章的原子?

下一次,当你看到一条摇头摆尾的小狗,当你看到一头步履沉重的大象,你是否会想:曾经有一天,我们都只是一个尚未分裂的卵细胞?

科学把我们带到了生命的源头。

费曼教授在谈及生命现象时还指出:"我相信,(艺术家)看到的美丽对我和其他人来说也都是可以看到的,尽管我可能不如他在审美上那么精致……我也可以欣赏花朵的美丽,但我对花的了解比他所看到的外观要多。我可以想象其中的细胞和内部的复杂机制。我的意思是,(花朵)并不只在宏观的尺度上很美,在微观的尺度上,它们的内部结构和进化过程也很有美感……科学知识只会增加花朵的美感和神秘感，人们对花朵更加兴趣盎然、惊叹不已。"

将在10个月后长成你的那个受精卵细胞开始分裂了。

在第7周时，当超声波的探头第一次"听"到你的心跳，你的整个"躯体"才一颗蓝莓那么点大！

到了第9周，你长到了一颗樱桃的大小。你已经不再是胚胎，而是已发展为胎儿，虽然消化道和生殖器官已形成，但即使是最有经验的技术员，要辨出你是男孩还是女孩尚为时过早。

第15周到了，你仍旧只有一个苹果的大小，但你的大脑已经开始尝试控制你的肌肉。你能够活动肢体，甚至可以翻跟斗，吮吸大拇指的"坏习惯"也有可能已经形成了，但是你妈妈还不知道，也管不到你。

在第23周时，你猛增到一个木瓜的大小。这时你的听力已经相当发达，开始能识别妈妈的声音，以免日后一"出门"就认错了人。至于爸爸的声音嘛，没那么重要，再等一个月（第27周）吧。

第32周到了，你差不多是一颗大白菜的尺寸。这时你的味蕾已基本长成，你会在吞咽羊水的时候知道妈妈今天是不是吃了大蒜。你没有选择，只能习惯于妈妈常吃的食物，日后挑食也不完全是你的责任哦。

终于到第39周，你已经长到了一个西瓜的大小，感到了周围空间的狭小，稍稍展臂和伸腿都会引来妈妈的注意和安抚。于是你们俩默默地"商量"：时机成熟的话就到外面的世界去（来）看看吧。

从第一声响亮的啼哭开始，你踏上人生的旅途，义无反顾地一路走去。虽然欢笑多于苦恼，但是每个人都会生病，这是生命的一部分。

没有人能真正记住第一次生病吃药的感受：妈妈说你很乖，不哭也不闹；爸爸却说你一口全吐了出来，弄脏了他的衣裤。也没人能真正回忆起第一次看病打针的情形：妈妈说你很勇敢，还冲着打针的护士阿姨笑呢；爸爸却说你哭得那个惨啊，两块冰激凌才止住。

因为每个人迟早都会生病，所以我们有了医药学，一门专门研究疾病与治疗的学问。千百年来，医药学的精英们一直在探究生命的奥秘、疾病与健康的奥秘。在21世纪的今天，我们对于生命、疾病和健康的认知达到了不可思议的深度和广度。

1981年4月26日，在迈克尔·哈里森医生的主持下，美国加利福尼亚大学旧金山分校医院进行了世界上首例成功的人类开放式胎儿手术。接受手术的孕妇腹中的胎儿患有先天性的尿路阻塞，出现了肾积水，这很可能导致胎儿在出生之前就肾脏坏死，危及生命。为了抢救胎儿的生命，做手术的医生给胎儿做了膀胱造口术，在胎儿的膀胱中放置了一根临时性的导管让尿液正常释放。胎儿出生之后，医生又进行了尿路再造手术，彻底解决了这个婴儿的遗传缺陷。

也许你开始想象，手术时这个胎儿才多大？他能感觉到疼痛吗？做这个手术的医生必须何等精准？也许你还会想：这种先天性的遗传缺陷是如何发现的？是哪一种先进的诊断技术隔着肚皮还有如此高的可信度，可以让接诊的医生如此精准地知道是胎儿的尿路出现了阻塞？

每年在美国出生的约400万婴儿中，约有12万（约占3%）患有某种先天性缺陷，其中一部分可以在出生后得到成功治疗。随着胎儿影像学和各种无创产前检查技术在过去几十年中取得突破性进展，我们对胎儿发育的了解也有很大程度的提高，越来越多的诊断工具使我们能够更精确地识别胎儿发育过程中出现的病情及其恶化的程度和速度，同时辅助我们开发新的医疗技术来帮助子宫内的胎儿早日康复。

如今，胎儿治疗被公认为儿科医学中最有前途的领域之一，而产前手术正成为越来越多具有先天缺陷的婴儿的一种治疗方案。在婴儿出生之前我们就可以相当准确地了解其发育和成长，及时发现可能出现的病变并实施治疗，这是所有家长的祈盼，也是几代医生的夙愿。

2012年4月17日，年仅7岁的美国女孩艾米丽成为第一个接受"融合抗原受体疗法"（Chimeric Antigen Receptor Therapy，简称CAR-T疗法）治疗的儿科患者。在其后的几个星期里，费城儿童医院的医生从艾米丽的血液中提取她的免疫T细胞，将其在体外培养，然后用最先进的生物工程技术对这些免疫T细胞进行了化学修饰，使得这些免疫T细胞能有效识别正在艾米丽体内野蛮生长的癌细胞。体外实验成功之后，这些修饰后的

（融合抗原受体）免疫 T 细胞被重新植入艾米丽的血液中，再次与癌细胞决一死战。

从 5 岁开始，勇敢的艾米丽与一种最常见的儿童癌症——急性淋巴细胞白血病——顽强地抗争了两年，她的医生穷尽了当时已有的一切治疗方法，在短暂的疗效之后，癌细胞总是一次又一次卷土重来，侵蚀着她越来越虚弱的生命。这一次会有不同的结果吗？修饰后的免疫 T 细胞移植后，剧烈的免疫反应开始了，昏迷中的艾米丽在生与死的边缘足足挣扎了两个星期。她战胜了死神，苏醒过来，随后的测试震惊了所有人：癌细胞不见了，而那些修饰后的 T 细胞仍然在那里，准备清除任何试图卷土重来的癌细胞。

在许多人的眼里，这样的描述似乎只应该出现在科幻作品而不是科普作品中。如今，随着基因编辑技术的突飞猛进，我们的医疗技术已经精准到了患者免疫细胞表面标记分子的水平，大概不能更精准了。当然这只是开始，在分子水平和细胞水平上，我们对疾病和健康的了解才刚刚揭开了一角，还有许许多多的未知等着我们去深入探索。

如果说产前手术与 CAR-T 疗法代表了医药学发展的深度，那么全球基础公共卫生系统的建设和疫病防控则体现了医药学涉及的广度。例如，天花病毒被牛痘疫苗彻底灭绝，引起河盲症的盘尾丝虫已经在伊维菌素的围剿下成为濒危物种……

2019 年 6 月 18 日，世界卫生组织在官方网站以"从 3 000 万到零：中国创造了无疟疾的未来"为题发文，高度赞扬中国人民在消除疟疾上所取得的成就：自2016年8月以来，中国尚未发生任何疟疾本地病例。

在20世纪40年代，中国每年有大约3 000万例疟疾，其中有30万人死亡。1955年，中国卫生部制定了《国家疟疾防控规划》，各社区团结一致，改善灌溉条件，减少蚊子滋生地，喷洒杀虫剂并推广使用蚊帐。地方卫生组织建立了防控体系，以尽早发现病例并及时制止疫情的蔓延。到1990年底，全国疟疾病例总数下降到12万左右，疟疾相关的死亡人数减少了95%。从2003年开始，在全球抗击艾滋病、结核病和疟疾基金的支持下，中国卫生部门加强了培训和灭蚊措施，人员配备、实验室设备、药品等方面都有改善。在其后10年间，全球基金提供了总计超过1亿美元的支持，帮助中国的762个县终结了疟疾，使每年的疟疾病例数减少到不足5 000例。

2010年，中国提出了一个宏大的计划：在2020年之前消除疟疾，这是对2000年世界卫生组织《千年发展目标》中的疟疾目标的回应。为了达到这一目标，中国实施了一种高效的监测策略，在病例传播之前迅速发现并制止疟疾，它被称为"1-3-7"策略：在1天内必须报告任何疟疾病例；到第3天结束时，县疾控中心将确认并调查该病例，确定是否存在传播风险；到第7天结束时，县疾控中心将采取措施确保不再传播，包括对发现疟疾病例的社区成员进行检测。

在2016年上半年，全国范围内仅报告了3例本土疟疾病例，在2017年、2018年和2019年均未发现本土病例，实现了

3年无病例、彻底消灭疟疾的预定目标。

这是一项很了不起的成就，但是我们离高枕无忧的日子还差得很远。随着全球人口持续增长，全球化经济持续发展，对抗传染性疾病的基础公共卫生建设正面临着新的挑战。2020年，新型冠状病毒引发全球疫情，很及时地给我们敲响了警钟。截至近日，全球被感染人数已经超过250万，死亡人数也超过20万，同时还造成了全球性的经济停摆，各种次生危机与相关的生命和财产损失也将是前所未有的。

有各国政府的高度关注和积极行动，有众多民间组织的志愿加入，有医药界的全力救治和疫苗及药物研发，人类终将凭借集体智慧战胜疫情。但是我们必须警钟长鸣，进行更多的战略投资和储备，健全及时的多重预警系统，才有能力应对各种可能的全球性健康威胁；我们必须携起手来，实现公共卫生资源与信息的共享，因为疫病是我们共同的敌人。

我们走在人生旅途上，有着各自不同的节奏、色彩和旋律，但是我们每个人的结局没有丝毫悬念，哪怕百转千回，必定殊途同归。

英国著名生物学家、教育家理查德·道金斯在他的畅销书《解析彩虹：科学、虚妄和对奇观的嗜好》中写道："我们都将死去，因为我们都是幸运儿。绝大多数人永远也不会死，因为他们根本就没有出生。那些本来可以成为你我，但实际上永远看不到这一天的人，加起来比阿拉伯的沙粒数目还要多。那些未出生的灵魂中肯定有比约翰·济慈更伟大的诗人，比艾萨克·牛顿更伟大的科学家。我们可以肯定这一点，因为我们的DNA可能造出的人数要远远超过实际出生的人数。在这种令人感到渺小的赔率中，却是你和我，本着我们的平常心，来到了这里。我们这些赢得了出生彩票而享有特权的少数人，怎么还能因为我们都要不可避免地回到出生前的状态而发牢骚？绝大多数人根本就没有这个机会！"

与生的权利一同降临你我的，是死的归宿。

普利策奖获奖作品《拒绝死亡》（*The Denial of Death*）的作者厄内斯特·贝克尔指出：死亡的威胁始终困扰着我们，但同时也激励着我们。贝克尔认为，我们有许多行为都源于对死亡的恐惧，都是为了减轻我们对即将不复存在的恐惧而进行的无谓努力。在这种恐惧心理的影响下，我们很难以一种平常心去面对死亡，以及死亡带给我们的悲伤。

2017年4月20日，在生命的最后一个早晨，87岁的查理·埃默里克和88岁的弗朗西·埃默里克紧紧地手牵着手，这对住在美国俄勒冈州波特兰市的老夫妇已经结婚66年了。

查理退休前曾经是一位受人尊敬的五官科医生，在2012年被诊断出患有前列腺癌症和帕金森病。在与多种疾病的抗争中，查理的健康状况愈来愈糟糕，生活质量每况愈下。他夫人弗朗西曾在查理工作过的一家印度医院负责营销和公共关系工作，晚年后一直被心脏病和癌症严重困扰，健康状况极不稳定。

2017年初，查理感觉到终点正在临近，得知自己可能只剩下6个月的时间了，便跟弗朗西开始认真地讨论他们人生的最后选项：在何时何地以何种方式有尊严地死去？埃默里克夫妇仔细研究了俄勒冈州《尊严死亡法》的规定，该法律要求两名以上不同的医生进行检查，确定生存期6个月或更短的预后，并多次确认意图以及患者自行摄入致死性药物的能力，整个程序不得少于15天。非营利机构俄勒冈生命终选（End of Life Choices Oregon）的资深专家为埃默里克夫妇提供了专业的咨询，解答了他们和亲属的各种相关问题。

埃默里克夫妇做出了他们自己的选择。

在那个最后的早晨，查理和弗朗西坐在轮椅里来到大厅，与家人告别，然后紧紧地手牵着手，在处方药物的辅助下一起平静地离开了这个令人留恋的世界，他们的遗体捐赠给了科学研究。

女儿和女婿在二老的许可下记录了他们的谈话和准备工作，直到最后时刻，记录下他俩最终抉择的背景以及坚定的信念。这本来只是为家人留作纪念的，但最终埃默里克夫妇同意将这些影像记录剪辑成短片《生与死：一个爱情故事》，公之于众。"他们没有遗憾，没有未了的心愿。感觉这就是他们的时刻，知道他们能永远在一起真是太重要了。"女儿如是说。

自俄勒冈州1997年成为美国第一个将医学辅助死亡合法化的州以来，已经有1 000多名临终的患者在那里完成了医学辅助死亡。从许多方面看，医学辅助死亡仍旧极具争议，但关于死亡的选择和讨论是十分有必要的。

如今在发达国家里,绝大多数人死于繁忙的医院或养老院中,通常是在医生和护理人员的陪伴下。殡仪馆迅速移走死者并进行最后的护理和化妆,几天后在殡仪馆或教堂举行短暂的仪式,随后下葬或火化,一切就结束了。

我们能做得更好吗?如果可能的话,每个人是不是都应该在何时何地死亡方面有所选择?这不再是科学问题,而是人文的问题。

我们讲述生命的故事,在任何一个尺度上它们都是如此神奇美妙。我们讲述医学的故事,从防疫到治疗,它们都是如此鼓舞人心。我们讲述来自生命和医学前沿的人文故事:有急救病房的生死时速,也有重症监护室的悲欢离合;有法医显微镜下的蛛丝马迹,也有微生物世界里的隐秘凶手;有离奇死亡的扑朔迷离,也有临终关怀的爱与尊严……

译林出版社的"医学人文丛书"讲述的就是这样一些扣人心弦的故事。

医学人文丛书主编

梁贵柏

2020 年 4 月于美国新泽西

献给我了不起的家人，感谢你们给我带来幸福。

尤其感谢我的妻子琳达，你在很多方面拯救了我。

作者的话

在我的第一本书《非自然死亡》中,我已经解释过,改变案例中的人名和身份信息对我来说十分艰难。我在职业生涯中一直力求准确,但同时,我也试图减轻死者家属的痛苦。虽然很难,但我最终决定使用化名,因为我不希望读者在书中认出某个亲属,从而意外地重温他们最黑暗的日子。这本书也是如此。除了那些众所周知、无法修饰的故事,在其余案件中,我修改了个人信息,在保留相关事实的同时保护隐私。我必须承认,这是一本关于死亡的书。它包含了自然死亡和非自然死亡的案例,从婴儿到老人,我对这些事例的描述虽然敏感,但我的态度并不回避。我真诚地希望你不会因此感到不安。

世界是个舞台,
男男女女都是台上的演员;
从登台开始,到退场落幕,
人的一生会扮演很多个角色。
人的表演分为七个阶段。首先是婴儿,
在保姆的怀中哭啼呕吐。
然后是背着书包的学童,
迎着晨光,拖着脚步,
不情愿地去上学。然后是情人,
像火炉一样叹着气,用哀愁的曲调
歌颂恋人的眉毛。然后是士兵,
满嘴荒唐的咒骂,留着豹子式的胡须,
珍爱名誉,动辄争吵,
不惜在炮口下追逐浮名。然后是法官,
挺着塞满阉鸡的肚子,
眼神凛然,胡须整齐,
满口都是格言和实例;
他就这样扮演他的角色。第六个阶段
变成了精瘦的老头,穿着拖鞋,
鼻上架着眼镜,腰间悬着钱袋,
从年轻时穿到现在的紧身裤,
在萎缩的小腿上显得过于肥大,
曾经雄壮的声音,又变得像儿童一样尖厉,

说话如哨子声。在所有离奇纷乱的故事之后，
最后一场戏是童年的重现，是一切的湮灭；
牙齿脱落，眼睛花白，舌根无味，万事皆空。

——威廉·莎士比亚，《皆大欢喜》第二幕第七场

前　言

父亲弥留之际，我轻轻攥住他的手。他那忙碌的手指已经变得如此纤瘦，现在又如此沉静。这样触碰着他，我感觉如此陌生。母亲在我九岁时就去世了，我的父亲从此也成了我的母亲。我深爱着他，经常蜷在他的大腿上，仿佛我是一个长着长腿的小孩。但我们并不是善于表达感情的家人。此刻，他那只柔软、温暖的手，让我想起了我的童年。

我们作为战后的一代，与我们父辈那一代非常不同。抚育他们的人在维多利亚时代度过少年，而他们自己受到一战的冲击，成长于全球大萧条时代，活跃于二战。他们当然与婴儿潮一代不一样。我们这代人拥有一切。

我注视着他的身体。父亲靠在枕头上，眼睛闭着，胸膛缓慢而有节奏地上下起伏。我知道这种节奏很快会停止。我想到了他一生的处世方式，他的所有行为都彰显了人性和对他人的尊重。他生活平静，小胜即安。我想到了他的嗜好。他从广播里录下音乐，然后用会计的风格把磁带整理得井然有序，这一点尤其让人喜欢。我想到了他那含蓄而毋庸置疑的爱，我们离开家后，他会给我们发家庭简讯，在周日给我们打电话。我想到了我们即将过上没有他的日子，那一定十分难熬。

我向他道别。我告诉他，他是一位多么了不起的父亲，他对我们的关怀会让去世已久的母亲多么自豪。但我没有说我爱他。他心里知道。对他们那代人来说，心知肚明比亲耳听到更让人自在。我开车离开临终关怀医院。我知道我再也见不到他了。那是9月的一个晴天。我看到了美丽的德文郡的秋天，尽管我的眼里还有泪水。我任凭眼泪淌下。当死神要带走所爱之人，我们免不了会这样。除了啜泣，还能做什么呢？

我回到伦敦，埋头于法庭案件和验尸；而我的哥哥回到德文郡，整日守在床边。那周稍晚些时候，电话铃响了。不知怎么地，我知道电话那头是谁，也知道那个声音会带来什么消息。

父亲走得很安详，没有波澜地结束了一生。当然，住院医师处理得很好。没有痛苦，我哥哥就守在旁边。在最后几天时间里，父亲见到了我们所有人，我们爱他，过上了他辛苦为我们营造的稳定生活，这让他安心。他终于可以迈出人生旅途的最后一步，而不需要担心身后的事。父亲是无神论者，但他总是相信，也总是希望，有一天能与我的母亲团聚。现在，他接受了此刻就是死期。他悄然逝去。

接完电话，我坐在办公桌前。只感到一种全新的麻木；这是精神和肉体的双重麻木。

我的面前摊开了一份文件。那是一桩谋杀案的文件。照片散落在办公桌上，向我展示了一种截然不同的生命终点。我的工作是验尸，对于我遇到的绝大多数人，死亡来得太早，而且往往不平静。我太容易忘记，父亲那种甜蜜的离别才是常态。

葬礼后的第二天，我就回去工作了，开始处理其他类型的死亡。

首先是婴儿,

在保姆的怀中哭啼呕吐。

1

    课本找不到了，一只运动鞋丢在餐桌底下，孩子们大声唱着滑稽的歌。此时此刻，这首歌几乎出现在英国的每一台收音机里，孩子们为歌词争吵，唱歌虽然跑调，但很整齐。三明治做了一半，我已经焦头烂额。这是周一的早晨。

    我把孩子们送到学校的时间比平常晚了五分钟。他们蹦蹦跳跳地走进校门。我目送他们。我很享受此时车里的安静，也很想念他们在车里时的吵闹。孩子们长得很快；明年冬天就要给他们买新外套了。我的女儿突然转过身。她因为什么在笑，也许还在唱歌。看到我没有走，她立即向我挥手，她挥手的幅度和热情是只有小孩子才有的。我的儿子看见了，也转过身对我咧嘴一笑。我举起一只手臂想挥一挥，但他们已经走了。某个地方响起了铃声。

    然后，我去上班。我打开车上的收音机，又听到了他们最爱的歌。饶了我吧！但我没有关掉。今天早晨我至少已经听了十遍，现在它却让我笑了出来。我想起了孩子们一边唱歌一边扮鬼脸的样子。

我来到停尸房，几辆警车已经停在那里。是时候进入我的另一个世界了。

很快，我看到几名警探和一名验尸官办公室官员穿着手术服在验尸室门口焦躁地踱步，他们穿着停尸房的长筒靴，靴子像刚洗完一样还闪着光。他们并不是在等我，只是不想进去。虽然死亡是我的生活，但我也不想进去。每个人都痛恨看到婴儿尸体的那一刻。

我们给孩子穿上浅色和暖色的衣服，向他们展示一个和善的世界。我们用柔软的东西保护他们，羊毛毯子，毛绒玩具，舒适衣服，使他们免于生活的严酷和寒冷。但这里什么都没有。当我们走进来的时候，婴儿躺在坚硬的平面上，在桌子、手推车和冷库的映衬下显得很矮小。我们看到圆圆的脸颊和细小的手指在这个光洁、闪亮的金属平面上……好吧，在那一刻，即便是有心理准备的人，也必须先调整心态才能适应这一幕。

但这只有一小会儿。然后，警察一声不吭地站在手推车旁边。

督察的目光从婴儿身上转移到放在一旁的毛绒玩具上。这是葬礼的祭品，悲痛欲绝的父母把它留给这个男孩，让它作为朋友在陌生的地方继续爱他、保护他。毫无疑问，还会有更多的玩具与他一起埋葬。纵观历史，人类一直都有这种祭品，但长着狗耳朵的泰迪熊要比图坦卡蒙[1]墓穴里的所有黄金都更令

---

[1] 图坦卡蒙，生于公元前1341年，是古埃及第十八王朝的一位法老。——译注（除特殊说明外，本书页下注均为译注。）

人沉重。

"你还好吗，头儿？"一个警探对督察说。督察的嘴角在抽搐。她点了点头。

"我们为了这个孩子来到这里。我们怀着同情和科学探索的精神来到这里。"我说。我的声音很坚定。我希望我的声音听起来足够轻快，能够止住可能流出的眼泪，不要溅到干净的验尸台上。在这里，我们**不**[1]讲感情。否则，哪里是个尽头？

督察深吸了一口气。"孩子的父母……"

"头儿去年生了孩子。"她的同事解释说。他是在为督察的悲痛找一个理由，但这实在没有必要。

"我有两个孩子。每次在验尸室里看到孩子，我很难不去想他们。"我说。"但你的孩子是安全和健康的。我们能为……呃，"我查了一下笔记，接着说，"弗格森，弗格森·贝尔——我们能为弗格森的父母做的最好的事情，就是查清楚他的死因。"

督察郑重地点了点头，打量着弗格森的尸体。

他只有六个月大。

"小胖脸。"年轻的警探说。

"是啊，胖乎乎的小家伙，"验尸官办公室官员点了点头，"看看他的肚子。"

"就六个月大的孩子而言，他的体型很好，"我同意道，

---

[1] 原文为斜体，本书中统一为黑体，以下不再一一说明。

"但我觉得他的胳膊和腿有一点肿胀,还有腹部……"

我把两根手指放在他的肚子上,轻轻敲了几下。每个人都听到了如同小鼓的声音。我换了个地方,又敲了几下。还是有小鼓的声音。再换个地方。鼓声仍然不停。

"是气体,"我说,"哪里都不结实。而且,现在我看他的脸,感觉不太对劲。"

"哪里不对劲,医生?"

我不知道问题出在哪里。

"可能也是肿胀。"

我们拍了婴儿的照片,脱去了他的衣服——抢救他的急救医士没有脱掉这些衣服。我们很小心:父母经常把孩子死时穿的衣服要回去。

然后我脱下他的尿布。

"天呐!"督察倒吸了一口气。

"你们看!"验尸官办公室官员说。

"太吓人了!"警探嘟囔着。

这么些年来,我向许多警察展示了许多可怕的伤口——各种武器造成的伤口,各种原因造成的伤口,有些是被激情冲昏了头脑,有些只是无心之过……但警察很少表现出如此强烈的抗议。今天的反应是因为什么?

尿布疹。

它已经从婴儿的腹部扩散到大腿。没有治疗,大部分是红色,正在流血。摄影师默默地拍了照片。但警察还是忍不住说话了。

"只需要涂上药膏就行,"督察说,"为什么没有人费心做呢?"

"这点没法找借口。"验尸官办公室官员表示同意。

"我的意思是,这很容易。不需要花费什么……很快就好了。"

"记录显示这个孩子在死之前哭得很厉害……"警探说。

"死之前多久?"我问。

"呃……三周。"

"三周!"督察倒吸一口冷气,"他哭了三周!"

我说:"从来没有人死于尿布疹。但尿布疹可能就是他肠道内有气体的原因。如果他很痛,一直在哭,那他就吃不了东西,也会吸进很多空气……换句话说,这可能是他体内有气体的另一个原因。"

警探说:"嗯,医院说死因是婴儿猝死综合征。"

也许是的。在无人照管的家庭里,小孩子更有可能无缘无故地猝死。如果尿布疹说明了什么,那就是这个孩子无人照管。尿布的状况是个很充分的迹象:令人沮丧的是,我甚至在一些小孩子的肠道里发现了衬垫,他们饿得只能吃自己的尿布。

无人照管的原因有很多,其中一些也很复杂。我很希望知道这个案件的更多信息,比如关于父母和生活环境的信息。但和往常一样,总是没有下文。

"你去过他家吗?"我问警探。

"去过,这是我最不喜欢的工作。"

"然后呢?"

"没有然后。漂亮小巧的半独立式住宅。不差。位于中产阶级社区。"

"家里乱吗?"有孩子的时候,我们的家就不可能完全整洁。但是,举个例子,酗酒者的家庭有一种独特的凌乱。布满灰尘的健身器材和丢弃的婴儿玩具、成袋的尿布、成堆的衣服以及许多许多瓶子挤在一起。

"不乱,非常整洁。"

"不喝酒,也不抽烟?"

"没有这方面的迹象。但坦白说,我不相信。孩子不再哭了,所以父母把他抱上床。妈妈一个小时后进去,发现孩子已经死了。她叫了救护车,但为时已晚。我们只知道这些。"

"父母都有工作吗?"

"有……母亲是秘书或行政人员之类的。父亲……我想他是医生。"

"医生?"督察说,"**医生**!医生怎么会让自己的孩子有这么严重的尿布疹!"

"呃,我认为医生不一定是最好的父母。"我说。我继续给弗格森做检查,试着不去想这个问题。

"我在盘问时不喜欢那位父亲,"警探说,"我觉得他……充满敌意。"

"这没什么,"验尸官办公室官员说,"人在经历悲剧之后是会表现得很奇怪。然后警察还过来问他们问题,让他们觉得都是自己的错。"

警探回过头,正视着他。

"有时候,"他说,"就是他们的错。"

我仔细检查弗格森的身体,寻找被虐待或被忽视的迹象。但一无所获。没有瘀伤,没有灼伤,没有割伤或刮伤,只有急救医士努力抢救的证据。除了尿布疹和肿胀的腹部,他的身体还有一个值得注意的特征:他的脸色苍白。人们形容白种人的脸,尤其是受惊吓后的脸,会说脸色"煞白"。但死者并不一定比活人更苍白。然而,弗格森的脸非常非常白。

在解剖尸体的时候,督察扭头看别处,房间里静悄悄的。和往常一样,我给他们讲起了生物学。如果你能把反感放在一边,会发现人体其实很迷人。我试图说服对此感到震惊的观察者。但经常不成功。

我使用的切口是特别为婴儿和小孩设计的:没有用通常的Y型切口,而是用T型切口,顶线水平穿过前胸,从而使颈部没有任何缝线。我们的所有切口,都是为了尽量减少要求看遗体的亲属的痛苦。所以,在验尸之后千万不要躲避尸体。你铭记的爱人会在那里等你。

现在我切得很快,督察几乎无暇喘息。然后我把肺暴露出来。肺部有液体,填满了大部分胸腔。液体太多了,其中一个肺已经部分萎陷。我取了一份样本。

"这是他的死因吗?"督察的样子已经不再是反感,而是着迷,"肺萎陷?"

"我认为不是死因。发生这种情况,是因为胸部积水太多,没有足够的空间容纳肺。这些液体只是表明,他的心脏在逐渐衰竭。但这不是死因。"

"逐渐?也就是说不可能是婴儿猝死综合征。"警探说。其他人点点头。

"现在还不能下结论。"我告诉他。事实上,我们永远无法确定是不是婴儿猝死综合征。我们只能排除所有其他的可能性。

我继续解剖身体的其他部分。同时,我瞥了一眼督察,发现她闭上了眼睛。

"看看这小小的身体,真是个奇迹。"我说。

弗格森在六个月大的时候就去世了,原因我们还不清楚。但每一个出生的孩子,即便是生命如此短暂的孩子,都是大自然的耀眼成就。生命刚开始的时候就已经危机四伏。在我们出生之前很久,我们父母的前体细胞就通过一种叫"减数分裂"的特殊过程创造出精子或卵子。为什么说特殊?因为精子和卵子并不是父母细胞的简单复制品。减数分裂的目的是使精子和卵子中的染色体减半,这样它们就可以结合在一起,形成一个完整的染色体组——希望如此。减数分裂还涉及另一个相当危险的过程:交叉阶段。在这个过程中,已经配对的染色体会把它们的DNA混合在一起。这位艺术家始终小心翼翼地把每一种颜色涂在画布上。现在,画笔在调色盘上旋转,创造出全新的颜色。这是独特的部分。结果是：女性卵子中的DNA不完全像她母亲的。DNA的最后一次混合发生在精子和卵子最终相遇的时候，在此之前很久，代际差异就已经确定了。

但是，在不同的颜色中旋转画笔，既可能得到美妙的结果，也可能得到混乱的结果。所以，至关重要的交叉阶段也是发生染色体异常的关键时刻。对女性来说，这种会对未来孩子产生重大影响的事件，其实发生在怀孕之前很久。事实上，交叉过程发生在准妈妈还在她母亲子宫里的时候，也就是在外祖母怀孕的最初几周。很难相信，外祖母生命中的事件会对子宫里的婴儿的卵巢产生如此巨大的影响。关于减数分裂在多大程度上受环境因素和物理因素的影响，人们有很多争论……但举个例子，如果有人提出，1986年的切尔诺贝利核事故可能会影响两代人，那么，这就是一个不应该被忽视的想法。

从新陈代谢的角度来看，卵子受精的时候所发生的事情就像核爆炸一样。在受孕的那一刻，父母双亲各一半的DNA结合在一起，并开始了一场分裂和发育的冲刺，这真是非常壮观。接下来进行的是有丝分裂，即细胞自我分裂产生精确的复制品，而不再像产生精子和卵子时那么混乱。

有丝分裂的速度极快，这意味着有丝分裂也很危险。如果出了错，生命还没有诞生就早已结束了。

先天性疾病，也就是婴儿生来就有的疾病，有许多原因。

首先，有外部因素。这可能是生理上的原因，比如，缺少保护胎儿发育的羊水，所以身体的某些部位会被持续挤压。或者母亲（甚至外祖母）可能暴露在辐射或汞等危险环境中，或者她让胎儿暴露在酒精的危险中。病毒是另一个主要的外部威胁。例如，1918年的西班牙流感在全世界造成了5 000万人至1亿人死亡，受影响的主要是年轻人。在美国，大约三分之一的孕妇和育龄女性被感染。对于那些母亲感染时尚未出世的美国儿童，长期健康研究得出了这样的结论：他们在许多年后会面临健康问题。如果母亲在怀孕早期感染了流感，那么孩子未来更容易患糖尿病。母亲在怀孕早期到中期感染流感，会大大增加孩子在日后的生活中患心脏病的概率，这种风险甚至会延续到老年。母亲在怀孕最后几个月感染流感，意味着孩子在壮年之后更容易患肾脏疾病。

据推测，流感病毒使胎儿处于压力之下。有很多种理论，其中一种是，在这种压力下，为了保护大脑，血液供应从其他重要器官转移到了胎儿的大脑。这确保了胎儿的存活，但也预设了某些器官在50年、60年或更久后会衰竭。当然，不同的器官在怀孕的不同时期发育，所以母亲在妊娠的早期、中期或者晚期感染流感，会影响对应的器官。

你现在可能会担心，最近的全球疫情也会产生类似的影响。但新冠病毒也许并不会影响此时受孕或怀孕的女性的胎儿的长期健康：流感严重影响年轻人，而新冠病毒通常针对老年人。长期的研究会解答这个问题，但遗憾的是，我可能无法读到这些研究。

先天性疾病的第二个原因同样很不幸：家族遗传基因。人们携带的疾病在出生时可能无法被察觉，因为一些基因在致病或致死之前会隐藏很多年。大多数先天性疾病会出现在生命的头几年，但亨廷顿舞蹈症可以休眠四五十年，甚至六十年。

先天性疾病的第三个也是最普遍的原因是遗传错误。这可能发生在生成精子的过程中（可能发生在几周之前），也可能发生在生成卵子的过程中（发生在遥远的过去，即在外祖母的子宫里）。或者，怀孕后快速的细胞增殖过程也可能出错。事实上，如果怀孕过程出错，这些错误最可能发生的时间是前四周。如我们所见，所有器官非常紧密地挨在一起，它们的发育彼此依赖，这个阶段中的一个错误往往就是致命的。即使胎儿并未流产，活到出生，这些早期的遗传错误可能会导致严重的大脑或心脏缺陷，婴儿只能活很短的时间。

相比之下，怀孕后期的遗传错误也可能导致先天性缺陷，但这些缺陷不会立即显现出来，也可能永远不会显现。我有时会在给老人验尸时发现先天性心脏缺陷，但它并没有致死或致病。我相信其他人都不知道这一点。

婴儿安全出生并不意味着危险已经结束。活下来的孩子仍然要面临生命中最危险的一年。之后死亡的风险会显著下降，直到55岁，我们面临的死亡风险才会接近第一年的。人在55岁时，有害的生活习惯、与年龄有关的疾病、意外都开始造成损害。这些意外的原因可能是没有意识到因年老而能力衰退，遭遇污染物或配偶杀人等事故，以及没有注意到自己的先天性缺陷。

当我看着弗格森·贝尔，我能看到他在家里无人照管——但奇怪的是，这一点只体现在他的尿布疹上。但当我看到他苍白的脸色和肿胀的腹部，我很确定他有先天性疾病。会不会是因为他母亲感染的病毒？一些变异的基因？又或，是他在子宫内细胞增殖时发生的遗传错误？无论原因是什么，先天性疾病出现在大多数婴儿断奶的年龄。

弗格森的肠道也是肿胀的。液体导致一个肺萎陷，也使他的所有组织都像洗脸毛巾一样浸润水分：这说明他在死亡时由于心力衰竭而发生了渗透压变化，所以他可能有先天性的心脏缺陷。

但如果问题不在心脏，又会是什么呢？

尽管有积液，但他的体内看起来并无缺陷。这个令人惊叹的景象花了九个月创造，但经历了数千年完善。我已经见过几千次。这些器官以正确的方式依偎在正确的腔体中，它们的设计都是为了正确地发挥对人体的贡献，每次我看到这样的景观，总是十分高兴。

对婴儿来说，最漂亮的器官是大脑。它已经完全成型，但还没有定型。最开始，我们只能透过覆盖在大脑上的磨砂玻璃窗（脑膜）隐约看见它。脑膜之下的地方是黄灰色的透明物质，包裹在一幅由红色血管构成的迷人图案中。上面覆盖着皮质"彩带"，就像是浅褐色的上等皮革，但要薄得多。有时人们把它比作复活节彩蛋上的箔纸。"彩带"和"箔纸"这样的词美化了通往大脑中古老山谷和峰峦的坚定朝圣之路。

在"彩带"下面,儿童的大脑是柔软的凝胶,外形像核桃,但大小、颜色和稠度不一样。在"核桃"里面,儿童的大脑颜色很浅:它定型的时候会变成白色,也就是在接下来的25年里髓磷脂继续包裹着神经细胞的时候。更深处有更多的灰色:被掩藏的类似于猴脑的灰色。人类忙碌的意识思维会忘掉这一部分;但是,当更基本的大脑功能令我们失望的时候,这个部分仍会继续工作。这位沉着的、看不见的朋友,使我们的心脏跳动,使我们的肺呼吸,使我们的免疫系统攻击入侵者,使我们的激素保持平衡,使我们的眼睛眨动……这个自主系统默默无闻,但总是很忙碌。

弗格森的大脑很漂亮,没有明显的问题:事实上,他的所有器官看起来都很健康。也许只有一个例外。他的肝脏太大了吗?肝脏是很大的器官,婴儿的肝脏显得特别大。它的颜色像泥土,是深红褐色,位于腹部的右上方。但它太大了,也会延伸到左侧。肝脏的位置看起来很随意,慵懒地穿过其他器官,像一只大猫躺在某个阳光明媚的地方。

"这可能值得探究……"我告诉警察。

在我检查弗格森的肝脏时,他们伸长了脖子。我不确定,直到我切开它,然后在停尸房的灯光下旋转我的手术刀——我习惯这么做。但是,刀刃没有如我期望的那样闪光,我知道了。油脂——弗格森有脂肪肝。

在造成肝肿大和脂肪肝的许多原因中,我可以排除一个:大量饮酒。饮酒会伤害这个庞大的器官,但肝脏是宽容的。老年人的肝脏在痛快玩乐一晚后可能会沾满油脂，不过，如果主人能克制一段时间，肝脏就可以自行修复。但如果夜生活成为一种常态，油脂就会变成硬的黄油。我们可以把酗酒者的肝脏想象成一块鹅肝。现在，它已经严重超负荷，脂肪堆积的细胞开始干瘪和死亡。它们被结缔组织所取代，这个过程就是我们大多数人所知道的"瘢痕形成"。瘢痕形成会阻碍供血，使其他肝细胞缺氧。结果是进一步的瘢痕形成：事实上，对酗酒者来说有一个临界点，超过这个点，即使戒酒也无法阻止它发展成肝硬化。所以到最后，我们的肝脏不再是鼓囊囊的黄油状，而是更容易让人联想到腌黄瓜，个头小，畸形，表面有硬壳和凹痕。

弗格森的肝脏光滑悦目，但我做了酒精测试，因为他的肝脏表现出在酒吧里过夜的所有迹象。多年来，这样的测试表明，许多父母用酒精让婴儿安静下来。但弗格森的情况不是这样。现在我的怀疑更加强烈了。苍白，肿胀，脂肪肝：我几乎可以确定，他不幸地遗传了一个有缺陷的基因。

我抬起头。

"我敢打赌，这是一种遗传性代谢缺陷。"

督察眨了眨眼。

"那是什么？"

"有十几种。都是遗传性的，这意味着孩子的身体无法代谢食物里的某种东西，于是它会积累，直到造成巨大的伤害。"

"我从来没有听说过。"验尸官办公室官员说。

"是类似于花生过敏吗？"警探问。

"不是过敏，但可能与弗格森的饮食有关。也就是说，当他吃某些食物的时候，有些器官没有正常工作。"

"可是他只有六个月大，"督察说，"他吃的是什么……？"

"我猜他妈妈正在给他断奶，开始喂固体食物。"

督察并不满意。

"为什么她不慢慢来？这样就可以弄清楚是什么在困扰他。"

我回到我的工作：每一起原因不明的死亡，都有很多东西需要研究和记录。但我知道，在看到令人震惊的尿布疹之后，督察就不会对这对父母有什么好感。这是一个需要专家的案例，所以我们需要更多的信息，既来自孩子的父母，也来自我的同事。每一例遗传性代谢缺陷都很罕见，但存在很多种，所以这是一个令人眼花缭乱的儿科学科。

后来，血液和尿液的生化结果出来了，我直接把它们交给一名儿科专家。为了确定问题出在哪里，我们咨询了我所在的伦敦圣乔治医院的大多数相关专家。

一开始，弗格森似乎是死于病毒。生化学家在他的肝脏中发现了细小病毒的免疫荧光；但病毒学家做了进一步的研究，相信这一定是假阳性。正如我所预料的，我们很快回到了基因部门，周围是许多研究遗传性代谢缺陷的专家。

我们做了很多测试，也讨论了很久。事实上，经过五个月的研究，专家们一致同意弗格森患有一种先天性代谢缺陷，但原因还不明确。只有在给他喂固体食物的时候，这种缺陷才会暴露出来。他的身体无法代谢果糖。果糖是水果和蔗糖中常见的天然糖，而蔗糖是最常见的物质。

果糖是代谢链中的关键一环；该链条把糖类转化为能量，从而驱动细胞。糖原是储存能量的化学物质，人体可以制造糖原——但如果缺少酶，糖原就无法分解，能量也无法释放，所以人会像酗酒者一样出现肝肿大和脂肪肝。

在这个医学发达的世界里，婴儿会死于这种罕见的疾病，代谢专家们对此表示惊讶。因为在孩子有任何危险之前，这种缺陷可以被发现，也应该被发现，父母可以及时调整孩子的饮食。

那么，弗格森到底出了什么问题？这是一系列的不幸事件使然。督察非常不高兴，她急于要起诉。

弗格森的父母接受了大量的审讯。当我开始阅读督察的笔记时，我觉得这是一个被父母宠溺的孩子，父母所做的一切都是出于对孩子有利的考虑。孩子的父亲不是医生，而是替代医学的从业者。父亲和母亲都非常不信任传统医生。因此，这个孩子自出生以来没有接受过任何专业人士的检查：没有卫生巡访员，没有常规称重，没有体检，当然也没有接种过疫苗。

母亲一开始给弗格森断奶，父母就根据自己的信念设计了一套他们认为完全自然、合适、安全和长期的饮食。有糖蜜、苹果醋、蜂蜜、一些豆奶……还有水果和蔬菜。他们绝不可能知道，他们精心设计的饮食会害死自己的儿子。弗格森不能代谢水果，很可能也无法代谢糖蜜、蜂蜜或豆奶的成分。他们给他吃这些东西，无意中使他严重腹泻，并导致了异常的尿布疹。这也严重损害了肝功能。

弗格森一直哭，父亲吓坏了，最后带着他去找了一位同事，一位采用顺势疗法的医生。这位同事强烈建议他们去看全科医师。她注意到宝宝的尿布疹非常严重，主张使用传统的乳膏，可以快速祛疹。弗格森一直在哭，所以就诊变得很艰难。父亲开始责怪同事的建议。他愤怒地坚持说，他不相信践行传统医学的医生，他肯定不会使用非处方药物：他认为这只能起到抑制作用，只能"压制疹子出现"。

当我阅读这些句子时，我开始不那么同情这位失去孩子的父亲了。但是，疹子真的有我记忆中那么严重吗？我调出验尸时拍的照片，是的，那是大片的、没有治疗过的、血淋淋的尿布疹。这位父亲拒绝听从同事的建议，两周后孩子就死了。当然，杀死他的并不是疹子，而是一种遗传疾病。然而，我确信督察会这样想：当孩子因为断奶而心烦意乱的时候，父母没有带他去看医生，甚至没有修改他们的食谱，这是非常失职的。

督察写给我的信措辞慎重："也许贝尔先生根深蒂固的信念影响了他在照顾儿子时的判断力。"的确，在通常情况下，全科医师能够迅速诊断并处理遗传疾病。但是，由于有很多种代谢缺陷，而且大多数很罕见，所以有时候要延迟一些才能确定具体是哪种缺陷。可是一旦确定，通常只需要调整饮食就可以改变一切。正如我所预料，督察指出了这一点，说她打算继续起诉贝尔夫妇。

皇家检控署驳回了她的起诉，对此我很高兴。在理想情况下，贝尔夫妇在意识到弗格森生病时就应该去看医生，但他们根据自己的信条为孩子做最好的事情。他们不可能知道弗格森患有万分之一概率的疾病——有些人认为这是十万分之一概率的疾病。所以，我仍然很同情贝尔一家，希望不要再听到有关他们的消息。但我又一次遇到了他们，这时，他们的遭遇在我的生活中产生了奇怪的回响。

和大多数医生不一样，我的工作不是预防死亡，而是全面探究死亡。当有人突然死亡或死因不明的时候，就需要打电话找法医病理学家。我有时要到现场，总是会接触尸体。大概我与死者有一种特殊的关系。我不像很多人那样害怕甚至排斥他们。死人不会受伤。然而，在我看来，无论是自然死亡还是非自然死亡，每一具尸体都说明了人类的巨大弱点。我非常同情死者。他们赤裸裸地躺着，一动也不动，既不能保护自己，也不会冒犯别人。生活中复杂的事情变得简单，隐秘的事情变得公开，重要的事情变得无关紧要。

我的根本问题是：这个人为什么会死？对相关人员来说，发现真相可能是一个漫长的旅程，从发现尸体的地方开始，到验尸室——在这里会遇到一系列专家，有医生，还有研究蝇类、花粉、血液飞溅、犯罪心理学等的专家——然后是法医实验室，法医实验室现在甚至可以分析微量的 DNA 和重建弹道。

有时候，虽然我们尽了最大的努力，但真相仍然难以捉摸，死亡依然是谜题。有时候，有许多真相需要揭开。如果明显是谋杀，那么我们希望的结果是起诉——或者至少是公正的法庭审判。我的工作从验尸开始，可能会在法庭的证人席上结束。在法庭上，我会花几个小时（有时是几天乃至几周）反复解释我的医学意见，回答辩方和控方的质疑。

因此，我的工作使我非常密切地接触溺水的人、腐烂的人、烧焦的人、不幸的人、极度难过的人、被谋杀的人……在一天之内，我会经历着迷、困惑或极度悲伤等种种情绪。

有时候，逃离的方法至关重要。我指的是忘却的方法，或者从巨大的情感负担中恢复的方法。死者在不知不觉间把这些负担加在研究他们的人身上——无论我们多么努力地保持超脱。在这些时刻，假期滋养了我。我们尝试过去希腊、土耳其，还有那些以沙滩著称的地方……但没有一处像家。具体地说，没有一处像我岳父、岳母的家。这是马恩岛上的一栋大房子，周围是自家农田，在这里可以看到令人惊叹的海景和穿过大海的风暴。那里有很多海滩，可以在山地和荒原上散步……但这些都比不上我的岳父母奥斯汀和玛吉的欢迎。他们的温暖，他们看到我们时的喜悦，他们与两个孩子相处时的快乐，都让我欢喜。他们还有神奇的能力，在你还没有意识到自己想要什么的时候，他们就已经端出了美味的菜肴、上等的麦芽威士忌，或者点燃了熊熊的炉火。

很少有人能够实实在在地改善别人的生活，奥斯汀和玛吉就是这样的人。在马恩岛，我第一次会有这样的想法：在无菌的验尸室里检查了一整天尸体，然后回到围绕着日常事务安静运转的房子，可能有点，嗯，黯淡。

奥斯汀和玛吉的社交生活极为活跃。和他们住在一起的时候，我们会穿戴整齐去参加鸡尾酒会，跟他们的朋友谈笑风生，然后到别的地方吃晚饭。这和我们的家庭生活截然不同。两个忙碌的医生没有时间参加晚宴，更不用说鸡尾酒会了。我们偶尔会请邻居来吃顿饭，但看着玛吉和奥斯汀，我就知道我是一个多么糟糕的主人，我多么不擅长接待客人。

非常巧合的是，那一年，我的表哥杰夫在马恩岛上有一些金融事务，而当时我们正在马恩岛上度过愉快而热闹的假期——那会儿我还沉浸在弗格森·贝尔的案子中。我的母亲很早就去世了，在那之前，我的童年时光与杰夫有着特殊的联系。他的母亲是我母亲的姐姐。即便在成年以后，我偶尔也会因为姨妈的外表或说话方式而被一种熟悉的感觉征服。姨妈、哥哥、姐姐或表亲，偶尔也会让我有相同的感觉：能让我瞥见那个我已经失去了的重要的人。

我们的联系远远不止这些。杰夫和我从小就是最好的朋友。我在伦敦读医学院的时候，我俩经常见面。后来他移居澳大利亚。从那以后，我们就没有什么直接的联系了，但我通过家族八卦了解到他在做什么。冲浪，耕田，运营一家农舍改造的酒店，然后成为一名DJ……再之后就不得而知了。他有很多次婚姻，有很多个孩子，但我不是很清楚。当然，我并不会感到惊讶。杰夫注定不像我这么传统。我是一个专注的文法学校男孩。而杰夫甚至没有参加中学入学考试。在考试的路上，他路过一家电视商店，被橱窗里的屏幕上的东西迷住了，最后迟到了，没能进考场。

我担心他出现在马恩岛上会挑起文化冲突——过着另类生活的澳大利亚人遇上几乎可以算是殖民主义者的人。但我低估了玛吉和奥斯汀，也忘记了杰夫有多么随和。没几个小时，他们就像认识了很多年一样，至于我——嗯，我们又成了小男孩，一起打闹说笑。杰夫在海滩上玩板球，给我讲澳大利亚的疯狂而不可思议的故事，修补农场的栅栏，把玛吉请出厨房，坚持要自己做晚饭。孩子们和狗都非常喜欢他。

在那三天，杰夫和我有几次散步了很长时间，谈论我们的家庭和过去。他告诉我他在澳大利亚的内陆待了很长时间。他非常尊重原住民的文化，后来也遇到了很多治疗师。这些治疗师彻底摒弃了西医，但对重病患者有显著的疗效。杰夫喜欢显著的疗效。我记得小时候我们尝试过一些发油，当然是他找来的。据说它能使头发的生长速度加快一倍。在那个时代，年轻人对一头长发梦寐以求，老年人更是为此异常兴奋。发油对我似乎不起作用，但杰夫说，他的头发在一周内长了几英寸，**而且颜色更浅**。

我们停在海岸小径的一块岩石边，那里比海平面高很多，所以我们听不到下面海浪的冲击声。杰夫告诉我，他的脖子上有肿块，等他回到澳大利亚，他的巫医朋友就会为他治疗。

我问他我能否看一看。

他耸了耸肩,把毛衣拉下来,把我的手指引向他的脖子。

"希望这不是因为发油。"我说。但杰夫没有笑。"那个东西太棒了,我真希望我还留了一些。"

我的手指落在了他的脖子上,就在下巴下面。我很容易就能感觉到肿块。它们结实而有弹性。

"疼吗?"我问。

"不疼。"

"其他地方有吗?"

杰夫就是杰夫,他开始脱衣服。他举起双臂,把我的手指引向他毛茸茸的腋窝。结节。结实而有弹性。

"还有这里……"

他准备脱裤子,但我阻止了他。

"不用再看了……我猜是在你的腹股沟?"

"是的,我的治疗师说我需要带些银器,因为它能让我离大地更近。他认为这些肿块表明我最近想了太多过去的事情。我需要脚踏实地,活在当下……"

他又穿上了衣服。那副瘦削的棕色身躯在背后云朵的映衬下显得轮廓分明。在我们下方,海水是墨蓝色的。笼罩着马恩岛的薄薄的海雾被当地人称为"马那南[1]的斗篷"。现在,某种类似于马那南的斗篷的东西就在我的脑袋里:虽然看不见,但

---

1 马那南(Manannan),凯尔特神话中的海神。马恩岛实际上就是以他的名字命名的。

肯定能感觉到。悲伤,还有它那残酷的孪生兄弟,死亡。

我的表哥,我认识最久的朋友,正在盯着我看。

"迪克……?"

"这位……治疗师,他不是医生?"

"不可能,他不相信那种东西。"

"那么他专注于研究土著医学吗?"

"当然没有!他花了一些时间和原住民学习,但他认为自己的理论完全属于自己。他一个人去内陆思考,回来的时候就带着……这么多的理解。这么多的知识。迪克,我真希望你能见见他。"

那位治疗师认为怀旧引起了肿块,现在又声称银器可以治愈它。我暗自庆幸没有遇上他。

"杰夫,你有看过普通的医生吗?"

"没有。"

"算我求你了?就一次?你回去后就去看看好吗?"

他辩解说,他完全信任他的治疗师,但因为我劝他去,他最终同意了。

我非常关心他,在他回澳大利亚后不久又联系了他。

"你知道医生是什么样子的,迪克。你自己也会这么做。医生会用一堆很长的词描述非常简单的东西。"

所谓很长的词是"弥漫大 B 细胞淋巴瘤"。所谓非常简单的东西就是癌症。我之前就很确定他有淋巴瘤,或者可能是白血病,但这两种病都可以治疗。所以我很确定,他的癌症要么

29

可以治愈,要么可以在很长一段时间内被控制住——前提是他不再听那位治疗师的话。

"医生说它长得很慢。所以我想我有时间让布赖恩治疗。"

"布赖恩?"

"我的治疗师。身体上和精神上的治疗师。"

对于一名治疗师来说,"布赖恩"是一个太普通的名字。

"是的,他已经开始治疗了,而且他非常有信心。事实上,我认为肿块已经变小了。"

"杰夫,如果治疗,这就是长得很慢的癌症。如果不治疗——"

"我正在治疗。我在用银器治疗。布赖恩知道他在做什么。"

然后,杰夫只活了不到一年。我很高兴我们在马恩岛上见面了,但我很遗憾这是最后一次见面。他本不会死得这么早。对这个布赖恩,对他的银器和他的胡言乱语,我感到很愤怒。当我打电话给杰夫的遗孀表示慰问,谈论起布赖恩时,她告诉我,他们已经卖掉了农场来支付杰夫的治疗费用,这让我更加怒不可遏。

"他完全没有尝试过传统药物吗?"我粗鲁地问道。

"试过。我们最后被逼无奈。但不必说,一点用也没有。"她说。

"是因为太迟了!"

但她没有听。

"布赖恩警告我们,说看医生是浪费时间。和往常一样,他是对的。而且你要知道,杰夫临死的时候,布赖恩过来,发现医生给他输了氧气。布赖恩说:'我要关掉氧气。他们又在给他下毒。'"

我无话可说了。现在说布赖恩是"江湖郎中"只会适得其反。在杰夫接受"治疗"的时候,我给他打过几次电话。我很清楚,他在心理上和哲学上已经对他的治疗师投入了太多,此刻无法放弃自己的信仰。就像一个上了瘾的赌徒,他能做的就是不断投入。

杰夫为了信仰牺牲了生命。这些信仰没有确凿的证据,也不是道德上的或政治上的:它们完全是个人的,是这个人的一部分,无法放弃。在杰夫去世后不久,又有人因为弗格森·贝尔的事情联系我,我意识到贝尔先生也是如此——尽管在这个案例中,一个无助的儿子被要求为父亲的哲学牺牲自己的性命。因此,当我接到一位检查过弗格森病例的新陈代谢专家打来的电话时,我对贝尔一家的同情又减少了一些。

贝尔夫妇现在又有了一个儿子,这一次他们没有逃过国民医疗服务体系的检测。专家认为有必要检测第二个孩子是否患有弗格森的病症:父母双方一定都携带了这种隐性基因,因此有75%的可能,孩子要么遗传了相同的疾病,要么是携带者。弗格森的弟弟是什么情况,通过果糖不耐受测试可以迅速查明。

但这种测试需要与医院和医生接触,也需要静脉注射。这位父亲断然拒绝了传统医学的侵扰,并努力与之抗争。既要保护孩子，又要照顾父亲的反对意见，一种方法是测序弗格森和他弟弟的 DNA，从而确定他们是否有同样的果糖不耐受症。这在当时是一项艰巨的任务，但一家实验室慷慨地表示可以尝试。这位专家来找我，问我是否保存了已故的弗格森的组织样本。他们需要利用这些组织分离出果糖不耐受基因。

我确实保存了。结果表明第二个孩子是携带者。如果这个男孩有朝一日和一位有相同性状的女性结为夫妻，他们生下的孩子就会有果糖不耐受症。但这个男孩本身不会受到影响。

悲剧有了一个无害的结局，只是父亲后来在替代医学上的冒险稍微破坏了这个故事。许多人对传统医学有一种合理的不敬，当他们生病需要治疗的时候，这种冒犯有时会爆发出来。即使在儿子去世后，贝尔先生也没有改变他对主流医学的公开蔑视。在没有任何资质的情况下，他把自己的头衔从"贝尔先生"改为"贝尔医生"，并公开宣称他的方法可以治愈癌症和重病——可能现在也是如此宣称的。当我得知这一切，我对这位经历了丧子之痛的父亲完全没有了同情。他鼓励那些赞同他观点的人放弃化疗、放疗等公认的癌症治疗方法，转而采用他的饮食疗法。接受他治疗的人大概还有选择。我的表哥杰夫也有选择，他选择了死亡。当然，贝尔先生的宝贝儿子没有选择。这就是弗格森·贝尔这个案例的症结所在：贝尔夫妇拒绝传统医学的权利与弗格森的生存权发生了冲突。每个父母都会以不太直接的方式面临这种选择，即在决定是否给孩子接种疫苗的时候。我相信，相较于了解错误信息的父母，掌握了充分信息的父母肯定会认为，无论是对自己的孩子还是对整个社会来说，麻疹造成的死亡或严重并发症的危险都远远超过接种疫苗的风险。然而，许多家长还是选择不给孩子接种疫苗。

放弃信仰是一件多么困难的事情。对于自诩为医生的贝尔先生来说，承认传统医学可以解决他儿子的问题，而他自己的医学体系并不能解决，又是多么困难啊。承认这一点，不仅会动摇他的信仰，甚至会迫使他重新评估自己的信仰。他还没有准备好做出如此根本的思想转变。如果没有信仰，他也许会怀疑自己到底是谁。人的一生都在定义自己和重新定义自己：当我们老了，有时记忆会消失，那个定义也就跟着消失了。到那时，我们是谁？

是杰夫的死让我花了更多时间思考贝尔的案子，也许还改变了自己的想法。现在我有点希望督察当初能成功起诉。

2

弗格森的不必要死亡,说明了受孕和怀孕非常复杂,也非常容易出错;还说明,婴儿一旦出生,我们对他们的照顾既是幸福生活的最大保障,也是幸福生活的最大威胁。有时候,爱和愤怒一样危险,婴儿具有依赖性,所以哪怕是最好心的照顾者,他们的笨拙、个性、愚蠢和弱点都会伤害到婴儿。我已经数不清有多少这样的案例了,这些案例介于极度的坏运气和极端的粗心大意(或可称之为故意疏忽)之间。

睡在上铺、滑到墙壁和床垫之间窒息死亡的婴儿。摔倒在暖气片上死于灼伤的婴儿。被小床边夜灯的电线勒死的幼儿。醉酒的父亲摔下楼时怀里抱着的婴儿。一个人在家里、被脖子上挂着的午餐盒勒死的儿童。由于母亲被家里的狗绊倒,从而摔在坚硬的金属扬声器上的婴儿。大人接电话时在浴缸里淹死的婴儿。由于父亲在公寓里吸毒过量致死,最终因脱水和饥饿而死的婴儿。这样的例子种类繁多,不胜枚举。没有人想让这些孩子死去。但实际上,他们中的大多数在不同程度上死于无人照顾。

而那些真正被蓄意杀死的婴儿呢？婴儿经历了一系列的奇迹才健康地来到这个世界上，但现在有人不希望他活着。那些折磨或杀害婴儿的人，只把婴儿看成人类的附属品。有些人只是喜欢施加痛苦。一位妻子躲在被褥下，这样当她的丈夫打他们的女儿时，她就听不到孩子的哭声。她在法庭上解释说："我跟他说他是个施虐狂。他承认他喜欢给人带来痛苦……他说孩子曾经惹他生气，使他烦躁。"

但杀婴者中只有很少是喜欢施加痛苦的人。我阅读了很多对失去孩子的父母的审讯，我的看法是，照顾者通常认为，孩子之所以不停地哭闹，并不是在表达需求，而是有意地、故意地和恶意地挑衅。

有时，家里还有另一个孩子，哥哥或者姐姐。奇怪的是，愤怒不会施加在他们身上，因为照顾者认为只有这个特定的婴儿具有邪恶的捣乱意图。对一些父母来说，婴儿的哭声不只象征着孩子本身的无助。也许这种需求的表达，让父母想起自己也有需求未被满足。也许婴儿的毫不妥协，让父母想起了日常生活中难以忍受的强硬要求。也许没有其他的替罪羊可以让父母安全地发泄自己的暴怒。也许婴儿的啼哭穿透了家庭结构和家庭关系的弱点。新生的婴儿象征着希望，但婴儿的现实需求可能使人孤立，剥夺了父母的所有快乐。是的，我们都曾被持续的哭声逼得走投无路，赤贫和极度的压力肯定会雪上加霜。但孤立对任何人都会产生同样的影响，即使是在富裕的环境中。然而，杀婴是无法开脱的罪行。让我们来听一听，承认这一罪行的人说了什么。

我给一个四周大的女婴验尸，她死于颅骨骨折和硬脑膜下出血，显然是重击所致。我注意到她的头部、脸部和颈部有瘀伤，我认为是抓伤。她还有多处肋骨骨折：我估计距离这些骨折发生已经有十天了。很明显，这个女婴一直在受伤害，最后被杀。

这对夫妇还有一个刚满一岁的女儿，她看上去没有受伤。最近，当父亲亚伦从一家银行失业后，家里的情况发生了变化。这对夫妇在早期的审讯中矢口否认，当然是在警察面前否认，但也可能是说给他们自己听。在第一次被问到女儿脸上的瘀伤时，父亲是这么说的：

父亲：好吧，我们能想到的唯一可能的原因，是我们给她拍嗝时抱她的方式……痕迹会消失几天，然后又出现。但我们无法弄清楚原因是什么。在几乎同一个地方出现这些痕迹似乎很奇怪，但我们不清楚原因，因为我们不再像以前那样给她拍嗝。

审讯者：所以，你无法解释她脸上的瘀伤是怎么来的？

父亲：我完全不明白……！

审讯者：法医病理学家在验尸时发现她有几处肋骨骨折。

父亲：啊，真的吗？

审讯者：你能解释这些吗？

父亲：我不知道。我不知道这些是怎么来的，真的不知道。

审讯者：……肋骨断了六根……

父亲：该死的！

审讯者：胸部的一侧断了六根肋骨，另一侧断了四根。背部的一侧断了八根，另一侧断了三根。

父亲：天呐！

审讯者：当然不可能是她自己弄的。

父亲：不可能。我的意思是，我们曾经给她拍嗝，但你没有，我们根本没有打她，只是轻抚她的背……她的确在睡梦中哭过，但我们认为只是因为……做噩梦。我不知道，我真的不知道那是怎么回事。

审讯者：是吗，我认为你知道。

父亲：我不知道。我为什么要撒谎？

审讯者：做新生儿的父亲并不容易。但如果事情发生在你头上，我们希望你有勇气告诉我们。

父亲：不，我的意思是，就算我心烦或者怎么样，我也不会把气出在孩子身上。

审讯者：验尸结果还显示出头骨骨折。

父亲：这是……这是怎么发生的？该死的！

审讯者：这正是我们问你的问题。

父亲：它［原文如此］是我的女儿，我爱她……如果

37

我真的做了什么错事，我认为掩盖或者撒谎完全没有意义。

完全没有认罪。那么母亲呢？她被问到为什么没有带孩子去诊所赴约。

> 母亲：我跟亚伦说……去诊所看看这些瘀伤。我说，看看她，仿佛我们打了她……伤害了她一样。
>
> 审讯者：你说过这些？
>
> 母亲：是的。但只是因为……我不希望别人认为我们伤害了她，因为我们没有。
>
> 审讯者：但是你认为你伤害了，或者别人伤害了。
>
> 母亲：我确定我没有，但我不知道亚伦有没有。我没见到过任何……暴力。
>
> 审讯者：但是你认为亚伦打了孩子？
>
> 母亲：不，不是打她。我想也许他又开始用那种方式拍嗝，这些瘀伤就又回来了……
>
> 审讯者：但你跟我们说过，你问他他是如何拍嗝的，他解释了，所以你不可能真的这么想。
>
> 事务律师：容我插句话，我的客户只是在告诉你们她的想法。
>
> 母亲：我内心有一小部分在想：是他做的吗？但我尽力把这个想法抹掉。

审讯者：这就是你所做的吗？试着把它忘掉？

母亲：因为我没有看到亚伦这么做，也没有听到孩子的声音……他们相处得很好。我可能想过一次，但只有一次。

那天晚上，这位父亲再次接受审讯。当被问到女儿受伤的情况时，他又用了同样惊讶的语气。审讯突然结束了。第二天早晨，他又接受了一次审讯。

审讯者：亚伦，昨天晚上你要求结束审讯。

父亲：我需要想一下。

审讯者：我估计，你还想和你的事务律师谈谈。现在你已经想过了，有什么要告诉我们的吗？

父亲：嗯，我只是想说是我伤害了孩子，但是……我知道这听起来很可怕，但我不知道我在做什么。这不是借口，也不是在为自己开脱，但因为我失业了，所以我似乎有点恐慌，有点沮丧，有时压力太大就发泄出来了。但我不记得具体内容了……事后我只觉得悔恨。我无法解释。我只是有点抓狂了。

审讯者：孩子经常哭，对吗？

父亲：她开始哭的时候，真的会让我恼怒心烦，我想我已经失去了神志……就像我说过的……我心烦意乱，只想发泄出来。我不记得是怎么做的，也不记得为什么。我

39

只记得，事后我感到很难过。

审讯者：孩子的肋骨在大约十天前断了。你能告诉我们这是怎么回事吗？

父亲：我真的不知道。说实话，它可能发生在任何时候。我真的不知道我在做什么……

审讯者：你觉得肋骨为什么断？

父亲：我可能拍打过她，可能把她搂得太紧，可能压住了她。哦，不是压住她，而是捏住她让她闭嘴。我从来没有真正想要伤害她。

审讯者：但那么小的孩子……

父亲：我爱她。

审讯者：亚伦，我得知道她到底是怎样受伤的。你能帮帮我们吗？

父亲：我可能打过她。

审讯者：你打了她？

父亲：我知道我打过她。我承认这一点，但我不记得是什么时候，也不记得为什么。

审讯者：是怎么……？

父亲：我不可能故意这么做。不可能是"好吧，我要让她闭嘴，所以我要打她"。我不会那么做，我不是那种人。所以一定有什么事情让我心烦意乱……担忧，失业，所有的事情压在我身上，我知道这有点难解释，但我真的不记得。

审讯者：但每次你打完她，都会感到内疚？

父亲：我会尽力让她平静下来，抚慰她。我不记得我打过，只记得事后很内疚。

审讯者：但你先是在她脸上打出瘀伤，然后打断她的肋骨，又打断了她的头骨……然后你不记得了？

父亲：我永远、永远不会做这样的事情伤害她，相信我。如果我知道我在做什么的话。但我显然不知道。

审讯者：你告诉过你的朋友，说你恨这个孩子。

父亲：不，那不是真的。

审讯者：你不恨她吗？

父亲：当她哭的时候，我不恨它［**原文如此**］，只是讨厌她哭。

审讯者：你的朋友说，你用了"恨"这个词。

父亲：我可能说过。

在一场艰难的庭审之后，幸存的女儿立即被带走了，不再由这对夫妇照顾。之所以艰难，是因为父母双方都说不知道孩子受了伤。父亲被判谋杀罪和虐待儿童罪，母亲被判虐待儿童罪。

审讯表明，这位父亲非常清楚自己应该怎么做：成为一位爱孩子的成年人。他也知道自己实际是怎么做的：诉诸暴力。他想要成为的人与他实际上是怎样的人之间有着奇怪的鸿沟，正是因为无法弥合这种鸿沟，他一次又一次地伤害那个孩子。也许所有父母都很了解这种鸿沟：亚伦是一个极端的例子，其后果很悲惨。

下面还有另一个例子。萨拉是一位年轻的母亲,她的女儿才四个月大就去世了。与亚伦类似,她在审讯中表现出前后矛盾,但她的行事方式与亚伦的非常不同。

萨拉的母亲把萨拉的经历告诉了警方,解释说她在小学时表现得很不安,当时被诊断为学习困难。在中学时,她受到严重的霸凌;到14岁的时候,她的性生活变得极为活跃。事实上,她已经流产过两次,之后在17岁,她在一段短暂的关系中怀上了凯蒂。她独自带着孩子住在政府的公租房里。有一个男朋友会来探望她,她的家人就住在附近。

我为凯蒂进行了验尸。这个孩子的心脏组织表现出了明显的淋巴细胞性浸润。我强烈怀疑是病毒性心肌炎。我在验尸报告的初稿中写道:"心脏感染病毒可能是致命的,但许多人从这种感染中康复了,而且许多人没有明显的临床影响。因此,病毒性心肌炎可能是致命的,但不一定致命。"

病毒意味着谋杀凯蒂这件事未被发现,或者说未能坐实。但她的母亲萨拉,在第二天早晨和自己的母亲一起去了警察局,承认杀害了凯蒂。她立即被逮捕。

审讯者:萨拉,你为什么到警察局来?
萨拉:内疚。
审讯者:因为什么?
萨拉:因为我做过的事。

审讯者：我知道这对你来说很难。你愿意告诉我是怎么回事吗？从昨天早晨开始讲起？

萨拉：凯蒂一整天都不吃固体食物，她非常烦躁，大部分时间都在哭。我压力很大，所以最后我把她放在卧室里，不去管她……

审讯者：你在哪里？

萨拉：在客厅里。我一边抽烟，一边想啊想。我太激动了。

审讯者：你做了什么？

萨拉：我去了卧室，因为我压力很大，我想让她闭嘴。我把她从婴儿床里抱起来，放在我的床上。我拿起裹着她的床单，盖在她脸上。

审讯者：你能用手演示一下你是怎么做的吗？

萨拉：(**演示中**) 我把右手放在她的鼻子上，拇指放在她的嘴巴下，让她无法呼吸。

审讯者：凯蒂做了什么？

萨拉：没有。

审讯者：她挣扎了吗？

萨拉：是的，她踢腿。

审讯者：你把手放在这个位置多久？

萨拉：几秒钟。我觉得这个时间不足以杀死她。

审讯者：你当时在想什么？

萨拉：我只是压力很大，我什么都没有想。

审讯者：然后发生了什么？

萨拉：在她停止踢腿后，我拿开了床单，看到她的嘴巴张开了。我把她的嘴闭上。我想起了几周前发生的事情，所以我试图救活她，但她就是没有呼吸。

审讯者：几周前发生了什么？

萨拉：我当时正坐着看电视，觉得不对劲。我一般不会去检查凯蒂的情况，但这一次我有预感。我之前让她趴着睡，因为她喜欢这样。当我去检查的时候，我看到她的右手变蓝了。我把她抱起来，她身体很冷。我摇了摇，她的身体非常柔软，就像完全没有生命一样。

审讯者：你做了什么？

萨拉：我冲过去给我妈妈打电话，她让我打电话叫救护车。我照做了，他们告诉我该怎么做。我必须救活她，我做到了，我成功了。

审讯者：我明白了。

萨拉：但遗憾的是，昨天我失败了。

审讯者：还有其他人在吗？

萨拉：没有，但我知道迈克8点左右会来，所以我制订了一个计划。我知道这听起来很可怕，但我太害怕了，所以我把凯蒂放回婴儿床。然后我想，我应该暗示迈克去看看她，这样迈克就会发现她已经死了，不会怀疑到我身上。

审讯者：后来真的是这样吗？

萨拉：他来了，我说："你想去看看凯蒂吗？"他说：

"当然。她睡着了吗?"我说:"我不知道。你想去的话,就把灯打开。"然后我在收拾东西,迈克在里面,他说:"她看起来有点奇怪。"我说:"她睡觉时是这个样子的。"他把她抱起来,放在自己的大腿上,说:"萨拉,我觉得她看起来不对劲。"所以我过去了,假装很震惊。我手上有一杯茶,我把它摔在地上,这样他就不会怀疑我。然后我把凯蒂从他手里夺过来,尝试救活她。

审讯者:迈克过来的时候,她死了多久?

萨拉:就五到十分钟。她身体还是热的,所以我认为她还活着。

审讯者:我明白了。

萨拉:我拼尽全力想救活她。

审讯者:你想让她活回来?

萨拉:是的。我不知道我为什么那么做。

审讯者:你跟我说的都是实话吗?

萨拉:是的。说出来之后好多了。太可怕了。

审讯者:你还有别的要说吗?

萨拉:我只想告诉你,我不是故意要这么做。她是我的一切。我不是故意要杀她,我不知道我捂了那么久。我感觉只有几秒钟。我非常爱她,我想念她。当我今天看到她的时候,我只希望她睁开眼睛,大哭一场。

审讯者:你说你是用手……为什么要用床单?

萨拉:因为我不想看到她的脸。

在得知萨拉认罪之后，我立即重新验尸。没有瘀点性出血——这些红点可能出现在任何地方，但如果出现在眼睛或脸上，就极有可能是窒息导致的；然而，这很少出现在婴儿身上。嘴唇、牙龈或鼻子上没有伤痕。事实上，没有任何迹象表明凯蒂可能是被闷死的。母亲的说法没有得到证实。我写道：

萨拉说"感觉只有几秒钟"：我认为，在这种情况下，死亡不可能发生在几秒钟内。

在这个案件中，有两种可能的死因。自然死因是病毒性心肌炎，而不是闷死或窒息。第三种可能是，凯蒂更可能因为病毒性心肌炎而窒息。根据我掌握的证据，我无法确定是哪一种可能，因此我无法确定确切的死因。我的结论是：

1a. 无法确定。

我们咨询了一位专业的儿科法医病理学家。他证实了这种病毒的存在，并同意这种病毒可能是致命的。他考虑了这位母亲的讲述，写道：

在小婴儿身上，闷死或窒息可能不会留下确凿的病理证据，特别是如果用一些柔软的材料捂住口鼻，而且施加不那么大的力量。在那种情况下，不能排除凯蒂死于窒息的可能性。我同意谢波德医生的观点：单凭病理结果不能帮助确定本案的真正死因。

在另一次审讯中，萨拉再一次被问到，当她决定闷死孩子的时候，她在想什么。她描述称当凯蒂哭的时候，她坐在隔壁房间里抽烟并试图冷静下来。"我在想，天啊，闭嘴，闭嘴，不要这样对我。我不想这样。我想要一个平静的生活。我也想要我的生活！"

这是许多杀婴者的共同点：把自己展现为被孩子操纵的受害者。他们说孩子实际上有着邪恶的动机，这可能吗？我不相信，但是，一旦婴儿变成了一个会动、会问、会思考的幼儿，犯罪行为从何时开始？

在英国的大部分地区，10岁以上的孩子就可以被认定为罪犯；在苏格兰，这一年龄最近被提高到12岁。然而，在下面这个案例中，我必须极不情愿地承认，3岁儿童有可能犯下谋杀罪。当然，也有一些3岁儿童帮着教婴儿在浴缸里游泳，或者试图在洗衣机里清洗婴儿，从而意外地杀死了一个弟弟或妹妹，但这并不是谋杀。谋杀成立不仅要求有受害者死亡，还要求犯罪者有杀人的意图。

我去德文郡为一个死在海边村庄的五个月大的婴儿验尸。我发现，以他的年龄而论，他相当矮小，因为他是早产儿。但除此之外，他没有生病，也没有受伤。除了他的头。头部已经严重损伤。他头骨的一侧有多处骨折，其中，脑部有大面积的挫伤和撕裂伤，并有大量出血。脸部的另一侧有大面积的瘀伤，上唇撕裂。

我的第一反应是，是抓握造成了这些瘀伤。我提出，一只成年人的大手抓住了孩子的脸。更可怕的伤口是钝性伤,这种创伤需要相当大的力量。

随后警察给我看了一段对嫌疑人的审讯。他们解释说,嫌疑人只有三岁。我觉得一个学步的幼儿几乎不可能犯下如此严重的罪行,也不可能展现出所需的力量。然后,警察告诉我当时的情况。这起死亡事件发生在村里的托儿所。母亲们轮流帮忙。婴儿的母亲在托儿所里有一个大点的孩子,这个孩子把熟睡的宝宝放在婴儿车里推到旁边的房间里,关上了门,之后卷起袖子,用蜡笔和颜料开始画画。

婴儿在一个类似于办公室的地方,地面是坚硬的混凝土。这里有档案柜,还有放设备的橱柜。关于孩子是否被系在婴儿车里,固定得紧不紧,存在一些争议。

在整个过程中,母亲、主管以及其他各名帮手进出办公室拿东西,没有打扰到婴儿。除了母亲,大多数人都说她们甚至没有看孩子一眼,因为她们太忙了。

孩子被放在那里两个小时,然后主管回到了办公室。这一次她没法不看到孩子:他躺在地上,流了很多血。她说,三岁的杰米斜靠在孩子身上。救护车很快就到了,但受了这么严重的伤,孩子不可能活下来,他很快就死了。

我没有参与警方调查。我不知道他们审讯了多少人,也不知道他们多么细致地分析了进出房间的人的行动。主要证人是杰米四岁的哥哥,他不在托儿所,但他说,杰米曾经偷偷告诉他,自己把宝宝从婴儿车中扔到地上,把宝宝的头撞破了。

审问儿童的专家分别审讯了杰米和他的哥哥。

审讯者首先和杰米在一个满是玩具的房间里玩了很久,逐渐用玩具说服他谈论在托儿所里发生的事情。最后,她问了重要的问题。黑体字是审讯者写的。

审讯者:杰米,宝宝是怎么掉到婴儿车外面来的?

杰米:妈妈这样做,它就掉出来了。

(杰米拿着一辆玩具救护车,现在他把它弄翻了。)

杰米:宝宝死了。

审讯者:你怎么知道宝宝死了?

(杰米的回答含糊不清。他在玩培乐多彩泥。我问杰米是否在托儿所挂了他的外套,并说我听说他找到了一件蝙蝠侠斗篷。)

杰米:我穿着斗篷。

审讯者:你从哪里弄来的?

杰米:从橱柜。

审讯者:哪一个橱柜呢?

杰米:老师的。

审讯者:橱柜是在你玩培乐多彩泥的同一个房间里,还是另一个房间里?

杰米:另一个房间里。

审讯者:房间里还有别人吗?

杰米:只有宝宝。

审讯者：你跟宝宝打招呼了吗？

杰米：他从婴儿车里掉出来了。

审讯者：宝宝是怎样从婴儿车里掉出来的？

杰米：妈妈把它打翻了。

审讯者：只有妈妈在那里吗？还是有其他人？

杰米：其他人。

审讯者：他们是谁？

杰米：老师们。

审讯者：杰米，你看到宝宝在地上了吗？

杰米：没有。

审讯者：那你怎么知道他被打翻在地上？

杰米：妈妈把它打翻了。

（杰米因为玩具分心了。）

审讯者：这发生在你进去拿蝙蝠侠斗篷的时候吗？

杰米：是的。

审讯者：所以，你进房间时，宝宝就在那里。只有你和宝宝吗？

杰米：老师推他。

审讯者：你有没有试着抱起宝宝？

杰米：没有。

审讯者：你有推婴儿车吗？

杰米：妈妈做的。

审讯者：妈妈把它推翻了吗？还是把它抱起来？

杰米：抱起来，然后把它扔出去。

审讯者：宝宝哭了吗，杰米？

杰米：没有。

审讯者：看上去宝宝哪里受伤了？

杰米：外套附近。

审讯者：是宝宝头被撞到的地方吗？

（现在有很多模糊的回答。）

杰米：血从他身上流出来了。

审讯者：哪里的血？

杰米：嘴巴。

审讯者：妈妈知道你在那里吗？她能看到你吗？

杰米：不知道。

审讯者：你在哪里？

杰米：躲着。

审讯者：哪里？

杰米：在角落里。

审讯者：我很困惑，杰米。我不知道是谁推翻了婴儿车。

杰米：是妈妈。

审讯者：妈妈，不是老师？

杰米：一个老师进来照顾宝宝。

这是编辑过的摘录，摘自一段很长的、经常自相矛盾的，而且我认为极不确定的审讯。任何试图从一个三岁孩子口中获得理性认识的人,都会知道这肯定是个挑战,就连受过训练的儿童审讯专家也是如此。尽管如此,对杰米的审讯还是被移交给验尸法庭,同时被移交的还有他四岁哥哥的模糊指控。

验尸官做出了死因不明的裁断。警方向当地报纸描述了婴儿的死亡。这些报纸只用很少的篇幅报道这个故事,说这是"涉及一个三岁儿童的悲惨事故"。

至于我,无论当时还是现在,都无法完全相信那个孩子是有罪的。我对托儿所的其他成年人一无所知,不了解他们的行为,也不掌握关于谁可能有伤害那个孩子的动机的任何信息。我对这个孩子的家庭一无所知。

虽然一开始我确信杀死这个孩子的只可能是成年人,特别是考虑到脸上的瘀青很像是抓伤。但我还没有完成报告的第二稿,警察就打电话来了。他们问什么时候能收到报告,并提醒我把这个事实写进去:一个孩子把一个婴儿扔到硬地板上可能会造成这些伤害。

我承认有这种可能性。存在,但很渺茫。我确信,不管是谁杀死了这个孩子,至少是有伤害他的意图——这种伤害不可能是因为"玩得过火"。但在我心里,我当然不相信杰米有造成这些伤害所需的力量。现在我重读这些笔记,得出的结论是,三岁不是最早的犯罪年龄。

然后是背着书包的学童，

　迎着晨光，拖着脚步，

　　不情愿地去上学。

3

那是一个冬夜。电话铃响的时候，我刚刚上床睡觉。电话那头的人让我开车去肯特郡。一个孩子在医院离奇死亡。

我穿好衣服，没有问任何问题就上了车。尽管死者总是很有耐心，但"离奇死亡"这个术语有种催促感。我开车往南走，隐约觉得停尸房里会有一个婴儿。由于死亡发生在医院，我估计是某对不幸的父母在深夜发现他们的孩子没了呼吸，所以叫了救护车，但所有的抢救都失败了。婴儿猝死综合征是一种非常自然的现象，但当时人们一直认为它很离奇。

等待我的是一排疲惫不堪、脸色灰白的警察。我们坐在遗属室里，一名助理递给我一杯热茶。警探解释说，死者是一个七岁的女孩。她在傍晚时分被报告失踪，随后警方展开了搜索。最后，在当天晚上21点30分，一条警犬在公园里发现了她。警犬训导员立即给急救医士打电话。他们赶来的时候，车上开着蓝色的警示灯，还带着其他的工具。他们迅速把孩子带到医院，所有的抢救都失败了。督察告诉我，急救医士在事后认为，几乎可以肯定她在被发现的时候就已经死了一段时间。

如果无法抢救，那么我宁愿他们把尸体**留在原地**。他们甚至没有拍任何现场照片。

一名警探让我看一张图，上面标注了尸体的位置。这张图是警犬训导员绘制的，很有帮助。只是画得太糟糕了，我甚至怀疑是警犬画的。

"这是什么？"我指着图上的一个东西问，它看起来像一排参差不齐的牙齿在一只小竹节虫（我认为那是孩子的尸体）身上盘旋。

"呃，那是一根折断的树枝。看，它已经断了，离发现尸体的地方很近。"

"哦。不过……我看不出来……她是在小路上，还是在灌木丛里？"

一位警长速度很快，在救护车之前赶到了现场。

"在灌木丛里，医生。我确定是在灌木丛里。"

"这似乎是全世界最大的可乐罐……?"警犬训导员完全不会画透视图。

"是啊，被压瘪了，她就躺在上面。可能有一些杂物。不管怎样，法医已经拿走了。"

"她真的在那根断枝下面吗？"

"是的，应该是。"

"你不认为是落在她身上的?"

"不，不可能。它已经落了一段时间了。看起来好像是她从树枝下面爬过去的。"

"她在躲?"

"她妈妈说她是在下午 17 点 30 分左右失踪的,并说她以前也有过。"

"有过什么?"

"离家出走。她收拾了一个小包裹。看,训导员把它画在了尸体旁边。"

他指着一个奇怪的形状,像一个小宝箱。

"她离家有多远?"

"大约两分钟路程。"

我会心一笑。我的女儿有一次威胁说要离家出走,但她最多会走到花园的棚屋里。

"所以,她躺在灌木丛下面,仿佛她正要从掉落的树枝下面爬过去,而她的包就放在一边?"

"是的。"

"但是……她是平躺着的?"

"是的。"

这听起来不太对劲。我看得出来警探们都累了。他们不确定,究竟是有人谋杀了克莱尔·罗默里尔,还是这只是一场意外。当我们在验尸室里碰面时,我想他们都希望这是一场意外,这样他们就可以回家睡觉了,而不必展开谋杀案调查。我知道,从统计学上看,他们很可能是对的。数据告诉我们,七岁女孩非自然死亡的最常见原因是意外。

57

我发现克莱尔·罗默里尔的上身仍然布满了心电图的标签、抢救的痕迹和静脉注射的证据。我测量了她的体温。医院在晚上22点宣布她死亡，但很明显，在那之前的好几个小时，她已经死了。

"具体是几个小时？"警长敏锐地问。我叹了一口气。这始终是警察最迫切想知道的问题，也是法医病理学家最讨厌的问题。很难估计死亡时间，而且往往是不可能的。警察不明白，这么一个直截了当的问题，为什么我们不能给出一个直截了当的答案。因为回答这个问题需要应对许多难以衡量的变量，但是解释这些是没有用的。

然而，我们考虑到克莱尔是一个孩子，因此她的身体失温更快；我们意识到虽然她不胖，但她身上有很多脂肪；我们知道那天晚上并不是很冷，她只穿了粉红色的运动鞋、内裤、一件"小马宝莉"T恤和一条粉色的短裙；我们考虑到那天晚上刮起了风，在下了几场雨之后温度有所下降……在考虑了所有这些因素之后，我们又查阅了病理学家为了此种目的而使用的极其复杂的图表，该图表的外观和准确性都类似于占星图。我估计她的死亡时间在下午17点到晚上19点之间。

"嗯，"警探说，"她在17点30分才被报告失踪。"

他和督察痛苦地对视了一眼，我意识到他们在怀疑。和我一样，他们也对图表没什么信心。

我开始检查克莱尔的尸体体表。从外表看，除了吃得好、被照顾得很好，没有其他的信息。我可以看出来，每个人都希望她没有被性侵。的确没有。当然，为了确定，我用棉签抹拭伤口，阴道和肛门没有瘀伤或受伤的迹象。我这么说了，房间里的人都松了一口气。如果克莱尔是被谋杀的，可能的动机就是性侵。排除了这一点，所有人都更加相信她的死一定是意外。我们都同意，如果孩子离开你的视线，他们就会惹上麻烦。

我摘掉她的项链。这只是一根绳子，上面有一颗小蓝宝石，所有小女孩都可能戴这种东西。蓝宝石在她喉咙上留下了一个深深的印迹。至此，我们很清楚，这条项链就是她的死因。项链下面有一条很清晰、很深的擦痕。这条擦痕说明了一切，它和项链一样宽，大约 3 毫米，两头分别在两只耳朵下面。

所以，是克莱尔的项链把她勒死了。现在我找到了明显的死因，如果可以带上东西回家就好了。但验尸还有很多事情要做。我必须看看尸体还能告诉我们什么，必须确定有没有其他可能导致死亡的先天性疾病。所有器官都要检查，身体内外的每一处瘀伤和伤痕都要检查。这将是一个漫长的夜晚。

在我工作的时候，警探们推测可能是克莱尔在爬到灌木丛下的时候勒死了自己，折断的树枝和它无数的尖细枝条勾住了她的项链。

"这很有可能。"我表示同意。虽然没有抬头，但我感觉到警探们在点头。现在他们很确定，克莱尔之死是意外。我指出她的脸上和眼睛上有典型的窒息迹象，也就是我们称为瘀点性出血的小红点。

那么，几乎可以肯定她是被绳索勒死的。问题是：涉及其他人吗？作为一名法医病理学家，确定这一点的唯一方法是寻找暴力的迹象：扭打或试图自卫。

克莱尔左手的上臂有一块轻微的瘀伤，脸上也有之前擦破的痕迹。小腿上的一些瘀伤正在愈合：对于一个精力充沛的孩子，这是很平常的事。而克莱尔大概就是一个精力充沛的孩子，有人说她很"难"相处，她妈妈说她经常离家出走。我一直在思考为什么会这样。

"哦，天呐，快看，还是有人打了她一顿！"当我把她的小小身体翻过来检查背部时，一位警探这样说道。的确，中线附近有一块巴掌大小的蓝色斑点。

"这是一块很大的瘀伤。"验尸官办公室官员表示同意。

但并不是。这是一颗蓝痣，在儿童的身上尤其常见。它的位置暴露了这一点：蓝痣通常出现的位置是背部的中线，尤其是背的下部。它看起来像不规则的圆形的蓝色痣，但有时仅仅表现为一块皮肤变色。在这种情况下，即使是有经验的病理学家也经常把它和瘀伤混淆。

"这实际上是一种痣，"我说，"有时候我们称之为'蓝痣'或'蒙古斑'。"

"听起来像是农场里的东西，某种母鸡。"验尸官办公室官员说。警探们没有回答。他们怀疑地看着我。

"只是色素更深，所以看起来是蓝色的。"我补充说。

"我觉得很像瘀伤。"警长顿了一会儿说。

"真的不是。"我向他们保证。我有信心。但房间里的气氛发生了一点变化。我瞥了督察一眼,从他的脸上看出来他已经开始怀疑我了。他开始对其他的瘀伤和暴力迹象保持警惕,因为他担心我可能不重视。我尽量不因为他的怀疑而生气。

克莱尔的所有器官都是正常的:大小合适,像年轻人一样健康。肝脏结实鲜红,没有酗酒后的瘢痕;坚实的小小心脏应该一直在跳动,动脉和静脉中的血液自由流动,没有阻塞,没有凸起,也没有生命后期出现的让人紧张的僵硬。她的皮肤拥有孩子才有的纯净,没有日晒、事故或酒精的痕迹。

头皮没有受伤的迹象,头骨也没有骨折,大脑安然无恙地躺在里面。婴儿时期的大脑是柔软的凝胶状。到了7岁,这个器官就不一样了。它当然会更大,但大脑的生长时间不会贯穿人的一生,比身体其余部分的生长时间要短,新生儿大脑的重量是成人大脑的25%,这就是为什么婴儿的头总是不成比例地大。2岁孩童大脑的重量已经是成人大脑的75%。克莱尔这样的7岁儿童,大脑尺寸接近成人。

大脑扩张的一个原因是髓磷脂增加。神经细胞向大脑、从大脑和在大脑内部传递指令,髓磷脂是一种脂肪,随着时间推移,这些物质会用神经细胞的细长纤维包裹住自己,就像你在圣诞节包裹一瓶葡萄酒一样。如果你每一年都包裹同一瓶酒(没有送给任何人,也没有喝),25年后就会包裹100层。在生命的前25年里,包裹着髓磷脂的细胞,也就是施万细胞,可以做到这一点。这是一种神秘的细胞,我们甚至还不了解它的许多功能,但其中一个功能肯定是帮助电信号在神经纤维上以每小时 200 英里的速度传输。这些神经纤维沿着脊柱排列,并通过脊柱与身体的其他部分相连。从脊柱开始,有些神经纤维非常长。例如,一旦"移动手指"的指令到达了脊柱,只需要一根长度超过 1 米的纤维就可以把这个指令转递给手指。在同一束神经细胞(或神经元)中,纤维会朝着两个方向工作:感觉神经元告诉大脑手指正在灼烧;运动神经元给手指发送指令,让它远离火。

施万细胞可能要到人 25 岁时才能完全成型,但在人 7 岁的时候,它就已经很好地做着包裹的工作,确保信息较为可靠地通过神经纤维到达目的地。其中一个神经纤维对克莱尔·罗默里尔来说非常重要。现在我的工作就是揭示这一点。

我小心翼翼地从勒痕附近下刀,然后把皮肤剥开。我不得不往里看颈部肌肉的瘀伤,果然,我发现了关键的条纹,是红色的,沾有血迹。现在我必须深入调查,看看有没有进一步的伤害。

当患者还活着的时候,从这个位置动手术的外科医生都必须有一只稳定的手。喉部布满了细小的肌肉,稍有不慎就会严重影响患者说话或吞咽的能力。要到达这个深度,我必须去除挡在我面前的大块肌肉,这些肌肉从脖子底部一直延伸到耳朵,当人转头的时候,它们就会非常突出。孩子的这些肌肉也有 5 厘米宽。我从底部附近把它切开,然后用手术刀的钝边把它从"蜘蛛网"里解放出来。

人体布满了这样的网：器官、肌肉、神经、血管——我们体内的一切几乎都被一种精细复杂的结缔组织松散地缠绕着。这些结缔组织看起来就像勤勉的小蜘蛛织的网，而且同样脆弱。它像棉花一样柔软，在车祸中不会起到固定作用，但在没有物理创伤的日常生活中，它会以一定的弹性，温柔地让血管、神经和器官留在它们应该待的地方。用手术刀，甚至只用一根手指，就可以很轻易地穿过组织平面把肌肉解放出来。当然，外科医生必须在活着的患者身上做这个手术。也许多年之后，那个患者已经死了，当我看到他的时候，我会发现没有蛛网，血管和器官有时候会粘在一起，相互固定。

我把硕大的胸锁乳突肌从柔软的底部解放出来，就可以把它轻轻地移到一边。现在我切到了喉咙深处，直指身体中最神圣的"三位一体"：颈动脉、颈静脉和迷走神经。

动脉、静脉和迷走神经紧紧地抱在一起，被称为"神经血管束"。它被包裹在一个非常松散的结构里，这个结构叫"颈动脉鞘"。"鞘"这个字非常误导人。它让人联想到坚固的皮革刀套——但实际上这三根血管是用薄纸般的物质包裹在一起的。

在"薄纸"里面，颈静脉看起来像一个彪形大汉，颈动脉则像是优雅矮胖的白衣少女。而迷走神经半藏在它们中间，纤瘦到几乎看不见，是它们不可分离的忠实仆人。

人体没有精确的颜色编码（否则我认为做手术很简单，每个人都可以），但生物学课本用红色表示动脉，用蓝色表示静脉，这是正确的。颈静脉可能很粗，直径大约9毫米，但内壁很薄，不足1毫米。所以我没有剪断它。我感觉我好像在它上面飞行，透过淡淡的云往里看。我看到了墨水般的蓝黑色血液。所有人都知道，静脉输送的是脱氧的血液：蓝色的血液。人弥留之际，它尤其蓝，因为衰弱的身体会带走最后一丝氧气。

颈动脉输送的是红色的含氧血液，但你必须切开白色的血管壁才能看到。动脉必须承受比静脉高得多的压力，因为心脏不知疲惫地把血液泵送到全身。结果是：动脉壁厚而有弹性。事实上，颈动脉让我想起了注定失败的家庭酿酒尝试：我把酿酒用的白色塑料软管放在热水里清洗时，它变得十分柔韧。血液的颜色可以隐藏在有弹性的壁内，但如果患者还活着，你可以看到动脉随着生命节奏扩张和收缩。这个生命节奏就是心跳。

当然，克莱尔现在完全是静止的。我从上到下解剖了静脉，一直在寻找损伤，直到中心非常敏感的内膜：这也许能让我知道是多么大的力量导致了她的死亡。没有瘀伤。

我必须稍微把动脉移到一边（破坏了更多的蛛网），充分暴露迷走神经。迷走神经被施万细胞包裹着，比颈动脉更白。当你比较两者时，颈动脉现在看起来更像奶油。迷走神经像金属丝，直径约1毫米，微微发亮，在从颅底到心脏的著名征途中，它凝聚了某种弯曲的尊严。但它并没有就此停止：它继续深入腹部，停在结肠。迷走神经似乎想要走一条直线，但它以一种恭顺的姿态，在必要时稍微弯曲，以适应身体其他系统的阻挠。

我仔细检查了克莱尔的迷走神经附近的区域，看看是否有深瘀伤：我又在寻找外力的迹象。一无所获。这条神经看起来没有受到伤害。但我相信可能是它导致了这个孩子的死亡。

迷走神经是人体自主神经系统的一部分。这意味着它不会请示我们，它只控制我们不思考的事情，比如心跳。当克莱尔被勒死的时候，迷走神经向她的心脏传递了一个信息：它需要慢下来。它为什么给出了错误的指令？这与被撞到肘部的尺骨端时我们的小拇指会感到刺痛是一个道理。当用绳索压迫迷走神经时，神经会受到刺激。但不同于肘部的尺神经，迷走神经受刺激时会产生致命的条件反射。它会使心跳减慢。在克莱尔的例子中，它使心跳慢到停止，导致她死亡。

武术专家都很清楚，单次击打迷走神经几乎可以瞬间致死，但其确切机制仍然有争议。绞杀理论在英国病理学家中很流行，但很少有美国病理学家会同意。他们可能会说，克莱尔的死是因为项链刺激了颈动脉周围的感觉神经元，而不是迷走神经附近的感觉神经元。这些信号会警告大脑血压过高，导致心跳减慢。另一些人认为，死亡是由颈动脉和迷走神经的错误信息造成的；少数人会说，颈静脉的压迫也起了作用。有些人确信，他们理解为什么在颈部特定的地方施加压力会在10秒内杀死人，但我们只能确定这种情况确实发生了。克莱尔·罗默里尔的例子也是如此。

很明显,她死于项链造成的颈部压迫。警察还在等我的答案:她的死,究竟是因为爬到树枝下面时不小心被勾住了项链,因此成为神秘的迷走神经反射的不幸受害者,心脏停止跳动;还是因为有人勒死了她?

没有暴力或争斗的迹象。我在颈部肌肉上没有发现进一步的瘀伤。没有擦伤或防卫伤可以表明有第三者介入。我无法回答警察的问题。当我们离开验尸室时,督察表现得非常沮丧。

我们身后传来了停尸房助理准备处理尸体时惯常的沙沙声。现在,他们将展现自己的伟大才能,把克莱尔变成爱她的人所熟悉的、能致以悼念的状态。根据定义,验尸是一种侵入性的操作。它是为了死者和遗属的利益;一旦发现死者被谋杀,就会涉及更广泛的社会。所有的验尸都是基于非常尊重的态度,有时不会只做一次。

"我可能过几天还要回来,"我说,"有可能瘀伤在某处皮肤的下面,现在还没有显露出来。"

"她已经死了,"督察悲伤地说,"不会再有瘀伤了。"

"我向你保证,"我说,"会有的。"

他再一次表现出了怀疑。我本来可以争辩,但我还要去别的地方。

4

已经到了早晨。停尸房外面人流如潮。警察们都要回家了,但我仍然清醒着,决定利用这个机会去看一看发现克莱尔尸体的地方。

督察同意了。他说:"我的上司在那里,我会告诉她你要过去。"

我开车前往公园。公园的大部分地方已经关闭了。蓝白相间的警戒线串联在树和树之间。事实上,虽然是冬天,但这个地方令人心旷神怡。这里曾经是乡间大别墅的宽阔庭院。现在房子已经被拆除,但连绵的草坪和宽广的灌木丛仍然存在。

一位警长带我穿过警戒线。

"验尸有什么发现吗?"他问。

"克莱尔是被勒死的。"我告诉他。

他斜着眼睛瞥了我一眼。

"这我们已经知道了,医生。我们看到了她的脖子。"

"现在我只能告诉你这些。"我说。他看向别处。我意识到,当法医病理学家无法为他们破案时,警察总是感到失望,但不会表露出来。

他把我介绍给警司。这个女人看上去没有失眠。

"我刚来这里值班,"她高兴地说,"我喜欢我的工作,你永远不知道早上上班时会发生什么。"

"能给我一些克莱尔·罗默里尔的背景资料吗?"我问。参加验尸的警察已经提供了一些信息,但我猜测,现在应该有更多的信息。在警司来之前,已经有人详细向她汇报过了。

她告诉我,克莱尔的生父不久前跟她的母亲离婚了,警察已经审讯过他。克莱尔失踪的那天下午,他去看了一场当地的足球比赛,晚上又和其他球迷出去了,很多人可以证明克莱尔死的时候他和他们在一起。调查人员还了解到,最近几周,克莱尔的家里充斥着愤怒和争吵,继父乔治·罗默里尔实际上并不在家。克莱尔死的那天晚上,他和克莱尔的生父看了同一场足球赛,有更多的朋友证实了这一点。

罗默里尔夫人当然很难过。是的,克莱尔在死的那天特别难相处,她不得不责备了女儿几次。克莱尔显然是在策划逃跑。她宣布马上就会上床睡觉。罗默里尔夫人还有一个小女儿,她在傍晚把两个女儿哄上床睡觉,然后去浴缸放洗澡水。洗完澡后,她去查看两个女儿。这时她发现克莱尔不见了。

我拿出警犬训导员提供的草图。

"可惜尸体移动了,"我说,"在被发现的时候她已经死了有一段时间。"

"多久？"警司问。

"我认为她的死亡时间是下午17点到19点之间。"

"这么早？"

"我认为是的。但……"我无数次对警察说过这句话，然后看到他们垂头丧气，"死亡时间很难精确估计。"

警司和我拐进了一条有更多警戒线的小路。她给我指了指发现克莱尔的地方。我把草图拿在手里，转了一圈又一圈，直到它与我面前的场景吻合。

"你确定是这里？不是在倒下的树下面？"

"显然更可能在灌木丛下。"

灌木丛里没有折断的树枝，也没有挣扎的痕迹。昨天晚上的风很大，还下了一两场雨。但尸体处的泥泞地面几乎没有活动的迹象，只有急救医士沿着小路进出的脚印。

"啊哈，"我说，"我看到可乐罐在哪里了。"

法医已经把可乐罐取走了，但它在潮湿泥土上留下的压痕仍然清晰，就像克莱尔项链上的小蓝宝石在她喉咙上留下的凹痕一样清晰。

现在是冬天，太阳微明。从法医学的角度看，我现在可以在现场走动。我正是这么做的，蹲下身子，看看这棵树和它粗壮的枝干，检查灌木丛，试着找出有哪一根矮枝可能把项链挂住。我找不到。

"看够了吗？"当我走回小路，警司这样问我。她在尝试把鞋子上的泥土刮到一块潮湿的草坪上，然后再回到办公室。我也这么做了，但泥土很顽固。

我在思考。有什么东西不对劲。我记得克莱尔的衣服，"小马宝莉"T恤，短裙，粉红色的运动鞋。

我说："你基本上无法知道克莱尔来过这里。"

警司正在忙着处理她的鞋子。

"什么意思？"

现在我必须很谨慎。法医病理学家总是试图告诉警察去想些什么，而警察有时不能接受。

"我们先假设克莱尔是在这里被杀的。孩子没有挣扎，衣服上也没有泥土，怎么可能呢？尤其是，鞋子上没有泥土。"

警司仔细地看了看我，用大衣把自己包裹得更紧了。今天的天气比较干燥，但风还是很大。

"我们认为是意外死亡，一个原因是，"她指出，"没有挣扎迹象。"

"项链可能是被头顶上的树枝挂住了。但根据这幅草图，她被发现的时候仰面躺着，双手放在身体两侧。当然，这一点我们并不确定。"

"天啊，如果有人拍了照片就好了。"警司叹了口气。

"现在看看你的鞋……"

警司又痛苦地低头看了看。"我车里有纸巾。"

"但克莱尔的鞋子是干净的。"我说。

警司抬头看着我。

"她可能刚爬过去就窒息了，"警司暗示道，"这样她的运动鞋上就不会有太多泥土。"

"或者，如果她在其他地方被杀，然后被搬到这里，也完全不会有泥土。不仅运动鞋上没有。哪里都没有。"

她若有所思。当时，我认为香烟是思考过程中的重要工具。所以我拿出一包烟，递给她一支。太阳又出来了，我们背对着太阳，在风中点燃烟，然后转过身来，让温暖的阳光抚过我们的脸。风吹散了烟，我们沉默着又吸了一会儿。一支烟可以缓解他人死亡引发的悲伤情绪。至于思考我们自己的事，好吧，吸烟也可以使我们不去思考。而且我们甚至不明白其中的讽刺。

警司开始谈论克莱尔的母亲。罗默里尔夫人很难过，但也许还不够难过。事实上，警司觉得她对这件事的描述有点不尽如人意。继父出去看足球比赛，但他们的公寓里还有一个房客，昨天晚上他和一些朋友在家里打牌。他们的证词在法庭上可能站不住脚，因为他们抽了很多大麻，而且由于其他的原因，在最好的情况下他们的证词容易受到质疑，在最坏的情况下犀利的辩护律师会对他们进行人身攻击。但至少他们的讲述是一致的。

房客描述了罗默里尔夫人和克莱尔的紧张关系。孩子常常很难相处，母亲常常很生气。房客和朋友们都提到了，那天下午他们听到了吵架的声音，还有人哭。争吵结束后，罗默里尔夫人怒气冲冲地把两个女儿抱到床上，然后她准备去洗澡，告诉打牌的人说她要好好泡个澡，放松一下。之后他们就没看到她。他们以为她在洗澡，可是大约半个小时后她再次出现，所有人都注意到，她并没有穿上泡澡后会穿的睡衣或休闲服，而是又穿戴整齐了。而且她还穿着户外鞋。

"嗯，我们已经拿走了她的鞋，所以可以检查上面是否有泥土和花粉，看看她当时在不在公园里，"警司告诉我，"不可能在这里找到与它匹配的脚印。"

花粉不仅仅出现在春天；它们细如尘土，无时不在。如果罗默里尔夫人去过公园，她鞋子上的泥土和花粉就会证明这一点——即便是在冬天。

我们对视了一下。我们是在说一个母亲可能杀死了她七岁的女儿吗？这种情况非常罕见，远远低于通常的概率。警方的怀疑几乎总是集中在男性身上：父亲或继父，伴侣，房客或其他重要的男性。

"显然，"警司说，"我们正在确认他们的不在场证明，但到目前为止，证据似乎很可靠。"

但是我在想，克莱尔干净的运动鞋就已经表明了，她有没有可能死在别处，或者说她死在别处的概率有多大。所以，这是一起凶杀案。

警方集中审问了父亲、继父和母亲，但没有逮捕他们。没有足够的证据。

四天后，我回到停尸房，再一次验尸。和活着的时候一样，死后的瘀伤可能需要一些时间才能显现——尽管警探不相信，但在这种情况下是正常的。果然，我在克莱尔的后颈发现了一个变色的条纹。

到场的还是那个警探,他说:"是啊,我也这么想。我在第一次验尸时就看到了这个瘀伤。"

我没有戳穿他。事实上,勒痕现在已经变成了一个完整的圆:在脖子的前面、侧面和后面。所以案情发生了变化。它变成了一桩谋杀案。一个孩子把项链挂在灌木丛上,项链对脖子造成了巨大的压力,使她窒息而死,这是一回事。项链紧紧地缠绕在脖子上,使孩子死亡,这是另一回事。这表明极有可能有别人介入——虽然这还不是最终的结论。

警察已经排除了父亲、继父、房客和房客的伙伴。他们重新检查了克莱尔的运动鞋,在上面没有发现泥土。上面只有很少的公园花粉的痕迹。然而,罗默里尔夫人的鞋底有干泥土和一些非常独特的花粉,可以确定这些花粉来自公园,因为在发现克莱尔的地方旁边,就有一棵罕见的橡树。

来自邱园[1]的专家欣喜若狂。

"全国都没有几棵,"她说,"方圆一百英里内不会有第二棵。这肯定是维多利亚时代的某个植物猎人在拜访这座大别墅时留下的。"

罗默里尔夫人立即指出,她住在附近的公寓里,经常会去公园。事实上,在克莱尔去世的那天下午,她和孩子们就到过那棵稀有的树附近。

---

[1] 英国的皇家植物园,位于伦敦西南郊的泰晤士河畔列治文区。

克莱尔的运动鞋表明，她是在被杀害后转移到公园的，但7岁的死者仍然很重。在验尸时，她的体重为22.1千克，因此警方再次考虑是否有男人介入。也许，当克莱尔带着小包离家出走的时候，她不幸遇到了一个有杀人倾向的陌生人。

这样的事件总是在媒体上引起轩然大波，让这片土地上的每个父母都感到恐惧。根据统计，这种情况发生在小孩子身上的概率很低。但鉴于报道如此广泛，警方不得不开始搜捕、审问当地的所有男性。

"你不会相信有多少人能证明自己在那场足球比赛上。"几周后，警司在电话里疲惫地说。

和往常一样，他们又请来了另一位法医病理学家，这时克莱尔的尸体上又出现了另一块瘀伤。我敢说，那位无所不知的警探在第一次验尸时也注意到了这一点。这块瘀伤很大，在右肩胛骨上，似乎表明克莱尔受到了某种强大的压力。这位法医病理学家注意到颈部的勒痕在双耳后略微向上延伸，他认为勒痕是从后面被拉起并强迫向上的力造成的。他认为还有另一条勒痕，不一定是项链。我认为不太可能有另一根3毫米粗的绳子。但他说攻击者在克莱尔身后，当施加压力时，孩子可能是直立或半直立的，对这一点我表示同意。

如果说之前警方对克莱尔是不是被谋杀还存有疑虑，那么这一发现就打消了这种疑虑。尽管进行了全面的调查，但我们仍然不知道凶手是谁。看来克莱尔·罗默里尔的案子会成为悬案。

过了一段时间,我去参加美国法医科学院的年会。只要有机会,我就会跨越大西洋参加他们的年会,因为它经常让我直接接触到新思想、新信息、新思维。还会再见到老朋友。我们带着最值得探究的病例报告,兴致勃勃地在酒店酒吧里讨论到深夜。我们互相帮助,偶尔通过展示自己的聪明来暴露人类的弱点。第一天晚上我们有所防备。我们知道,碰巧听到这个话题的职员或顾客会非常害怕。但随着年会的进行,我们越来越随意地把犯罪现场的照片扔给对方,大声地交流问题和想法,有时收获智慧,偶尔还有启发。

理查德·沃尔特是维多克协会[1]的联合创始人之一。这是一群杰出的侦探和法医专家。多年来,他们每月聚会,把卓越的综合才能应用在破解悬案上,被难倒的警察把这些案件交给他们。好莱坞和美国的许多报纸都给他们贴上"现代福尔摩斯"的标签。

那天晚上,我在给理查德分享案例。当我拿出罗默里尔的文件时,我们正在喝第三杯酒。我解释了当时的情况,理查德看着文件,又浏览了警方的报告。酒吧里烟雾缭绕;我们都抽烟,理查德也许烟瘾最大。他手里拿着一支薄荷香烟和一杯白葡萄酒。在傍晚的这个时候,很少有人看到他空手坐着。

---

[1] 维多克协会(Vidocq Society)以法国人尤金·弗朗索瓦·维多克(Eugène François Vidocq,1775—1857)的名字命名。他原本是罪犯,后来成为巴黎警方的秘密线人,并成为法国国家警察设立于巴黎地区的犯罪搜查局的首任局长。他被认为是世界上第一位侦探。

他小心翼翼地对待文件中的草图和照片，用纤细而灵活的手指夹着它们。理查德的职业生涯是从实验室技术员开始的，然后他取得了心理学家的资质，在密歇根州的监狱工作，访谈过成千上万名囚犯。他还参与了联邦调查局对连环杀人犯的分析。他一直是美国最重要的法医心理学家之一。当他把目光转向我时，我感觉自己像实验室里的标本一样在刺眼的灯光下蠕动着。他有一种能力，与生俱来但也经过了长期的磨炼，能够读懂人类的行为——不仅仅是犯罪者的行为。

他合上了罗默里尔的文件，点燃了一支烟，又斟满了酒。

"警察真的不知道他们在找什么，"我说，"公园里的疯子，或者……"

"或者孩子的母亲。"

我惊愕地看着他。我甚至还没有告诉他我们对罗默里尔夫人的看法，也没有告诉他抽大麻的房客已经注意到她在那天晚上"洗了很长时间的澡"，之后立即穿上了奇怪的鞋子。他也不知道花粉专家把那双鞋上的泥土与公园里一棵独特的树匹配上了。

理查德朝我靠过来。

"包里有什么？"

我迟疑了一下。

"包？"

"孩子的包。"

啊，她离家出走的包。我把文件拿过来，翻看了一遍，在最后发现了警察给我的几页文件。这其中包括一份包里物品的清单。我从来没有认真研究过，因为它似乎无关紧要。

我大声念道："一双粉色的袜子。两条六岁孩子的内裤。绿色的毛衣。纸巾。'小马宝莉'的粉色T恤……"

我听到了一声奇怪的、低沉的喉音。接着又是一声。声音是从一大杯白葡萄酒后面发出来的，而且并不是打嗝。

"有什么好笑的？"我问。理查德笑得更明显了。

"你觉得一个七岁的孩子会打包这些东西吗？她要离家出走，对吧？所以她会带上她最喜欢的塑料马，有紫色鬃毛的那匹。还有从圣诞拉炮上掉下来的发带。还有芭比娃娃茶具中的黄色杯子和碟子。但她装不下杯子，所以只拿了碟子。还有装着贝壳的小盒子。还有一支亮粉色的钢笔。这才是孩子收拾行李的方式。"

我知道他是对的。在我女儿还小的时候，有一次，我们的假期结束了，她说她已经收拾好东西准备出发了。她的行李把整个海滩都装进去了，有海草、沙子和一只长筒靴。

我试着想象我在验尸室检查过的那个小女孩忙碌而理智地寻找干净的袜子和裤子，放进自己的离家出走包。荒谬。不可能。

"打包的人就是杀死她的人，"理查德说，"这是我的观点。"

他把酒一饮而尽，又点了一支烟。该我喝了，我想。但我没有动。

"很可能是有人从后面抓住她的项链……"我缓慢地说。就像是炽火遇见了干柴,我知道,他很快会把这条信息燃烧殆尽。

"对,母亲对孩子很生气,孩子没有表现出懊悔,而是转身走开了。母亲怒火中烧。她跟在孩子后面,抓住了她。她抓住了项链。也许母亲想杀死她,也许她不想,只是要阻止女儿,给她一个教训。但突然间,母亲的手触发了迷走神经反射。女儿死了。"

我的眼睛盯着他手中香烟的火星。如果我不给自己点一支烟,恐怕没法面对这个问题。

"你认为不是故意的吗?"

"可能是故意的。"

"但如果是意外,当她突然意识到克莱尔已经死了,她一定会……"我还远远落在他后面。

"尝试救她吗?"他舒展了脸,露出一副可怕的、带黄牙的笑容,"不。她思考得很快。她很快就做了决定,要掩盖真相。"

"你的意思是……她的女儿在她脚下死了,她决定让一切看起来是女儿离家出走了?并且马上收拾行李?告诉房客她要洗澡,打开水龙头吗……?"

"带着女孩和包走不了多远,因为这个孩子很沉,记住这一点……"

"希望没有人看见她?"

"那是冬天,很暗,而且你不是说所有人都在看球赛吗?"

是的。警司说几乎整个住宅区的人都在那里。

"她把孩子推到公园的灌木丛下。如果孩子全身都是她的DNA，好吧那也没有问题，因为她是她的妈妈。"

"这表明……她相当沉着，"我说，"如果她没有计划杀死克莱尔的话。"

"是的。这个女人的智慧和敏捷不亚于犯罪大师和行业领袖。"

我想起了罗默里尔家破败的70年代公寓，警司从外面指给我看过。它彰显着绝望和贫困。谁会想到这个地方能容纳这样一个强大的大脑？

现在理查德去拿他的文件。

"行，"他说，"轮到你了。一个小岛屿，分散的农业社区。一个14岁的女孩在教堂聚会后回家。当地人在第二天早晨发现了血迹，但没有尸体。警察最终在100码[1]外的山坡上发现了一具女孩的尸体。被强奸了。她的头旁边是一块血迹斑斑的石头。但地上没有血迹。"他扔给我一些照片，说："讲讲这个案子，迪克。"

回到英国时，我给警司打电话。

"克莱尔·罗默里尔，是的。"她的语气充满了疲惫。克莱尔之后又有了很多案子，警司现在只想让这些文件离开她的桌子。

---

[1] 英制长度单位，1 码=0.914 米。

我把理查德·沃尔特的想法告诉她。

"天哪！"然后她沉默了很长时间，"嗯，你说的这位理查德是一位杰出的心理学家，而且……听起来他是对的。关于这个包。关于一切。我们后来又审讯了母亲两次，我们会让她再来一次。问题是，除非她崩溃，否则我们证明不了什么。你的朋友是对的，她是个聪明的家伙。对皇家检控署来说，这个案件没有充分的证据。"

永远也不会有充分的证据。直到今天，还没有人因为谋杀克莱尔而被捕。在死因调查中，验尸官做出了非法杀害的裁断。报纸报道了母亲接受过很多次审讯，验尸官知道这一点，他在法庭上说，他不能接受她冷血地杀死七岁女儿的可能性。罗默里尔夫人被无罪释放。

然而，没过多久，我就收到了当地政府的消息。他们不想让罗默里尔夫人继续抚养克莱尔的妹妹，让我在家事法院上做证。案子很顺利。虽然没有充分的证据可以排除合理怀疑、证明罗默里尔夫人有罪，但家事法院不需要那么严格的证据。在权衡了盖然性之后，家事法院认为她涉及克莱尔之死——或者说，她与克莱尔之死有关联。政府带走了幸存的女儿，以保证她的安全。

这个案例让我们更多地了解到儿童的非自然死亡。它的背后往往有一个贫困和动荡的家庭，受害者是一个孩子，孩子的福利依赖于一个缺乏资源或没有技能的家长——但在本案中，肯定不是缺乏智慧。克莱尔的案例让我们反思自己对童年和养育子女的态度。我们期望孩子在七岁时就开始接触世界。尽管我们做了最大的努力，但我们知道，这种探索的后果有时可能是悲惨的。

据统计，这个年龄段的女孩如果死亡（男孩是另一回事），谋杀不是主要的原因，但意外相当常见。最开始，我们多么愿意相信克莱尔之死是一场意外。之后，报纸又多么愿意相信她是独自跑出家门，被一个陌生人绑架了。2007年，三岁的马德琳·麦卡恩在葡萄牙的一个度假胜地被一个陌生人拐走，在写作本书的时候，德国警方已经确定一名恋童癖者很可能是嫌疑人。几年前，八岁的萨拉·佩恩在萨塞克斯郡农村的祖父母家门口玩耍，被一名已定罪的性犯罪者抓走：几周后，她的尸体在一座浅坟中被发现。

就像萨拉·佩恩的例子，也许还包括马德琳·麦卡恩的例子，被完全陌生的人绑架几乎总是涉及性动机。但克莱尔并没有被性侵或被强奸。我们知道，据统计，性或其他方面的虐待更可能来自家庭内部。我们感知到了威胁，但我们认为威胁来自男性。的确，据统计，母亲杀死自己孩子的可能性很小（尽管母亲通常被认为是杀婴者）。我们几乎不可能把母亲看成杀死孩子的人。我相信，正是这一点，加上罗默里尔夫人强烈的自我保护意识和敏锐的智慧，使她没有因克莱尔之死面临审判。

克莱尔·罗默里尔，萨拉·佩恩，也许还有马德琳·麦卡恩，她们的命运令人震惊，但不应该使其他人的童年蒙上深重的阴影。我再一次强调,她们的经历很罕见。在生命中危险的第一年之后,儿童死亡的概率立刻下降了95%。在孩子4岁左右,先天性异常可能已经显露出来了,对传染病的易感性降低。结果是:5岁至9岁是整个人生中最安全的年龄段,10岁至14岁也差不了多少。

那么,孩子们是怎么死的呢?当然,仍然存在感染的风险:脑膜炎、败血症以及日益频繁的麻疹,仍然可能是致命的。2018年,传染病造成的死亡人数约占儿童死亡人数的6%。事故和不幸造成的死亡人数约占15%,原因也许是,随着儿童的成长,好奇心可能会超过对风险的理解,但更多的时候是因为儿童走路和骑自行车时容易受伤。然而,汽车并不是最大的儿童杀手,癌症才是。自20世纪60年代以来,儿童癌症病例在全球范围内一直稳步增长,从2000年到2017年增加了大约11%。

自20世纪60年代以来,报告和诊断的确有所改善,但这并不能解释如此惊人的数字。人们只在一件事上达成了共识:原因至少部分与环境有关,也许是因为我们误认为无害的化学物质和技术——这反映了我们现代生活的某些方面。

儿童时期最常见的癌症是急性淋巴细胞白血病。其本质是骨髓中的白细胞过量了,仿佛魔术师束手无策的学徒:在这个过程中,身体无节制地生产无用的、不成熟的白细胞。它们挤走了正常的红细胞和白细胞,还有帮助凝血的小小细胞——血小板,从而导致了最初和最明显的症状,即瘀伤和贫血。

通常认为,白血病不是遗传的,但有时可能存在遗传因素。我们并不知道大多数病例的病因。研究者发现了一个值得深思的现象：第一年生活在日间托儿所的孩子患白血病的可能性更小，因为他们已经暴露在公共环境中的咳嗽、感冒、病毒和细菌中。而患病的婴儿，可能在很大程度上与感染相隔绝。

现在有一项详细的研究提出，在生命的早期暴露于感染可能具有保护作用。我们的免疫系统需要"致敏"——一种了解外界情况的方式。这样，当之后遭遇同样的感染时，它们会得到更快的处理。这也是接种疫苗的主要原则。现在有一些证据表明，儿童早期的常规疫苗接种也可能对白血病提供一些保护。这种癌症可能是各种因素的综合结果——基因、饮食、运气或者一些我们不知道的变量。但是，如果说西方社会一尘不染的现代住宅代表了一种行为的改变，那么也许我们的免疫系统错过了昔日的尘灰。

目前，一些医生用相同的理论解释哮喘发病率的飙升。这是一种由免疫系统异常引起的疾病，英国有超过 100 万儿童正在接受相关治疗（根据 Asthma UK 的数据，大约每 11 人中有 1 人）。数据是会变的，但我们知道，考虑到人口规模的增加，即使发病率趋于平稳，在现代被诊断患有哮喘的儿童人数也至少是 60 年代的 3 倍。卫生理论给哮喘儿童和他们的父母（以及所有不喜欢做家务的人）带来了希望。但那些患有白血病的人尤其受到鼓舞。它表明，我们对免疫系统的态度转变，可能意味着童年时期最大的怪物将被消灭。

然后是情人,
像火炉一样叹着气,用哀愁的曲调
歌颂恋人的眉毛。

5

夏天还没有结束,但我的假期已经结束了。我又要回到突然死亡和非自然死亡的黑暗世界。我本来打算让自己在清晨的飞行中慢慢地放松下来。这是我个人的一种逃避方式。我一直很喜欢摆脱地心引力和尘世的束缚,喜欢划过世界之上的稀薄空气。但我似乎不可能真正地开一架飞机。然而,令我意外的是,在伦敦警察厅飞行俱乐部的帮助下,我竟然真的做到了。

当蓝天和煦、微风轻拂,其他人可能会想到海滩、荒野或丘陵,而在那个周日,我一直梦想着一件事——驾驶一架小飞机飞越蓝天。但是,那一天的黎明是灰蒙蒙的,天气很糟糕,我梦寐以求的飞行被取消了。因此,当警察联系我去一个远方的美丽景点附近的露营地时,我抓住了旅途中可以独处的机会,立即出发了。

那是8月,但天气已经有入冬的迹象,反季节的风暴从大西洋汹涌而来,我提醒自己那句经典的航空谚语:抬头望着天比低头更容易到达天空。我行驶在去乡下的主干道上,雨和风拍打着汽车。车子驶入后面的小路后，我两次下车把落下的树枝扫到一边，这些树枝上挂满了夏天潮湿的叶子。

露营地不过是农场中一块有屋顶的农田，几乎没有任何设施。显然，人们只能进入几顶帐篷，这些帐篷位于农田的角落，相距甚远。另一方面，在坏天气、警车、警犬、法医小组、记者，还有现在的这名法医病理学家到来之前，可能还有更多的露营者，而这些都不能带来快乐的假期。

我们的注意力集中在远处角落里的一顶蓝色小帐篷上，它的周围布满了在狂风中乱舞的警戒线。警察为帐篷开辟了一条狭窄的进出通道，从而尽可能地控制周围人流的脚印。

一名警官正试图把她的警车开出大门，但往来的车辆已经把现场踏成了泥浆，因此，几名警察一起推她的车。车轮与泥泞搏斗，汽车发出了轰鸣声。所有人都看起来又冷又湿。我把我的车停在远处，那里的地面看起来很结实。

我知道，一个人如果开着一辆老式的沃尔沃 Estate，可能会被误认为是古董商，而且是个可疑的古董商，但有多少种车可以从后面打开，并且坐在车里就能套上一件特卫强（Tyvek）材质的防护服呢？我正在穿的时候，一名督察过来了，开始自我介绍。他从头到脚一身白色。他还穿上了为警方提供的特殊的短靴。

"这是我的长筒靴。"我边说边拿我的。他看起来很羡慕。

写到这里，我意识到，由于本书选择的案例在这方面可能具有误导性，读者也许会留下这样的印象：凶杀现场总是一片泞。大多数犯罪现场都在建筑区，鞋底印有"警察"字样的白色短靴通常就够了。但今天不行。督察的短靴没能承受住露营地的恶劣环境。

"女孩死在里面了。我们正在找她的男朋友。"我们朝帐篷走去，督察边走边说。当一架震耳欲聋的警用直升机从头顶低空掠过，在云层下面疾行的时候，他停了下来。我很嫉妒飞行员今天能飞行，尽管我知道旅程一定很颠簸。拍摄全景的摄影师一点都不享受。

督察最终用盖过噪声的声音喊道："最后一次有人在帐篷外看到他们是周五晚上，所以他一定走了很远。"

"女孩是什么时候被发现的？"我问。

"今天下午。周五晚上的天气很干燥；有人看到他们坐在外面，聊天、吃饭。周六无事发生，但也没有人看到他们，没有人在意。今天有人觉得很奇怪，他们的帐篷紧紧地关着，他们的自行车还锁在那边的大门上……"

"他们是骑自行车来的？"我惊讶地问。在假期中骑自行车和露营，是我父母年轻时的穷游方式。20世纪30年代末，他们曾经骑着双人自行车在法国北部游历，他们非常相爱，以至于除了彼此他们什么都没有注意到，他们的日记里根本没有提到即将爆发的战争。

"对了，这两个人住得不远，"督察说，"他们在当地一所学校上学。"

"你知道他们的名字吗？"

"知道。拿到了他们的手机。女孩16岁,男孩17岁,我认为是男孩杀死了女孩。"

十几岁的男孩杀死十几岁的女孩,这非常罕见。当我穿着长筒靴走过现场时,我看到督察的白色短靴完全包不住鞋子,脚踝处的裤腿越来越湿。我想,谋杀和露营度假真是一个不协调的组合。但督察似乎很有信心。我的工作已经让我知道,凶杀案常常是沉闷而可预测的,但也有可能令人惊讶。

我们到了帐篷,我戴上口罩和手套。帐篷的一扇门帘已经打开并被固定住,尽管有新鲜空气,但当我爬进尸体旁边的空间时,我注意到这里的空气仍然是陈腐和变味的。气味有点泛酸。

死去的女孩面色红润,皮肤光滑,脸颊有点婴儿肥。乌黑的头发散落在地上。当我女儿安全地在家中熟睡的时候,我有多少次这样低头看着她?但这个女孩并不是睡着了。

急救医士剪开了她尸体外面的睡袋,布片散落一地。我仔细检查了她。如果这对情侣是带着性意图来到这里,那么寒冷似乎已经阻止了他们。女孩穿着一件厚厚的睡衣,还有袜子和一件毛衣。我在寻找是否有穿透衣服的伤口。没有。我也没有发现血迹。她下身的衣服完好,睡衣被塞进内裤的裤腰里,所以没有迹象表明她遭遇了性侵。

我在帐篷里无法直起身子。我继续跪在女孩身边,同时观察周围。几英尺外有另一个睡袋。很明显有人从里面爬了出来,把它卷成了球形。还有一个背包。几件衣服和一堆运动鞋。在天气恶化以后，这些衣服就没有穿过；上面没有泥巴，所以我知道。在角落里，有一个装满黑灰的银色托盘：一个廉价的一次性烧烤架的残骸。我拖着脚走出帐篷。

督察和他的同事在远处等着我，那里离入口更近。他们躲在一辆警车背风的地方。

我摘下手套和口罩。

"周五晚上天气很好，但我觉得那天很冷？"我问。那天晚上，我们从阳光明媚的度假胜地回到家，飞机着陆的时候感觉就像到了北极一样。所有警探都点了点头。

"我带我的孩子去户外泳池，但他们不愿意进去。"一名警探说。

"知道他是怎么做的吗？"督察问我。

我张开嘴准备说话，但看到一名资浅警探正在试图引起我的注意。她显然是急着要说什么。

"医生……跟烧烤架有关吗？"

我点了点头。

资浅警探看了看她的同事。她没有说出那句"我早就告诉你们了！"，但她的神色已经说明了一切。

"我认为你是对的。"我说。天知道这对情侣是如何用自行车把那盘木炭运到这里的。也许是农民卖给他们的，也许他们是在我经过的、离这里一英里的乡村商店买的。"当然，我需要在验尸时仔细查看。但在死因的问题上，我认为可能是他们把烧烤架带进帐篷取暖，并且……"

"一氧化碳中毒！"年轻的警探完全无法控制自己。我点了点头。

当下属表现得很聪明的时候，有些上司很高兴，也有些上司很反感。这名女警探的上司就属于后者。

"那你怎么解释，"他只是看着我，冷冷地说，"女孩死了，男孩却没死？"

一氧化碳是一种奇怪的气体，会致命。事实上，它是无味的，所以数年前供应商在家用的煤气中加入了讨厌的洋葱味，这样就能很容易发现泄漏（现代天然气也是如此，尽管其中并没有一氧化碳）。一氧化碳之所以有毒，是因为它喜爱血红蛋白，会附着在上面。血红蛋白是红细胞中的关键物质，一氧化碳吸附血红蛋白的能力，至少是红细胞输送氧气的能力的250倍。因此，大气中的一氧化碳会取代血液中的氧气，并有可能一直积累，直到血液中运输的物质以一氧化碳为主，这时身体组织就会缺氧。大气中即使只有很少量的一氧化碳——低至0.1%——也可能意味着血液中一氧化碳的浓度在几个小时内就达到致命的程度。而更高的浓度（例如，封闭车库内的汽车发动机持续排放尾气）可以在10分钟内致人死亡。

不同的人对血液中一氧化碳饱和度的敏感性差异很大。对大多数（而非所有）健康的成年人来说，血液中含有50%浓度的一氧化碳是致命的。此外，老人和患有动脉或呼吸系统疾病的人肯定会比年轻人和健康人更早死亡。在煤气设备监管不力的时代（而且不幸的是，在一些国家的度假别墅中仍然如此），人们偶尔会发现整个房间的人死于一氧化碳中毒。通常情况下，死者血液中的一氧化碳饱和度有很大的差异。

症状并不明显。在陷入昏迷，还没有死的时候，一些受害者可能只是感觉到头痛和轻微的恶心。当血液中的一氧化碳饱和度约为40%的时候，他们可能会感到非常恶心，可能会呕吐，感觉虚弱并陷入昏迷。而血液中的一氧化碳饱和度为30%的时候，他们可能只是看起来像喝醉了。

我向警察们解释了这一点。其中一个马上打开了笔记本。

"一对夫妇从山洞回来时，正好从他们身边路过，当时天快黑了。其中一个人说……"警察一边读一边翻页。他开始直接念路人的话："'我觉得他们把火熄了是很蠢的，他们俩看起来都很冷。但他们当时吵了一架，没有注意到火熄了。'"

"他们为什么把火拿进来？那时候火已经熄了，不能用来取暖了。"有人问。

"防止受潮？"资浅警探急切地提出，"他们可能还想用一次。"

"但如果火已经熄了，就不可能再杀死他们。"另一名警察说。

"木炭火看起来已经熄了，但实际上还在缓慢燃烧，产生一氧化碳。"我说。

资浅警探又开始想要说话了。

"男孩一定知道！"她转向其中一个同事，"你不是说他正在学高级程度考试里的科学课吗？他肯定知道这有多么危险，知道烟雾会杀死她。我猜他等她睡着了，就自己一个人跑出来。"

她的上司没有看她，只是转了转眼珠。

我说："或者，有可能男孩被烟熏得迷迷糊糊，叫不醒她，只能在夜晚跌跌撞撞地跑出去求助。一氧化碳中毒会让人非常不舒服，也会使人做出奇怪的事情。"

督察摇了摇头。"但他一出门脑袋就会清醒。对吧，医生？"

如果男孩只是头痛、恶心、迷糊，当他远离烟雾走进夜间凉爽的空气，他的症状有可能逐渐缓解。但这需要一段时间。另一方面，他的大脑可能因为缺氧而永远无法恢复。

"如果他有能力走开，那么他也有能力报警！"督察坚持道，"可他没有报警，而是跑了，不知道跑到哪里去了，丢下了自行车，丢下了衣服。丢下了女孩。"

争论是没有意义的。关键是要找到男孩，警察显然无意停止追捕，也无意停止谋杀案调查。

法医小组已经完成了工作，女孩仍然依偎在花色睡袋里，我看着法医小组把她放进另一个袋子：一个刺眼的白色尸袋。一个男人拉上了拉链。一名犯罪现场调查人员在袋子外面用水笔写着"未知女性-法兰查农场"。我要求验尸官办公室官员尽快把女孩的尸体转移到当地的停尸房进行验尸。过了不久，督察站在我身边，脚和裤子都湿了。我们看着尸袋被推入灵车。我觉得，他肯定是希望当我们在停尸房看到尸体时，会有被勒死的痕迹或类似的东西来证明他的理论。而我非常确定，我不会发现任何迹象。

我很快又收到了督察的消息。我刚在停尸房换好手术服，正纳闷他去了哪里，这时电话响起来了。

他没有寒暄。

"喂，医生。我们找到了那个男孩！"

"太好了，他在哪里？"

"在采石场。就在附近。"

"他说了什么？"

一阵沉默。

"他死了。"

我真希望我还没有换手术服。

"你还没有给女孩验尸，对吧？"他问。

"没有，我在等你。"

"你能现在过来看看吗？"

"采石场有多远？"

"就在营地后面的树林里。看起来像是男孩杀了女孩，然后自杀了。"

当然，等我换回了衣服，我必须向等待着的停尸房助理解释延迟的原因。他们正在加班，我回营地之后，他们就可以离开去喝茶，吃巧克力饼干，看电视里的午后浪漫喜剧，所以他们很高兴。

我怀着一丝不安过去了。警察非常急于把这场意外悲剧变成谋杀。

现在，小路已经变成了泥路。我把车开得尽量慢、尽量远，然后优雅地滑行着停下来。我穿回了长筒靴，脚下咯吱咯吱地朝警车走去。

又是督察在等我。他带我沿着田地走，经过女孩尸体躺过的那顶帐篷，穿过一扇小门。这里有一条狭窄的小路，树林很茂密，非常昏暗。他在鞋子外面穿了一双新的白色短靴，我看得出来，这双靴子也穿不了多久。

大约走了300米，我们停了下来。他指了指右手边，这是一条人迹罕至的小路，两边都有警标。

"我们认为他沿着这条小路走了，所以我们必须一直往前走。"

我们继续前进，穿过所有的植物，到达砂岩悬崖的边缘。左边是一条向下蜿蜒的小路。右边是一个小型野餐区，一条蓝色的警戒线围住了其边界，警戒线随着岩壁上的风舞动。

这片树林是当地的一个景点，因为这里到处是这样的悬崖，有些还有山洞，直到20世纪初，这些山洞还有人居住。现在这里唯一的居民是法医小组，他们趴在地上搜寻着。在给我们打手势的时候，他们的表情在诉说千言万语，但其中肯定不包括"快乐"这个词。

这片区域被建为观景台。附近的草刚刚被修剪过，又短又尖。有一张带固定长椅的野餐桌，在野餐者与悬崖之间，只有一根大圆木。上面，现在我们用来遮雨的树木，在8月的大部分时间里会提供一些阴凉。如果你直视前方，应该能够看到几英里外的乡村景色。但今天不行,低沉的灰色云层正在向我们袭来。树木从下面生长,在视线范围内摇摆,鸟儿蜷缩在树枝上。这样的天气绝对不适合飞行。也绝对不适合站在悬崖上。

"犯罪现场调查人员告诉我,男孩在附近转悠,抽了几支烟。"警察说。

就在这时,一名摄影师正在给压碎的草地和一小堆烟头拍照。

"我认为,他抽完烟就跳了下去。你可以看到他从悬崖边掉下去的地方,这里……"

是的,我可以看到。悬崖边缘被扰乱过,最外面已经可以看到新暴露出来的砂岩。

"如果你不恐高,最好往下看一看。"

我不恐高,所以我希望今天能从 3 000 英里的高度往下看。我向前走。悬崖给人坚实的感觉:它一定很坚硬,否则肯定不会只有一根圆木防止游客坠落。

在我们下面不远的地方,我估计大概低 50 英尺的地方,有一些灌木丛。在灌木丛下面,白色的幽灵在移动。那是另一个法医小组。

他们活动的中心是一具尸体,形状如展翅的雄鹰,被植物遮住了一半,脸朝下。显然,那是一个年轻男性。他躺在十分靠近悬崖的地方,手臂扭曲着,双腿不规则地张开。黑色的马尾辫飞到他脑袋的一侧,仿佛他仍在空中坠落。

我们从树林间走到主路上,一直往下。蜿蜒的道路是为婴儿车或轮椅设计的,但它最终把我们带到了正确的高度,在那里,一些蓝色警戒线表明了通往灌木丛的路线。我们现在在悬崖的底部。在另一侧,大约在悬崖峭壁一半高的地方,有一个凹陷的区域,可能是一个洞穴。

我看了看男孩的尸体,又看了看洞穴。有没有可能是因为他决定从悬崖上爬下来?

我又一次戴上了手套和口罩。又一次靠近尸体。但这一次,死者看起来不再平静:他已经扭曲变形,周围有大量的血迹。我检查了他的指甲。指甲没有断裂,指甲缝里也没有砂岩灰。这表明他既没有试图攀登岩壁,也没有不顾一切地阻止自己下坠。

"他跳下来了,对吧?有没有可能是失足掉下来的?"督察看着我,问道。

我皱了皱眉,什么也没说。因为没有一种神奇的医学可以得出确切的结论。没有听到我的答案,督察便给出了自己的答案。

"如果他先停下来抽烟,我想我们可以假设他是跳下来的。"

他可能是对的。在悬崖边抽烟,接着失足掉下悬崖,这是很不寻常的。但并非不可能,尤其是在黑暗中,脑袋里充满了一氧化碳的情况下。

"我认为情况是这样的,"督察说,"男孩和女孩一起进了帐篷,还带着冷却的烧烤架。假设是男孩坚持要带进去的,因为天气预报说要下雨。等女孩睡着了，男孩很快就出来了，因为他知道接下来会发生什么。他走进树林，坐下来思考，抽了支烟。然后，他跳了下来。"

"你认为这是谋杀后自杀。"

"是的。"

"这是一种可能性，"我承认，"还有另一种可能性。男孩和女孩进了帐篷，他们非常冷，于是把烧烤架带了进来，因为里面还有一点余温。男孩在夜晚醒了，但他叫不醒女孩。他也有严重的一氧化碳中毒，神志不清。也许他们吵了一架，现在男孩觉得是自己杀了女孩，因为他很困惑，什么都不记得。他跌跌撞撞地走进树林……然后掉下了悬崖。"

督察的眼神充满了警惕。

"那他为什么还坐在这里抽烟？"

"我们怎么能确定烟头是他的？"

"法医会证明这一点。但我们在他的口袋里发现了一包烟，医生。"

没办法，只能把男孩送去验尸——尽管我有一种感觉：今天，两具年轻的尸体会把一些秘密藏起来。

我们再一次聚集到停尸房，了解最新情况，小会议室里挤满了警察。桌子上摆满了茶杯，督察穿着湿鞋，很不舒服。

"好的，"一名刚到的警察说，"关于这对情侣的问讯，有一些值得关注的地方。我们先从杰伊开始。他的父母非常富有，父亲在一家制药公司担任要职，母亲是药剂师。他是独生子，在学校里表现出色。女孩阿梅莉亚来自一个大家庭,父母都是老师;她的父亲是副校长。从各个方面看,男孩都为她着迷。说是'痴迷'也不为过。比如,男孩有一张女孩的照片,复印了很多份,贴满了他卧室的一整面墙。而在 Facebook 上……"

"噢,不,我们不想听到什么《恶魔之窗》的故事,"督察说,"女孩是怎么跟朋友谈论他的?"

"显然,聪明的孩子。阿梅莉亚在 9 月就爱上了他,但她最好的朋友说,阿梅莉亚现在对这段关系有点幽闭恐惧的感觉。这位朋友暗示她已经怀孕了——关于这一点,医生会告诉我们的。"

不一定。除非是最近才怀孕的。但那位警察没有暂停,我乐于保持沉默。我担心,这个团队很快就会发现法医学的局限性。

"总之,阿梅莉亚的朋友说她想要结束这段关系;杰伊变得越来越可怕,占有欲越来越强。而且,阿梅莉亚喜欢上班上的另一个同学。他们在几周前就安排了这次露营旅行,因为他们的父母都不在家。阿梅莉亚认为自己不能取消这次旅行,所以计划在旅行中温和地告诉杰伊这个消息,"警察抬起头,没有特意对谁说,"不确定她的计划是不是真的有效。"

上司在点头。这完全支持了他的理论。

我看了看他们的空杯子,意识到有人已经走了。

"你的那位聪明的警员呢?"我问他。

短暂的停顿。"她被派去处理另一个案子了。"

我什么也没说,站了起来。

"我们开始吧,"我说,"我想父母很快就会过来确定阿梅莉亚的身份,所以我们先从这个男孩开始吧。"

他们点了点头,我们就排队去换衣服。

6

杰伊已经在验尸室里等我们了。我仔细检查了他的身体,看看有没有外伤,当然也看有没有一氧化碳中毒的迹象。白种人一氧化碳中毒最常见的症状是"粉红色皮肤",但它常常被认为是健康的象征。事实上,我刚刚在阳光下度过了一个假期,在最开头的几天里,我自己的脸色恐怕和严重一氧化碳中毒导致的樱桃红没有什么区别。

但杰伊的脸不是樱桃红色的;事实上,他的脸根本不是粉红色的。当然,为了确定他血液中的一氧化碳浓度,我采集了血样;但是从他的外观,我猜不出任何结果。他一直是脸朝下躺着,所以在死亡时,红细胞的漂移造成了我们称为"血液坠积"的正常皮肤变色。这种皮肤变色看起来比人们想象的要亮一些、粉一些。但我们要等血液分析结果出来才能确定。

更明显的是两处受伤的部位。它们向我表明,最后一次脸朝下撞击之前,在下坠过程中,杰伊在前侧和左侧撞到了悬崖壁,被弹了回来。我还发现他的左臂和双腿都有骨折。

我切开他的身体，看看有多少器官破裂；在此之前，摄影师已经给他伤痕累累的青涩面庞拍了照片。

我怀着极大的同情心看着他。17岁是个笨拙的年龄。杰伊又高又瘦，面部特征还没有成型。我想，如果他再多活几年，可能会长成一个英俊的男人。他一直处在深爱之中，这种爱意味着他正在从少年走向成年。初恋的感觉可能非常强烈，有些人完全无力应对——他们还是少年，远非成年。当然，没有一位病理学家成功地在人类的心脏中找到爱的证据。要从生理学上解释，我们必须向下看，向腹部看，看向爱的孪生兄弟：性。

在确定杰伊的肝脏和心脏因摔倒而致命地破裂之后，我开始检查他的男性生殖器官。这是我们一直会做的常规检查。对男性生殖器官来说，人体内的温度太高了，在子宫里第八个月的时候，胎儿的睾丸就会下降到阴囊——如果没有，那通常会是在出生后不久。20世纪60年代以来，人们就已经开始用谭纳标准来衡量性发育，谭纳标准定义了外部的第一性征和第二性征。具体来说就是，乳房大小、睾丸体积和阴毛。这是一个非常宽泛的指南，因为每个人的发育速度略有不同。除了少数例外，青少年通常在11岁到17岁之间成熟。我自己的眼睛和谭纳标准都告诉我，杰伊已经达到了性成熟。

杰伊的下腹左侧有一个很深的撕裂伤。它把尸体中闪闪发光的半透明"包装"暴露出了一小部分。我切开那白色的、折叠的管状组织。和通常情况一样，我在里面发现了一束血管。依偎在一起的不是通常的组合，即两条血管和一条神经的组合。的确，这里也有一条静脉、一条动脉和一条神经……但还有一条细绳，那就是输精管。

精子在睾丸中制造和储存，它们时刻准备着。当高潮即将来临时，肌肉收缩，通过输精管把精子推到前列腺。这是一根巨大的管子，直径约 1.5 毫米，让我想起了烟斗通条。小时候我父亲把烟斗通条给我玩，让我弯成动物的形状。烟斗通条外表柔软，有绒毛，而输精管不一样：它是光滑而洁白的。但它确实有一种独特的质感，坚硬而有弹性。即使闭着眼睛，我也能认出来。

每个睾丸都有输精管，这些输精管在髋骨前弯曲，穿过腹膜的皱襞。腹膜排列在腹腔中。而在腹股沟处，杰伊的撕裂伤正是暴露了这里，擦过了前列腺。啊，前列腺。这个年纪的男孩几乎不知道或不关心前列腺。如果他再活 40 年左右，他就会非常了解；我们大多数人都是这样。

前列腺位于膀胱之下，它产生精液。精液有轻微的抗微生物的作用，可以保护精子；它含有一些盐分和糖分，可以维持精子的旅行。在通过输精管的时候，这段旅程进行到了令人印象深刻的上坡环节；现在精子必须更加努力，因为高潮时的精液海啸会把精子带入尿道，通过阴茎而进入阴道。在那里，它们必须找到宫颈进入子宫。最后是输卵管，它们要努力到达最终的目标：卵子。想象一下鲑鱼的洄游。

精子就像小小的 DNA 鱼雷，它们奋力向前，逆着女性的黏液游动，要最先到达卵子。这项运动没有第二名。每一毫升精液中通常有大约 2 亿个精子,而每次射精的量在 2 毫升到 8 毫升之间。因此,大约有 10 亿个精子准备就绪。但只有很少,可能不足 6 个,能真正地抵达正确的输卵管。

在我看来,受精是一场赤手空拳的搏斗,一场争夺卵子的比赛,没有规则,只有纯粹的力量和速度。只要有一点点机会。这就是达尔文理论的最基本内容:最强壮、最合适、速度最快的精子获胜。小精子、慢精子、没有尾巴的精子、在宫颈黏液中迷路的精子、游错方向的精子、进入错误输卵管的精子……都是失败者。它们不可能率先冲线。最后,当一个精子与卵子融合时,在这场比赛中名列前茅的精子就已经所剩无几了。很快,卵膜的进一步变化阻止了其他精子的穿透,激烈的竞争也就结束了。

女性可能在出生时就准备好了所有的卵子,每月释放一个;但男性从青春期到死亡都在不断地制造精子。其中,关键的进化过程是减数分裂。女性的减数分裂发生在外祖母的子宫里,是将 DNA 减半并稍微打乱,从而为孕育一个独特新人做准备的过程。男性的减数分裂确保 10 亿个精子不仅准备就绪和(通常)有能力,而且不可思议的是,每一个精子的基因都略有不同。

生产精子可能需要三个月,这取决于有没有足够的雄激素。在发育的不同阶段,在任何时候,都有数十亿或更多的精子。在杰伊这个年龄,生产线可能正在嗡嗡作响。但是,一旦开始生产,精子的保存期就很有限。它们在睾丸中等待召唤,如果性生活不活跃,几周内等不来召唤,它们就会开始退化。如何处理这种可能的供应过剩?节俭的身体会回收它们。它们会被分解成原来的化学成分,并被重新使用。可能用来制造新的精子,或者皮肤,也可能是手指甲。

杰伊的前列腺紧凑得令人羡慕;它的大小像高尔夫球,这是它应该有的样子。它看起来强壮而健康,没有任何肿块——肿块会随着男性衰老的曲折阶段而产生(衰老当然不是一个平稳的过程)。

前列腺在膀胱的正下方,我现在切开膀胱,检查是否有异常。这是个淡粉色的气球,由交织在一起的强壮的肌肉带组成,纤维纵横交错。膀胱也很结实,虽然可以用剪刀剪开,但镊子无法穿透其厚壁。处理膀胱时的坚固的感觉,不同于处理另一个繁忙的肌肉器官——心脏。心脏右侧柔软,左侧略微坚硬,但膀胱看起来比柔软的心脏的任何部分都更适合恶劣的街道。

尿液排出体外的路径与精子相同:尿道。这条细管从膀胱开始,直接穿过前列腺的中间,最后流向阴茎。这就不难理解,为什么前列腺出了问题,膀胱都会首当其冲。如果出现梗阻,膀胱就必须更努力地排尿,而在这种额外的努力下,不可避免地会出现膀胱膨胀。

前列腺中会出现什么梗阻?大约三分之一的男性最终会出现前列腺增生,这种增生大到足以压迫尿道,并阻断尿液的出口。这是糟糕的管道设计。每八个男人中就有一个,而我是其中之一，被诊断为不太良性的增生：前列腺癌。

现在我面前的这个年轻人，并没有活到要面临这些问题的年纪。事实上，即使已经死亡，即使有如此严重的骨折，杰伊的整个身体也仍在因自己的年轻而欢欣鼓舞，暗示着未来本应有的生活。他的死是一场可怕的意外，还是像警方认为的那样另有隐情？当这种突然的、戏剧性的死亡发生在年轻人身上时，很难逃避这样的结论：这源自一场严重的个人危机。

我多么幸运啊！十几岁的时候，我偶然看到了一本关于法医病理学的书，它为我指明了人生的方向。我知道我必须在学校里表现良好，才能到达这个职业的第一个里程碑：进入医学院。我不想偏离我的目标，尽一切可能抵达对岸。是母亲的去世让我变得谨慎吗？是运气？是野心？是父亲对教育的重视在我身上得到了印证？（他出生在工人阶级的大家庭，是家中第一个攻读学位的人，他对此感到无比自豪。）也许是因为，对这个几乎独自把我带大的人，我非常热爱，甚至也非常恐惧——爱和恐惧是可以并存的——因此，我想好好表现，尽可能地取悦他。

我又看了一眼杰伊，某种电压击穿了我，那种轻微但持续的电压唤起了我旧时的痛苦记忆。那是一种危机感。他锐利而青涩的脸庞。我并不是想起了年轻时的自己，而是另一个人。西蒙，我在学校里最好的朋友。

西蒙在青少年时期就像一匹小马，四肢发达，但很笨拙。他在普通程度考试中毫不费力就取得了好成绩，之后又开始准备高级程度考试[1]。

他的母亲是医生,父亲是工程师——在那个时代,父母都有专职工作是很不寻常的。西蒙的祖母和他们生活在一起,照顾他和他的妹妹。我经常去他家,我很喜欢那里,因为他家和我们家正好相反:书架上挤满了书,缝隙里也塞满了有趣的东西和家庭照片。即使上面有灰尘,似乎也不会让人烦心。他们家在冬天一直把暖气开到五档,在暖气面前永远不会打哆嗦。西蒙可以随时把黑胶唱片放在高保真音响里,我们懒洋洋地躺在舒适的沙发上听。

当我从朋友家回到自己家时,我感觉自己家太过冷清。哥哥姐姐都走了,现在只剩下我的父亲……和我的继母。我父亲后来曾经坦言,他仍然不知道自己为什么要娶乔伊丝。哥哥、姐姐和我也想知道这个问题的答案。

在乔伊丝来之前,我们已经达到了某种没有母亲的平衡。一开始,我姐姐结婚了,离开了家。这便成了一个男人的家庭,有很多需要女人来填满的空间。我母亲在我生命的大部分时间里都在生病,我不能假装她活着的时候家里充满了活力和色彩——尽管哥哥姐姐向我保证,母亲曾经是活力和色彩的化身。但现在不是,现在只有空虚,如果说有什么东西能填补这种空虚,那就是她的病。我并不知道,疾病带来了一种可能

---

[1] 在英国,高中毕业生参加普通程度考试(O-levels),大学预科毕业生参加高级程度考试(A-levels)。

性。是一种所有人都在回避的可能性：她可能会死。

在她真的去世以后，房子变得更空旷了。我的继母并不让人讨厌，也并不难以相处，我现在知道，乔伊丝只是不知道如何跟孩子相处，特别是失去了亲人的孩子，特别是男孩。我认为，她觉得与我接触非常具有挑战性，所以她宁可成为墙纸。所以，她在房子里，但不在家里。我认为我跟她相处得十分融洽，仿佛她是一位住家的管家。但我当然不喜欢带朋友回家。

乔伊丝与我父亲之间的关系经常很紧张，这使家里不只有沉默，还有伤害和愤怒。有一次，她无法忍受这种情况，就回家去找住在德文郡的母亲。我从一个房间走到另一个房间，为这种不一样的沉默感到高兴。我在扶手椅上翻来覆去，把东西拿起来又放下，通常是在寻找一些并没有人从我这里拿走的东西。后来，也许父亲觉得时间够久了，便把她接了回来。我敢说他希望这一次的结果会不一样。但循环又开始了。

西蒙的家更好，不仅是因为在物质上更温暖，也因为在情感上更温暖。那里充满了闲谈和笑声，所以我下定决心，等我成了父亲，我也要创造一个那样的家。多年后，我做到了。有了孩子以后，我们的家很快就有了那个时期忙碌的中产阶级的所有特征：每天的报纸，订阅《国家地理》《科学美国人》，在家庭用餐时间积极谈论政治、艺术和科学，当然还有医学。而且，作为父亲，我与西蒙的父母有相似之处。"学业成功是通往事业成功的重要途径"——这一假设构成了我们家庭建筑的一部分，就像通往城市中心的伦敦巴士路线一样。

接着，西蒙的大厦倒塌了。他没有通过高级程度考试。

他的父母很惊讶。很震惊。不，我觉得他们是很悲痛。这怎么可能呢？他本应该顺利通过，取得成为医生所需的成绩。伦敦大学学院一个学医的名额是为他准备的。

西蒙考砸了，父母立即给他报了补习班。

"你每天晚上在房间里不学习，都做些什么？"他们问他。

"练习杂耍。"他说。我并不惊讶。在我们这群朋友中，西蒙以杂耍技巧而出名。他可以用橡皮、杯子、球玩杂耍——真的，用什么都可以。

他的父母甚至试着问我知不知道什么。我不想说西蒙只在清醒的时候才玩杂耍。除了接触杂耍，他还接触了酒，常常不声不响地在房间里喝得烂醉。有时，我们和他一起喝非法的苹果酒——我不知道他是如何说服当时那些很严格的持有卖酒执照的商店的。大多数情况下，我们知道什么时候该停下来，但西蒙不知道。令人难以置信的是，他居然能瞒着他的祖母和父母保持这种习惯。但他做到了。

是什么让我的朋友如此酗酒？是菲奥娜。她在女子文法学校念书，西蒙在一次舞会上无可救药地爱上了她。所有人都爱她，但西蒙彻底神魂颠倒。菲奥娜被认为是当地最美丽的女孩，我敢说许多曾在男子文法学校念书的男人还会记得，当她走出校门的时候，她习惯懒洋洋地摇摇头，让修长的金发飘在风中。

菲奥娜没有回应西蒙深沉的爱。他们约会过几次，但总是和一群人在一起。而且，似乎西蒙越是奉承讨好，菲奥娜就越是轻蔑。她更喜欢身材魁梧的橄榄球运动员。西蒙很聪明，瘦高，总是撞到东西，部分是因为他在她身边的时候摘下了眼镜。

看到西蒙的高级程度考试成绩，他的父母对学校很生气。他们质问为什么没有人警告过会发生这种情况，否则他们会花钱请家教。他们问我西蒙有没有去上课。我说去了。他的身体去上课了。但灵魂已经缺席了很久。

两年来，我一直在等我认识的西蒙回来。有时，他还是原来的自己，但这种时候越来越少。我们都非常喜欢飞行。我只能站在地面上看着飞机幻想，因为我的父亲热爱现在所谓的"宅度假"。但西蒙已经在国外度过了很多次暑假，我会问他飞机起飞时和降落时的感觉。它倾斜飞时的感觉。它巡航时的感觉。与它相关的几乎一切。

我们住在通往希思罗机场的一条航线下，以一种最没有条理的方式观察飞机：我们经常抬起头，试图识别飞机。在我们17岁的时候，一件神奇的事情发生了。全国都在为协和式飞机着迷，经过多年的研制，这种特殊的V型飞机的飞行速度超过了音速。现在它将与红箭飞行表演队[1]一起飞跃伦敦市中心。我找到了这条路线。经过沃特福德！

---

[1] 红箭飞行表演队（Red Arrows），正式名称为英国皇家空军特技飞行队（Royal Air Force Aerobatic Team）。

我当时在周六打了一份工(如果你对此感兴趣的话,我在约翰路易斯[1]卖地毯),但那天我守在商店的屋顶看协和式飞机。我不在乎我会不会因此被解雇;这是最重要的事情。我们一起研究地图和时间表。我很确信,西蒙也会在家里观看。

我认为我永远不会忘记那一刻:天空像杜松子酒一样清澈,协和式飞机——巨大、洁白、耀眼,两侧是队形锋利的小型"红箭"飞机——穿过我右肩上方的天空,转向伦敦市中心。完美无瑕。光彩照人。那种完美让人热泪盈眶。我看着飞机以很快的速度离开,越来越小,直到"红箭"完全消失,连协和式飞机也成了一个小点。我一直盯着它们离去后的天空。它们真的来过这里吗?我真的看到了吗?我知道至少要过一周,我的兴奋才会消退。我知道我必须马上去坐飞机。

在回家的路上,我先去了西蒙家。

"多么了不起啊!"他一开门,我就叫了起来。

西蒙仍然是一副最近养成的平淡、超然的表情。

"什么?"他问。

我难以置信地盯着他。

"哦,对了,"他耸耸肩说道,"协和式。我忘记看了。"

很难相信这就是我的朋友西蒙。他的声音没有感情,对世界有一种奇怪的淡漠。这来自哪里?我在心底并不惊讶他没有

---

[1] 约翰路易斯(John Lewis),一家英国高档连锁百货商店,最早于1864年开设于英国伦敦。现已更名为"John Lewis & Partners"。

通过高级程度考试。他已经完全不在意了。

我们大多数人的成绩都没有达到期望的水平。毫无疑问，我们都花了太多时间为女生发呆，或者蜷缩在卧室里的晶体管收音机前面。为了逃避我家里那种不容侵犯的寂静，我戴上了一副巨大的耳机，有很长很长的耳机线。卡罗琳广播电台。卢森堡广播电台。肯尼·埃弗里特。戴夫·卡什。我们在房间里，像BBC的逃亡者一样聆听，吸收每一个字、每一个音调和每一个广告。那是60年代末，我们知道文化正在崩溃，因为这里有音乐自由！这是激动人心的。我们把方程和化学公式抛弃在桌子上。

至于人际关系，那时当然没有手机，我们家和其他许多家庭一样，只有一台黑色的胶木电话，电话在走廊的架子上露出一根棕色的辫子。当我有了女朋友之后，我也不可能整晚跟她说悄悄话：两分钟后，我父亲就会出现在走廊上，提醒我是他在付电话费。我想我的确带她回了家，见到了我那略有异议的父亲和永远存在但几乎完全缺席的乔伊丝。但我的女朋友是我另一种生活的一部分，是外面的生活。西蒙也有另一种生活，但他生活在父母的围墙之内——或者更准确地说，在他自己的脑子里。

多年后我才意识到，西蒙一定是患了严重抑郁。而且，我错误地把一切都归咎于菲奥娜，但事实上原因并不是她，而是西蒙体内早已埋下的炸药，菲奥娜只是引线。当时，"青春期抑郁"这种表述还没有被广泛使用，甚至也不是公认的诊断。

我们在很多方面还处在战后阶段，即使是他已经取得较高成就的父母，也希望他能够坚毅沉着。他们觉得他令人失望，尽管他们是很好的人，但还是忍不住表现出来了。

直到现在我才明白，抑郁可以解释很多事情：为什么他在课堂上神游，为什么他远远超出学生限度偷偷饮酒，以及为什么我这位自信的朋友会变成一个几乎无法与世界接触的人。

我的高级程度考试成绩并不出色，也没有达到学医的录取要求。在紧张的几天之后，我通过补录程序被伦敦大学学院录取。我希望我不是在填补西蒙腾出的位置。我为他感到难过和遗憾，但也暗自松了一口气：我的高级程度考试并没有完全失败。否则，我父亲的反应可能很可怕。我当然很担心我平庸的成绩会引起火山爆发的反应，但令我欣慰的是，当我通过补录程序闯出自己的路时，他非常支持我。

于是，我去了伦敦大学学院，开始了漫长的医学训练。西蒙最终也去了伦敦大学学院，但在奇怪的道路转向之后，他至少是经历了极度的不快乐，也许还有心理健康危机，他再也不是原来的他了。某种东西使他在感情上和学术上都泥足深陷。当我们站在学生酒吧时，我过了好久才知道他还跟另一群人在一起，和两边的人一起喝酒。

我很担心他。最后我去找了一位备受尊敬的教授，向他倾诉我的担忧。他点了点头。在这位教授的一堂激动人心的课上，西蒙到教室时喝得醉醺醺，满嘴胡话，所以他意识到了问题。

"别担心,"教授后来向我吐露秘密,"我已经跟他谈过了,我们已经掌握了局面。我答应他,如果他考试及格,就送他一瓶威士忌。"

他是教授,所以我不敢质疑他那靠不住的逻辑。

现在躺在我面前的这个年轻人,他有些地方让我想起了西蒙。我怀疑他也是在这个年龄失去自我的人。帐篷里的女孩也许就是另一个菲奥娜?

我们离开了验尸室,要留时间把杰伊的尸体整理好,以及对验尸室做全面的法医清理,然后才能把阿梅莉亚从瞻仰室里推进来。在我们忙着解剖杰伊的时候,阿梅莉亚的父母已经赶来认她。她的母亲离开大楼的时候,我们可以听到走廊上传来的啜泣声,我们都陷入了沉默。停尸房的工作人员进来休息、喝茶,而我们换上了干净的手术服,回到了验尸室。

阿梅莉亚看起来年轻可爱,这让人痛苦。我以前遇到过12岁以下女孩怀孕的情况,所以我武断地猜测阿梅莉亚和杰伊可能发生过性关系。我们小心翼翼地脱下她的明显不含性意味的法兰绒睡衣,上面绣着泰迪熊的图案。寒冷的天气可能已经阻止了这对情侣之间的所有性活动。又或,这样的睡衣表明她对性没有多少兴趣和期待。

赤身裸体的状态下,她看起来更年轻了:小胸,细腰,体毛很少。苗条稚嫩的身体上已经出现了尸僵,但她的身体仍然保留着廉价娃娃的粉红色,或者说一氧化碳受害者的颜色。在我检查的时候,她体内也呈明显的粉红色。毫无疑问,她血液中的一氧化碳饱和度很高——甚至我为毒理学检测提取的血样也不是通常的暗红色,而是不自然的芭比粉。

为了确定她没有根本性的病症,我一如既往地仔细检查了她身体的所有系统和内部器官。在从她的膀胱采集了常规尿液样本后,我检查了她的子宫。

督察俯下身。他希望看到怀孕。我不知道他为什么认为这将进一步支持他关于这两起死亡的理论。

子宫呈铁褐色,像是紧紧贴在海边岩石上的蛤蜊。它比蛤蜊更小——我把拇指和食指围成一个圈,就能紧紧地套住它。但它确实有很明显的三角形。这个比喻到此为止,因为子宫没有贝壳的硬度。然而,它是结实的。比任何腿部肌肉都要结实,即便是习惯跑步的人的腿部肌肉。

三角形在体内是倒置的。尖端是宫颈,指向下方。这是子宫的颈部,如果子宫的主人生过孩子,宫颈可能长达3厘米。它连接着子宫和阴道。

乍一看,子宫内的空腔什么也没有,只有一条缝隙。它似乎被坚固的肌肉壁包裹着,但实际上只是内衬着一层非常特殊的细胞:子宫内膜。这些细胞在月经周期的前半部分生长和增厚,形成一个柔软、湿润、起支撑作用的底座,上面有螺旋状的动脉,以防受精卵着陆。如果没有受精卵,激素水平就会下降,内膜就会破裂。这就是月经。

子宫壁的肌肉在分娩时有明显的用处,但在之前的9个月,它既要生长,又要放松。这使得子宫腔能够扩大到足以容纳不断长大的胎儿，胎儿最终会变成一个3公斤重的婴儿。一个蛤蜊怎么会这么容易变成一个篮球呢？然后，在分娩之后，就算不能完全恢复成蛤蜊，又如何恢复到网球大小呢？这只是怀孕的众多奇迹之一。

另一个奇迹是，母亲竟然允许成长中的胚胎入侵——胚胎毕竟是一个外来体。在其他任何情况下，如果只是简单地植入他人的组织，身体的免疫系统就会攻击和摧毁它。这就是为什么外科器官移植只有在复杂的免疫抑制疗法的帮助下才能成功。所以，我觉得母亲不排斥胚胎是很神奇的——尽管很遗憾的是，也有例外。

在子宫的顶端，输卵管蜿蜒地伸向卵巢，不是一条直线，而是像小提琴一样的优雅曲线。奇怪的是，输卵管实际上并不连接着卵巢。它末端的结构像手指，环绕着卵巢。输卵管拥抱着卵巢，但并不接触。输卵管和这些"小手指"的内部覆盖着纤毛，可以把卵巢释放的卵子，舀到或轻轻吹到输卵管中。这些"吹"都是不定向的。确实会出现命中和丢失。大多数时候，这个系统能有效地运行，但并非总是如此。被释放的卵子可能没有找到输卵管，最终进入腹腔。在腹腔中，它们就像未使用的精子一样被重新吸收和回收。

如果精子非常矫健，或者如果卵子发育稍晚，那么卵子可能在进入输卵管之前就已经受精了。大多数受精卵会继续它们的旅程，被吹到热情的子宫壁上。偶尔会有一个迷失方向，在这种情况下，受精卵通常会消逝在腹部。但在非常罕见的情况下，受精卵可以刺激腹部的内膜——腹膜，还会刺激卵巢甚至肠道，使其产生足够的血管以便维持氧气和食物供应。因此，怀孕会继续，但通常只持续很短的时间，因为这个地方不适合成长中的胎儿，对母亲来说则可能是致命的。

另一个更常见的灾难是，受精卵沿着输卵管向子宫方向移动，但被卡住了，并开始在输卵管内生长。生长在子宫之外的妊娠叫"宫外孕"，可能会迅速成为产科急症。幸运的是，如今在发达国家，人们通常可以很快地发现宫外孕并做手术。然而，在世界上许多地方，大自然的设计缺陷仍然可能导致母亲流血死亡。

卵巢位于子宫顶端的左右两侧。严格来说，它们正好位于腹腔内。"腔"这个词可能让人联想到巨大的、空旷的、有回声的房间。但事实完全不是这样。所谓的"腔"更像是一个塞满的行李箱，里面满是器官、肌肉、神经和血管。当然，30英尺长的肠道也在某个地方。除了最开头和最末尾的6英尺，肠道都位于腹腔内。卵巢在这个拥挤的行李箱中有一个显著的缺点，那就是卵巢癌——老年妇女的无声杀手，可以在不知不觉间产生并非常容易扩散到整个腹腔，使肿瘤快速进入身体的许多其他部位。

正如卵巢储存卵子，睾丸也储存精子。但卵巢和睾丸之间的相似性只有这一点。女人一生制造出的卵子不可能比出生时更多，它是一种消耗性资产。一个女性胎儿可能有600万到700万个卵子，但到出生的时候，女婴可能只有100万个卵子。

到了青春期，这些卵子大部分已经退化，只剩下 25 万个。它们可能要等上 40 年乃至更久才能释放。与此同时，男性的睾丸在漫长的生殖周期中一直忙于制造精子。

青春期的每一个卵子都储存在卵巢内一个叫"卵泡"的小包内。在绝经期之前，波动的激素水平将指使卵泡大约每 28 天成熟一次。当卵子成熟的时候，卵泡会破裂。卵巢释放出卵子，我们希望它被吹到输卵管中。

存放这些珍贵卵子的卵巢比子宫的颜色更红，大约有核桃那么大。随着女性年龄的增长，它们的表面会变得更加不规则。卵泡每个月破裂一次，往往会使卵巢随着时间的推移而变得坑坑洼洼、伤痕累累——阿梅莉亚光滑圆润的卵巢肯定不是这样的。

从外面看她的子宫，我认为她没有怀孕。

警探们的脸沉了下来。

"是的，没有扩大。女人怀孕的时候，她的子宫会变得柔软。它会变得布满血管……但我们来看看里面。"我说。

我切开子宫。里面没有肉眼可见的胎儿。胎儿可能在裂缝里，但我也没有发现怀孕时那种厚实的血管化内壁。

"要怀孕多久，才能看出点什么？"督察追问道。

"这取决于你从什么时候开始计时。从病理学上讲，我们可能在几周内就发现一些东西……让我们看看能否找到她月经周期的任何迹象。"

我看了看卵巢。其中一个更大，而且有点倾斜。我切开它，里面嵌着一颗像珍珠一样的巨大黄色球体。这是"黄体"。我所切开的部分有一半以上是蛋黄色。这是人体最醒目的景象之一。

"啊哈。"我说。

警察都把目光从阿梅莉亚身上转移到我身上。

大约 19 天以前，黄体还是一个沉闷的卵泡，即将破裂并释放出卵子。卵子排出后不久，它就膨胀起来了，穿上了充满活力的金色衣服。现在，它暂时变成了一个壮观的内分泌腺。我只在另外一个地方看到过这种颜色，即肾上腺内部，肾上腺也是产生激素的地方。黄色来自饮食中的胡萝卜素，例如，来自胡萝卜、西红柿或南瓜。

黄体会扮演保姆的角色，通过分泌激素帮助维持妊娠的早期阶段，直到胎盘足够大，能够接管激素生产和护理的任务。但在阿梅莉亚这个例子中，黄体没有必要这么做。没有精子使释放后的卵子受精。如果没有怀孕，黄体就会慢慢脱下五颜六色的外衣，退化成一个小的、灰色的、失业的"保姆"。子宫内膜脱离，月经来潮，另一个周期开始了。

"我认为她没有怀孕，"我说，"这种明黄色表明，阿梅莉亚排出的最后一个卵子没有受精，所以她可能刚刚结束了最后一次月经，正在开始下一个周期。"

"但你会检查她死之前有没有发生性关系，对吗？"督察问。

"是的，我在她的阴道内采了样，实验室会告诉我们有没有精液。"

我没有给出任何支持他理论的证据,但验尸似乎使督察更加相信自己。

"是的,"他果断地说,"一定是谋杀后自杀。"

"在这个年龄段很不寻常,"我告诉他,"谋杀后自杀通常发生在中年。"

他没能理解这一点。

"他们是什么时候死的?"他追问。

我还没有来得及回答,他就已经给出了一半的答案。

"我是说,很明显女孩是先死的。但你认为男孩过了多久才自杀?"

和往常一样,这是个棘手的问题。现在是周日晚上,而这对情侣似乎是周五晚上死的。医学没有那么精确,过了这么长时间,不太可能准确地判断这两个人的确切死亡时间。

"我会努力研究的。"我告诉他。后来我在家里确实研究了,用到了图表和公式。但没有得出满意的结论。我一直在咬铅笔和挠头,这证实了我的猜测:他们都死于周五晚上 21 点到周六早上 9 点之间。我能得出的最精确结论就是这样。

血液检测结果出来了。结果表明,阿梅莉亚的血液中一氧化碳饱和度为 58%。她死于一氧化碳中毒,这一点并不意外。而且,在我看来,这是因为他们把烧烤架带进了帐篷——烧烤架还是热的,还在隐蔽地冒烟。

警方的理论是,杰伊已经知道这段关系将要结束,并决定故意让阿梅莉亚死亡。当然,没有人能够确定。但警方在热切地等待着他的一氧化碳饱和度结果:杰伊的一氧化碳饱和度越低,他们就越笃信自己的理论。他们真正想要的是零饱和度,因为这可以证明,是杰伊把阿梅莉亚和烧烤架单独放在一起,自己甚至没有进入帐篷。

杰伊的结果在第二天出来了,显示其一氧化碳饱和度为29%。我必须承认,对于两个同样健康的年轻人,在同一时间暴露在相同的环境中,这是很大的差异。但是,杰伊最后一直在悬崖边的露天场所,阿梅莉亚则留在帐篷内,直到死去。所以,这需要解释,但并不令人惊讶。

警方把阿梅莉亚之死当成一起谋杀案,但我不相信警方的理论。的确,17岁的男孩会杀人,而且他们肯定也会被杀,但这通常发生在不受控的愤怒和激情之中,或者发生在基于兄弟义气的帮派战争中。我根本无法想象一个少年会以这种不寻常的、有计划的、冷血的方式杀死女友。相比于其中一个人把烧烤架当成谋杀武器,更有可能的情况是,这对情侣不知道冷却的烧烤架是致命的。

稍晚一些,出现了几条值得深思的法医证据,表明悬崖顶上发现的烟头并不都是杰伊抽的。这些烟头上还发现了阿梅莉亚的 DNA。事实上,毒理学证实,在那几个烟头上以及杰伊和阿梅莉亚的体内,都有尼古丁和大麻。

我怀疑这对情侣很早就发现了悬崖顶上的这个地方,并在那里抽了几根大麻。我认为,他们在晚上出于无知把烧烤架拿回帐篷取暖。当杰伊醒来的时候,他可能头痛欲裂、恶心和迷糊。他到帐篷外面去呕吐。他可能认为原因是他们吃的食物,或者是他们吸的大麻。我怀疑他没有意识到阿梅莉亚已经死了;更有可能的是,他以为阿梅莉亚没事,并且睡着了。不管怎样,在精神混乱的状态下,他在黑暗中找到了回悬崖顶的路。他可能马上就跳了下去。或者,他只是从悬崖边掉了下去。我认为后一种情况更有可能。

青少年总是倾向于去探索,比以往任何时候都更大胆地离开父母的羽翼,去质疑家庭的规则、信仰和权威,错误地认为陌生人会和家人一样热情,或者和家人一样冷淡。而且,他们往往决定尝试一下父母警告过的任何事情。青少年的死亡虽然不多,但反映了这种探索和自立的需求。据统计,在这个年龄段的死亡中,事故和自杀远远超过其他死因。事实上,自杀现在是25岁以下青年的主要死因。两性的自杀人数都在不断增加,但男性比女性要多。然而,自2012年以来,女性自杀率几乎增长了一倍。

因此,我可以完全基于统计学提出一种可能:当杰伊因大麻而略微丧失行动能力的时候,阿梅莉亚把他推下了悬崖,然后回到帐篷用毒气杀死自己。完全没有人提出过这种情况,但这和警方的"谋杀后自杀"理论有着一样的证据。我们只能从中学到,不可能从死亡率统计中提炼出合理的理论。每个案件都是独一无二的。

在死因调查中,验尸官听取了我、警察和两名死者家人的意见。他说，他没有足够的证据裁断杰伊是自杀的：根本不知道这个男孩是跳下去的、摔下去的，甚至是被推下去的。他做出了死因不明的裁断。

验尸官还必须确定有没有可能是杰伊故意用烧烤架杀死了阿梅莉亚。或者，阿梅莉亚有没有可能是自杀。又或，她的死是不是一个意外。杰伊的父母很可能希望阿梅莉亚的死因裁断是意外死亡，从而让报社不再责怪他们的儿子。我坐在法庭上，我想到杰伊是他们唯一的孩子。我试着不去看他们那惨白的脸和空洞的眼神。我也不去看阿梅莉亚痛苦的父母，他们在我做证时紧紧地握住对方的手。在庭审结束时，他们都会感到失望。验尸官对阿梅莉亚之死也做出了死因不明的裁断。

这样的裁断可能不会给两个家庭带来他们渴望的结局，也可能不会关闭无尽猜测的大门。但它的确把一个令人不快的事实牢牢地记录了下来：有时，我们永远无法确定到底发生了什么。

然后是士兵,
满嘴荒唐的咒骂,留着豹子式的胡须,
珍爱名誉,动辄争吵,
不惜在炮口下追逐浮名。

7

一名警察正式确认,躺在验尸室里的年轻人是安德鲁·施蒂勒。另一名警察确定安德鲁的年龄是24岁。

"他做什么工作?"我问警察。

通常,我有机会在验尸前问这些问题。警察在工作人员的茶水间向我介绍情况,茶水间提供热茶;或者,如果悲伤的家属不在场,就在相对舒服的遗属室。我们一边喝着凉茶,吃着碎饼干,一边看鱼儿在鱼缸里打转。

但是,警察今天迟到了,现在急着立刻开始。我们换好衣服,直接进入验尸室。关于死者,我只知道一件事:他从墙上摔了下来,撞到了头部。

他躺在我们面前,脸朝上。胡须剃得很干净,从发型来看,他像是很在意自己外表的人。他的前额和脸颊在同一侧有明显的擦伤。我仔细观察着他,这时摄影师已经准备好了。光线从墙壁、金属表面、尸体,甚至我们的脸上反弹开来,令人不舒服,眼花缭乱。

"接下来拍头部?"

摄影师很有经验,他已经拍了整个身体。在他看来,死因显然是头部损伤。除了脸部的擦伤,脖子上也有明显的血迹,而且一只耳朵后面流了更多的血,渗入他的黑发。

我说:"我们先好好看看他吧。"

相比于尸体内部发现的东西,仔细检查尸体的外部同样具有启发性。是的,肯定有头部损伤,但我们之后才会检查这里。如果你认为你已经知道了死因并单刀直入,那么你很可能错过其他相关的东西。必须尽量远离你所怀疑的死因,认真地检查身体的其余部分。因此,我当然先从安德鲁的脚开始。在仔细检查后,我的注意力慢慢向上移动,寻找瘀伤、擦伤,或许还有打架或混战的痕迹:任何信息,只要能告诉我发生了什么。

他的手擦伤了,可能是因为他试图用手阻止自己跌倒,并保护自己的头部。没有其他明显的伤痕。但直觉和经验告诉我,有些不对劲。是什么呢?

我把他翻过来。他的肩膀上有瘀青:他显然是头朝下摔倒的,落在坚硬的地面上,然后又弹了起来。他的脸擦破了,但很明显他是向后摔的——他的后脑勺有肿胀、轻微出血和明显的擦伤。

我在分神看他的身体,但我一直关注着他的腿。双腿乍一看很正常,但当我仔细盯着它们时,我可以看到两条腿是不同的。

现在验尸官办公室官员已经浏览完了她的笔记,可以回答我的问题。

"他在伦敦金融城上班。上面写着'为瓦格纳工作'。他们是做什么的?"

"保险。"一名警探说。

我把安德鲁翻回来,摄影师退后,其他人都靠近了。我又注意到了他的头发。当他在世的时候,他的鬈发一定是烦人地甩在眼睛上。

"我们对他了解多少?"我问。

"呃……最近结婚了,家里有个孩子,但昨晚他跟朋友一起出去了……"

"啊,朋友。"我说。朋友之间的关系会令人惊讶地迅速恶化,有时非常亲密的朋友也不例外。

"还有他的弟弟。"年轻的警员补充道。

"啊,弟弟。"我说。兄弟之间的关系也会恶化。

"他们有共同的朋友,只认识了一年时间。"督察说。

"推他的就是他的弟弟。"警员很热心地解释。

一阵沉默。督察严厉地看着他,然后干咽了一下。

"是据说。"他说。

我不喜欢这些零散的故事。如果事先坐下来喝杯茶,了解案件的情况,问许多问题,可能会有更大的收获。

"所以,我们知道究竟发生了什么吗?"

警长接过了话头。"嗯,很明显,这对兄弟来自一个非常争强好胜的家庭。他们都擅长运动，但弟弟刚刚胜过了杰出的安德鲁，而且他一直炫耀这一点。安德鲁被兄弟两人所在的足球队除名，所以遭到了很多嘲笑。然后，还有一些传言，说安德鲁自从当了爸爸之后就变成了废物。没有人听到安德鲁是怎么说的，但不管怎样，哥哥都会非常生气。他说……"

警长停顿了很长时间，所以督察去拿自己的笔记，读了安德鲁的原话。他说得很生硬，没有什么表演天赋："'我要杀了你。我一直想杀了你。'"

永远不要说这句话。尤其是你打算杀人的时候。但即使你没想杀人，这些话也可能意味着有一天你会面临许多尴尬的提问。

警长继续说了下去。"似乎弟弟最近开始跑酷……"

仿佛有人按下了某个按钮，房间里的所有人都发出了咕哝声。当然，除了安德鲁和我。

"你是说跑步？"我问。

"跑酷。这是一项运动。有一些女孩子会参加，但大多数是男孩。他们开始跑，不管遇到什么障碍都不会停下来。他们不会绕着什么东西跑，而是翻越，直行，跑上，跑下……"

"要是我再年轻20岁，再强壮10倍，我也会试一试，"验尸官办公室官员说，"我的意思是，你不会看到他们停下来思考。很壮观。"

"是啊，到死为止。"

我还在检查安德鲁的尸体。但现在我抬起头。我从来没有听说过这种运动。

"他们爬上高墙、大树——所有的一切。他们沿着高高的岩壁行走，从一根柱子跳到另一根柱子，跨过栅栏……"

"他们会上到摄政街的一栋高楼的楼顶，然后从一个楼顶跳到另一个楼顶。你还没有注意到，他们就已经到了绿园。我敢说，他们中的一些人用这些录像在 Youtube 上赚了一笔。"

我问："这是某种比赛吗？"

他们摇了摇头。"更像是武术。认真投入其中的人会做训练。"

"他们不会伤害到自己吗？"

"有时候会，"督察说，"我的意思是，他们非常健壮，但他们也会犯错。"

"业余爱好者的情况更糟糕，"验尸官办公室官员说，"他们喝了几杯酒，然后觉得自己也能跑酷。"

我在安德鲁的右大腿上方切了一刀，从股静脉中抽血，送去做毒理学检测。他们很快就会告诉我们，安德鲁在死前有没有服用什么药物或酒精。血液酒精水平是很多人死亡的原因——在凶杀案中，受害者和行凶者可能都受它影响。

"那些跑酷的人，他们穿什么？"我问。

在抢救过程中，急救医士剪掉了安德鲁的大部分衣服，但当他被推进来的时候，他还穿着一套西装。

"运动衣，"他们一致同意，"不是西装。"

"所以，你们的意思是，一个在保险公司上班的男人，和几个朋友还有弟弟喝了几杯酒，他们决定试一试跑酷……"

警长点了点头。"是的，弟弟已经开始练习跑酷，我敢说他想炫耀一下。他想让哥哥自惭形秽。"

"是啊，大家都在开玩笑，但显然闹得有点不愉快。"督察补充说。

"而且，他们是沿着一堵墙走……"

"是跑。"

"多高的墙？"

"大概6英尺，也许没有这么高。"

"他们走到一家商店的屋顶上，然后跳到一个车库的屋顶上，再往下跳到这面墙上。按照跑酷的标准，这并不难。他们沿着这堵墙在跑。一边是花园，另一边是坚硬的人行道。"

"你们说弟弟把安德鲁推下了墙？"

"不少于三个证人这么说。"

我怀疑，一群喝醉酒的小伙子的口供在法庭上没有多少分量。

"并且，"督察说，"有一位女士透过卧室的窗户看到了他们；他们在她邻居的墙上。她很确定地看到，后面一个人推了前面一个人。"

"弟弟没有否认他碰到了安德鲁。但他说，"警长现在的语气包含着嘲讽，"他说他想扶着他。"

年轻的警员心里已经有了主意。

"是啊。当然。"他的声音满含讽刺。

我说:"那么,你准备以非预谋杀人罪起诉弟弟?"

"或者,"督察说,"也许更糟。"

在这种情况下,谋杀似乎是很严厉的指控。我为这个弟弟感到难过。他可能不怀好意地把手放在安德鲁身上,想让他从几英尺高的地方摔到地上。但这完全不等于把他头朝下推到坚硬的地面,试图杀死他。

"弟弟现在怎么样了?"我问。

警员说:"心烦意乱。"

"认罪了吗?"督察严厉地问。

"还没有。因为他还在说自己没有做错任何事。"

我说:"如果安德鲁喝醉了,他自己就会站不稳。你们可能不容易提起诉讼。"

督察摇了摇头:"事实上,我们认为他是清醒的。现场的男孩说,安德鲁有家室之后就很少喝酒。当然,他也因此被弟弟取笑。"

至少在安德鲁这个案例中,我们知道分歧在哪里。致命的争吵通常是因为很不常见的事实:生活中不合逻辑的争论,狭隘的怨气,微不足道的理由——的确,它们在死亡的严重性面前都消散了。

我提醒他们:"如果你们希望我能告诉你们安德鲁是摔倒的还是被推倒的,我可能会让你们失望。除非推他的力气非常大,有瘀伤可以证明,或者,除非我能找到抓伤。"

但我已经知道了,没有不明原因的瘀伤,也没有抓伤。有时候这些伤痕会在死后几天出现，因此，我没有抱太大的期望。我在笔记中记下，一两天后要再看一看安德鲁。当我切开他的尸体，我也不指望我能在体内找到很多信息，说明他是摔倒的还是被推倒的。推倒还是摔倒，决定了是凶杀还是意外，这是非常棘手和敏感的地方。病理学起着至关重要的作用，但它是全局的一部分，还有案件的整个历史、当时的环境、对相关人物关系的分析，以及证人的口供。即使信息齐全，往往也没有足够的证据起诉。

我沿着中线往下切，把皮肤和脂肪折回去。在西方社会，几乎每个人的皮肤下面都附着着脂肪，健壮的年轻人也不例外。现在，我看到了两块隆起的胸大肌，分别位于胸部的两侧。乍一看，这些肌肉和身体里的其他东西一样，被蜘蛛网状的结缔组织所包围，但是，当我用一根手指轻轻地把这些组织扫到一边，它们像被拉扯的棉絮一样塌陷了，几乎完全消失。下面的肌肉是健康的红褐色。事实上，24岁的安德鲁身体状况非常好。

胸肌的形状像一只手。它的"手腕"连接着肱骨（上臂的骨头）的上部，像拇指一样的小块，紧贴着锁骨内侧的底部。胸肌的"手指"紧紧地靠在一起，在胸前呈扇形延伸至胸骨——胸骨是贯穿肋骨中心的骨头。这种跨度使胸大肌成为一块长肌肉——可能有10厘米到15厘米；安德鲁的胸肌长15厘米，也非常厚。胸肌对手臂的许多运动来说至关重要，但往往更重要的是，它们能极大地改变上胸部的轮廓。所以，一些人，特别是年轻男人，很重视锻炼这些肌肉。考虑到这些肌肉的厚度和弧度，我认为安德鲁要么花了很长时间在健身房举重，要么服用了合成类固醇，后者的可能性较低。那么，是这些努力让他的肌肉硬如岩石吗？历时几周、几个月乃至几年的训练，是否意味着我的可靠的PM40手术刀也难以切开他的胸大肌？完全不会。没有花费额外的时间，也不需要额外的力气。谁想成为停尸房里最健康的尸体呢？

我们吃的肉是动物的肌肉，它们看起来与人类的肌肉没有什么不同。第一次进入验尸室的人有时候会很震惊，因为他们会想到"牛排"这个词。肉眼可以看到肌肉中的细小纤维，它们都朝一个方向排列。在显微镜下，这些纤维呈束状，纤维束内有很多纤维束，里面还嵌着更多的纤维束——我们现在真的处于微观层面。所有这些纤维束使肌肉能够实现唯一的功能：收缩。也就是说，它们会变短。没有别的。一招鲜，吃遍天。

当然，收缩的指令来自大脑——"扔球！"——并通过神经传递。和伴随着神经的静脉与动脉一样，越靠近末梢神经，神经就会变得越小，有越多的分支，最终到达并散布在它们的目标肌肉上。神经通过微小的终扣与肌肉相连，它们让我想起了少年时代的长方形PP3电池，有卡扣，整齐而往复地夹在那里。当"扔球"的指令下达到肌肉的终扣，钙浓度的剧变就会引发化学过程和生物电过程，使肌肉能够完成自己的任务。它收缩了。突然间，球就在空中了。

肌肉看起来很无聊，因为它们的外观有着统一的质地和颜色。但实际上,肌肉是很迷人的,有各种形状和大小,并因功能的不同而以多种方式与骨骼相连。这使我们的身体可以弯曲、伸展、旋转和扭曲——这非常奇怪,因为肌肉只会简简单单的一招:收缩。

病理学家经常有足够的理由来检查肌肉,但他们通常把肌肉移开,到达身体中更值得探究的部分。肌肉在体腔、器官和骨骼上形成了拼接毯,很厚但形状可以预测,它们可以揭示出许多秘密。如果不移动胸大肌和它的伙伴胸小肌,我就无法开始检查安德鲁是否有肋骨骨折。胸大肌和胸小肌都位于肩胛骨下面,可以使肩胛骨移动。

没有肋骨骨折,也没有瘀青,所以我转而关注最明显的伤口。毫不意外,我发现了颅骨骨折,还有脑出血。

头骨下面有三层膜,越靠近大脑越薄,所以最薄的一层膜紧紧地包裹住大脑表面,肉眼几乎看不见。它与中间的膜——蛛网膜——只隔着一层黏滑的薄膜。这层精致的、半透明的薄膜很容易看穿,不需要特殊的技能就可以用镊子把它夹起并拉出来。它的外面是硬膜,大脑深处产生特殊液体——脑脊液——为其提供缓冲,硬膜通过微小的静脉与蛛网膜相连。

大多数颅内出血是创伤引起的,但也有一些是不存在外力的情况。例如,蛛网膜下腔出血最常见的原因是拳打或脚踢,但也可能突然发生在一个看起来健康的年轻人身上,他可能正在做一些类似于洗碗的无害之事。当然,出血是有原因的,这是基因谋杀的另一个例子。患者通常并不知道,他们颅内生来就有一条或多条动脉壁有缺陷。颅底有一个环状的动脉,叫作威利斯环,它的动脉壁很容易有先天性缺陷。这个区域可能会产生一个小气泡,如果破裂,就会导致蛛网膜下腔出血,带来极大的痛苦,有时会立即死亡。但有一些气泡永远不会破裂。它们看起来像小浆果,因此被称为浆果样动脉瘤。我曾在因无关原因而死亡的老人身上发现过这些气泡,所以它们并不总是致命的,而且可能完全没有症状。

我需要说明,威利斯环可能比你想象中的环有更多的角。你只需要想一想早期的喷气式客机,就能理解为什么威利斯环复杂的血管结容易产生动脉瘤。没有人能理解,之前安全的"彗星客机"为什么在20世纪50年代突然开始坠毁?原因是,它们有方形的窗户。房子也有方形的窗户,为什么飞机不能有?归根结底,当飞机运行的时间足够长,压力就会显现出来,窗户的尖角是一个非常薄弱的地方。结果,机身出现了裂缝。这就是为什么现在飞机的窗户是弧形的。但遗憾的是,我们没有机会重新设计人体,从而减少尖角。

安德鲁死于出血,但这是一种不一样的出血。它位于蛛网膜和硬膜之间。硬脑膜下出血几乎总是由外伤引起的。

硬膜在头骨的正下方,它离骨头很近,以至于它实际上是粘在骨头上的;将它从头骨的内表面撬开需要花费很多时间和力气,病理学家可能会因此而咒骂。我眼前的硬膜是灰白色的,像厚帆布一样坚韧,但没有童子军帐篷那么厚。而且,它根本没有弹性。当它最终从头骨上脱落时,可能会发出一种独特的撕裂声。

安德鲁几乎是一下子就死了，因此，血液没有时间从密集的小静脉中流出。这些小静脉充斥在硬膜下的空间里，现在被撕开了。他的出血可能有1厘米厚，并在大脑表面延伸了大约5厘米。从17世纪开始，有一种不靠谱的医学传统，即用烹饪术语描述身体、疾病和异常。冒着延续这一可疑传统的风险，我想说硬脑膜下出血非常像一大团红醋栗果冻。

然而，大脑表面硬膜下的细小静脉的撕裂和出血，并不是安德鲁的死亡原因。他死于脑组织本身的创伤。跌倒在人眼看来很快，但慢动作回放会告诉我们，头部着地后，它在弹起之前会经历扭曲和旋转。旁观者看到并记住了弹起。但他往往错过了关键的部分：扭曲和旋转才是凶手。

大脑分为许多独立的区域，每个区域对创伤有不同的容忍度和复原力。装在一个甜筒里的几勺冰淇淋，每一勺都有各自的味道和浓度，如果用力摇晃甜筒，它们就会分开——受创伤的大脑也会这样：不同的结构以不同的方式和不同的速度向不同的方向移动，其中有些结构更加坚固。穿过这些区域或这些区域之间的神经轴突被撕开。发生在微秒之间的旋转会大大增加撕裂的可能性。

和所有受伤的组织一样，受伤的脑组织也会膨胀。但是，头骨完全没有弹性。受制于这个坚固的盒子，不断膨胀的大脑无处可去，如果受伤处是在一侧，当这一侧的大脑膨胀时，它甚至可能将自己推过头骨的中线，试图找到更多的空间。

安德鲁的出血在肉眼看来是很明显的，但断裂和撕裂并不明显。除了硬脑膜下出血的肿块，除了骨折周围的其他小出血，安德鲁的大脑看起来很完美。我把它握在手中，它很结实，而且确实很漂亮。我一如既往地对这个美妙的解剖学现象感到惊叹。

从成年早期，到后期开始萎缩之前，大脑的外观变化不大。小血管的网格覆盖在大脑皮质"彩带"的最外层。它们循着大脑的特殊地理环境，蜿蜒曲折，就像从空中看阿尔卑斯山谷里的骡子脚印。飞低一点，你可以看到每个"脚印"都有各自广泛的小毛细血管网络。我们可以检查这些，除了发现血管系统，我们还会发现伟大的艺术：我指的是梵高的艺术，其类似于有机体和情感的感觉超越了简单的功能。

动脉为大脑供血，静脉把通过后的血液排走，这种方式对这个器官而言是独一无二的。小血管错综复杂的美，赋予了大脑华丽的外表，暗示了其内部蓬勃发展的非凡过程：自愿的和非自愿的行动，理性的和非理性的思考，学习的能力，回忆的能力，创造的能力，诸如此类。没有哪个器官的复杂或神秘能与之相比，无论是内在还是外在。没有哪个器官拥有更多的善与恶的可能性，没有哪个器官拥有更多的美，无论是内在还是外在。

我们在验尸中切除所有的身体器官并称重，从而确定它们是否处于正常状态。大脑也不例外。以其大小而论，它在健康的年轻人体内是相当重的——接近于一包糖。它的感觉和我知道的其他东西都不一样。当炸弹爆炸后，肉和内脏散落一地，我们捡起一些散落的组织，从稠度和颜色上一眼可知这是成年人的大脑。这种认知深深烙印在你的大脑。随之而来的感觉，可以最恰如其分地被描述为"最敏锐的共情"。

如果处理不当，大脑很容易损伤。但大脑还没有那么脆弱，不会一脱离头骨就变形。我把它视为一份精美的礼物，硬膜是包装纸，头骨是使它安全送达的盒子。但即使没有盒子和包装纸，大脑也有足够的密度来维持形状。

当我抬起安德鲁的大脑称重时，我感觉到它结合了柔软和坚硬，非常独特。我可以把它比作厚实的凝固型酸奶吗？不，它没有那么稀。比作果冻？绝对不行，它不会晃动。比作大米布丁？不太一样，即使你把它拿起来、放下、翻过来，它也能保持形状。比作软质干酪？也许吧。或者它就是它，独一无二，用不着比较。

你可能认为，因为安德鲁最开始是后脑勺着地，所以那里的损伤最大。事实上，冲击力已经穿过了头顶和两侧的骨头，然后汇聚在一起，导致颅底出现骨折。我花了一些时间来检查和拍摄这一切。当我完成后，我可以感觉到警察们差不多准备要回家了，或者去酒吧，去任何地方，只要不在验尸室里。

"所以说，到最后，你还是无法确定他是不是被推下去的？"督察疲惫地叹了口气。

但我知道这并不是终点，我们还有很长的路要走。我又看了看安德鲁的腿。现在是时候提及我从一开始就有的感觉了。这里没有啤酒，没有电视，没有茶。现在还不是休息的时候。

8

"你们说他经常踢足球?"我问。

督察显得很不耐烦。

"医生,这跟他的头部损伤有什么关系?"

我没有回答。我拿不准。

警长说:"他经常在周末踢足球。但昨天晚上,他的弟弟,非常讨厌地告诉所有人,他被球队除名了。安德鲁说,是他决定退出,因为他宁愿在家陪孩子。弟弟叫他……"他研究着笔记本,继续说:"'懦夫。'"

"弟弟有说过他为什么被除名吗?"我问。

"这就是引发争论的真正原因。"警长停顿了好一会儿,继续浏览他的笔记本。最终他找到了。"啊哈,在这里。弟弟说安德鲁最近的球技很差。一直在说他丢了球。每次球靠近他,他就会摔倒。"

"这儿有人踢足球吗?"我问。

一阵沉默。最后警员开口了。

"以前我经常踢。但后来我改玩壁球。"

"你的腿怎么样?"

警员盯着我。

"没怎么样,真的。"

"你的小腿很强壮吗?"

他若有所思。

"我妈妈经常说,看我的大腿,你会觉得我是橄榄球运动员。我不太记得小腿的事。"

现在所有人都在盯着安德鲁的腿。

"有人注意到了吗?"我问。

"左腿比右腿更粗。"验尸官办公室官员最后说。

"只限于膝盖以下,"警长说,"事实上,现在我仔细看,它很奇怪。"

"小腿很粗壮!"警员表示同意。

"只是大而已。"督察纠正道。

我用皮尺依次环绕他的两条小腿。

"两条都很大,只是左腿的更大。"

督察瞄了一眼时钟。

"但这跟他头部损伤有什么关系?"他又问。

"我拿不准。"我承认。

我对左腿有所怀疑,对右腿也是。小腿肿大表明有深静脉血栓(DVT)形成,但我必须先检查一下。我们很少在健康的年轻人身上发现深静脉血栓,因为腿部产生血块可能有各种原因，但最常见的原因是血流缓慢。这经常发生在长期不活动之后——例如，在手术之后。我想知道，安德鲁在工作时是否需要长时间坐在电脑前。

"我坐飞机去美国看女儿的时候都会穿这种紧身的袜子，"验尸官办公室官员说，"所以我不会有深静脉血栓。"我猜想，多年来她在验尸中看了很多血块，吸取了教训。

"如果你坐长途飞机，而且坐着不动，肯定是有危险的，"我说，"特别是挤在经济舱中。也许安德鲁最近去度假了？或者去出差？"

"我的笔记中没有关于旅行的记录，"警长说，"需要我问问家人吗？"

"现在还不用。"我告诉他。

深静脉血栓很危险，因为血块可能会挣脱束缚，通过静脉上行至肺部，在那里它可能很快就会致命。如果安德鲁的情况是这样，那我应该已经发现了。但在进一步研究他的腿之前，我仍然需要进一步排除深静脉血栓。我见过很多次——而且也许在我该看到的时候没有注意到。如果没有明确的理由在验尸时解剖腿部观察静脉，我们就不会留意到。深静脉血栓当然并不总是一眼就能看到的，因此经常被病理学家忽视。

警察们没有去酒吧，而是耐心地等着我检查安德鲁的左腿。为了到达静脉，我必须切开小腿的复杂肌肉。这些肌肉能使脚移动，对平衡至关重要。我对这些肌肉很感兴趣，但我必须再次检查静脉。

一个血块，长长的暗红色的血块，与静脉的形状相吻合，从静脉内部凸起，静脉就像一条吞下了扫帚柄的蛇。过了一会儿，我就确定安德鲁没有血块。

所以，现在又回到肌肉上。我一摸到它就知道不对劲。经常有人问我，为什么我可以一边工作一边聊天，而不需要看着我正在做的事情——答案是我的手和手指一直在忙碌。它们在感觉、触摸和感知。病理学有相当多的部分是关于触摸的，当情况不对劲，警铃就会响起。现在它响了。在肌肉质地应该均匀的部位，安德鲁的肌肉并不均匀。一些地方的组织很结实，有很多脂肪和纤维，另一些地方却不是。我很快检查了右腿。很相似，但肌肉不太可能如此苍白，有这么多斑点，而且它的脂肪太少了。

最后我抬起了头。

"是的。"我说。他们都盯着我。"这些肌肉有一些非常值得研究的变化，但我还不确定是什么。"

"那么，结束了吗？"他们很想去喝酒。

"我要取一些肌肉样本，用显微镜观察。但我认为，一切都取决于安德鲁的血液酒精水平。如果他当时喝了酒，即使他并没有醉，你们也没有证据指控他的弟弟。安德鲁是一个在墙上嬉戏的醉汉，摇摇晃晃地掉了下去。"我想起了我的朋友西蒙的笑脸。没有人能像西蒙那样掩饰他的酗酒行为。

"是啊。"督察忧伤地说。

热心的警员说："但我们有证人！"

警长摇了摇头。"如果安德鲁喝醉了，多少证人说他是被推下去的，皇家检控署都不会听。"

"对，他们只会说他自找麻烦，喝多了还要跑到墙上去。"我同意。

杀人犯请在此做笔记：如果你的受害者喝醉了，你就更有可能推他、挤他或者让他摔倒而不受惩罚。多年来，我多次注意到这一点。尽管你不能倚仗它。

"我们最好等毒理学检测结果出来，看看他的血液酒精水平，"督察说，"然后再采取其他措施。"

他转向犯罪现场调查人员。"我们把这件事当紧急事项来处理。"

但我还做了一些别的事情。如果我的怀疑是对的，那么道义驱使我要为安德鲁的家人做点什么。除了提交样本确定他的血液酒精水平，我还抽取了一些血样做专家测试。

我们离开了验尸室，在等待结果的过程中继续生活。但我一直想着这个案子。到二十四五岁的时候，大脑已经完全发育，这个时候的年轻人往往会决定他们在生活中真正想要做什么，或者至少关注未来的情况。

我的朋友西蒙在这个阶段变得很认真。他最终接触了医学，并决定成为一名麻醉师。他有了一个比菲奥娜好得多的女朋友，而且现在事业顺利。无论他在十几岁时遇到了什么危机，现在看来都已经过去了。他还是会喝很多酒，但清醒的时候，他又是那个诙谐、有趣、会对事情着迷的朋友。

显然，安德鲁在这个年龄也发生了变化。他不再是弟弟记忆中的那个酒瘾者，当即将离世之际，他的生活明显开始变得稳定：有了妻子、孩子，还有一份在伦敦金融城的工作。

那么，与他同龄但缺乏这种稳定性的人呢？最新的数据显示，20岁到34岁的人自杀率进一步上升，占这个年龄段所有男性死亡人数的28%以上，占这个年龄段所有女性死亡人数的18%左右。这个年龄段的第二大死因是意外中毒，这是一个笼统的术语，可能包括开错处方，但通常意味着意外的药物过量。然后是车祸，接着是凶杀——莎士比亚说年轻人"珍爱名誉，动辄争吵"，这是对的，尤其是受药物或酒精影响的年轻人。这也让我们看到了20岁至34岁男性死亡的第五个常见原因：肝硬化。

年轻女性的统计数据大同小异，但有一个主要的差别：乳腺癌已经成为女性的第三大杀手。紧随其后的是车祸和肝硬化。在21世纪，肝硬化在女性群体中的增长很明显。

关于成年早期，这些数据说明了什么？当我们走出童年，我们开始掌控自己的生活，所以我们的死亡越来越多是我们自己造成的。当然，没有人选择患癌症，但打架、危险驾驶以及酗酒或过量服用药物，至少在理论上是我们可以控制的，因此是可以预防的——前提是年轻人选择自我控制。我们都很熟悉年轻时对不朽的假设。

安德鲁的第一个检测结果是我要求的专家测试：肌酸激酶测试。肌酸激酶存在于健康的肌肉细胞中，但如果血液中也有很多这种酶，这表明发生了渗漏——渗漏表明肌肉细胞受损了。安德鲁体内有很多肌酸激酶，证明肌肉的损伤非常大，但我还不能确定是哪种损伤。我怀疑腿部肌肉的代谢过程已经开始出问题，所以我们离开始诊断还有很长的路要走。

安德鲁的血液酒精水平结果最终也出来了。略低于50毫克/100毫升，这在英格兰的驾驶限制范围内，而在苏格兰正好是可以驾驶的上限。他的朋友是对的：他在死亡当晚没有喝醉。他的弟弟现在离被告席又近了一步。

毒理学结果一出来，我立刻联系了验尸官办公室，说我想继续研究关于安德鲁腿部肌肉的理论。事实上，我已经在悄悄地、非正式地做这件事了：我在显微镜下观察了用福尔马林固定的、经过实验室处理的样本，使用了所有可用的化学染色剂。我喜欢它们产生的万花筒般的色彩，但我仍然在努力理解这个故事。我伸手去打电话。

"警方很可能对弟弟提出指控，"验尸官办公室官员说，"所以验尸官不可能付钱请昂贵的专家替你看显微镜。皇家检控署也不可能为你付款。"

"我真的认为这是重要的证据。"我坚持道。

"你知道的，验尸官有预算限制。"

"我能给他说说吗？"

"他今天很忙。"

"我能明天给他打电话吗？"

"我把你列在他的通话名单上，"她坚定地说，"我保证，如果可以,他会给你打电话的。"

这位验尸官是新任命的。多年来,我和前任验尸官成了好朋友,如果他还在职,他会马上给我回电话。

"你知道的,我有预算限制,"终于联系上的时候,新任验尸官说,"显微镜研究的付款规则很清晰。我不能再为你付钱了。总之,这起谋杀案的调查现在完全由警方主导。"

很明显,他是新来的受过法律训练的验尸官。他很了解验尸相关的法律,但不太了解医学,更不用说我们如何确定关键事实了。

我说:"我知道他们在考虑起诉弟弟,但……"

"没错。所以,当他们起诉他的时候,如果你认为你有什么昂贵的证据想让他们知道,你应该跟警方或皇家检控署谈谈。"

"这个年轻人从墙上摔倒。要么是一场意外,要么是他弟弟推的。"

"警方也是这么认为的,证人也是这么说的。"

我已经听到了资金之门在我面前"砰"地关上的声音。但是我没有放弃。

"现在我认为有第三种可能性。我认为死者的腿部可能患有肌肉失调,但我需要专家检查一下。"

"如果真的有问题,为什么他不去看医生?"

"他可能不知道。他可能不想知道。哪个年轻人愿意承认,他在足球比赛中摔倒了,是因为他无法控制自己的腿?我敢说,他感觉良好。"

停顿了很长一段时间。这是验尸官在做计算。

"你是说这位专家需要600英镑?"

"关于钱,是的。"

"如果警察不愿意掏钱,我认为你最好试着找下皇家检控署,对吧?"

这无疑是验尸官的决定。我确信前任验尸官会同意支付这笔费用。但我不想卷入一场法律辩论,在多次周旋之后,我说服警方付钱请一位知识渊博的教授用他的电子显微镜检查我的切片。

他很快给我打了电话。

"我会提交一份完整的报告,"他说,"但基本上,你的这个男孩患有肌营养不良。"

肌营养不良。这对任何家庭都是坏消息。

"哪一种?"我问,因为这种残酷的疾病是一条多头蛇。

"贝克型。令人惊讶的是,他在24岁时症状并没有太明显,但我怀疑,如果你和他的家人谈谈,可能会发现他有一段时间不太稳定。"

"他刚刚被足球队除名了。"我说。

"坦白说,他在足球队待了这么久,是一个相当大的成就。"

"这里的遗传影响是什么呢?"

"他患有贝克肌营养不良,他的母亲可能是携带者。他有兄弟吗?"

"有。事实上,他的弟弟可能被指控谋杀了他。他们沿着一堵墙跑,证人说他把安德鲁推了下来。"

专家发出了一声长啸,表示完全不相信。

"他患有贝克肌营养不良,还在墙上跳来跳去干什么?"

"你会把这写在报告里吗?"

"他能爬上去真是太神奇了。"

"他的弟弟也需要做测试,看有没有贝克肌营养不良。"我说。

"当然需要。"

"而且,死者前不久当爸爸了。"

"好吧,"专家说,"如果是女儿,那她可能是携带者。但他不会遗传给儿子。"

其他的肌营养不良很早就会表现出来,但贝克肌营养不良不一样,患者可以活到40岁,甚至更久,尽管他们会变得越来越不活跃。原因是什么?遗传彩票中的另一个不吉利的号码。这种突变发生在抗肌萎缩蛋白基因上,该基因是人类已知的基因中最大的一个,负责制造抗肌萎缩蛋白。有许多蛋白质对维持健康和强壮的肌肉至关重要,抗肌萎缩蛋白就是其中之一。贝克肌营养不良患者基本上没有这种蛋白质,肌肉在不断地被使用,被损坏,直到最后变弱和死亡。安德鲁的小腿肌肉最早表现出这种变化,但如果他还活着,其他的肌肉也会跟着变化。不幸的是,在许多肌营养不良的病例中,心脏最终会受到影响。

贝克肌营养不良通常是母亲通过 X 染色体（女性有两条，男性只有一条）遗传给儿子。女儿可以携带这种基因，并有 50% 的概率遗传给每个儿子，但她自己不太可能有这种症状：她的第二条 X 染色体可以帮助解决缺少抗肌萎缩蛋白的问题。安德鲁的弟弟曾经非常粗暴地嘲笑安德鲁无法控制腿，也许他很快就会体验到同样的失控。这家人需要专家建议和咨询。他们已经失去了一个儿子。现在他们会想要知道，是否也会失去另一个儿子。

面对安德鲁的诊断结果，警方的案件没戏了。当然，他们没有对弟弟提出指控。验尸官很想继续进行死因调查。我打电话给他，问他是否会支持申请慈善资金，为这家人提供所需的专家帮助。我已经预想到他的回应。

"这跟我一点关系都没有！"

嗯，试试总没坏处。

我终于可以写安德鲁的验尸报告。在报告中，我重复了我的建议，即这家人应该咨询专家，了解其他成员有没有可能患同样的疾病。我告诉验尸官办公室官员，我愿意向这家人解释。不久之后，安德鲁的父母来找我。

悲伤经常走进我的办公室，我无法摆脱它的影响。在办公室这种地方，回形针、清单和日历保证我们的日常生活顺利进行，但现在这里有一种强烈的情绪，嘲弄着整个精心策划的归档系统。我让自己做好准备，表现得热情而专业。他们来这里，并不是为了让我象征性地表达同情。

事实上，安德鲁的母亲非常愤怒。他的父亲几乎自始至终都坐在那里沉默不语。我不知道，究竟是他一贯沉默不语，还是悲伤使他缄默。母亲高大，强硬，健壮，习惯于按自己的方式行事，现在她通过指责我来缓解自己的痛苦。不是以理性的方式，因为已经发生的事情不能责备任何人。

她断然驳斥了她的家人可能患有遗传疾病这一点。在她的记忆里，她家里的长辈没有一个人患有肌营养不良。

这种基因可能会自发突变，我对此表示认同，但我也指出，在贝克肌营养不良的许多病例中，母亲是携带者。不用说，这让她更加不安。我劝她讲讲她的家族史。

她有一个姐姐。她姐姐的两个儿子都三十多岁了，没有迹象表明他们患有任何肌肉疾病。她借此证明我的理论是无稽之谈，但我只是怀疑施蒂勒夫人的运气比她姐姐的差很多。我问她的父亲是否还活着。她告诉我，父亲在她很小的时候死于一场交通事故。她几乎完全不记得他了。

我问她是否了解那次事故的情况。

施蒂勒夫人停顿了一会儿。

"嗯，别人告诉我他犯了一个很严重的错误。他似乎在应该踩刹车的时候把脚放在了油门上。你可能会问，但我要先告诉你，我的父亲滴酒不沾。"

可能被误认为是醉酒的致命行为。这是跨世代的遥远回声。我响亮而温和地说出了我的怀疑：她的父亲可能患有贝克肌营养不良，但并未确诊。

这个暗示让她很生气。当她冷静下来后，我问她是否知道，她的家族中有没有可以追溯到更久以前的非自然死亡案例。

这一次她犹豫了。

"我一直认为……呃，我母亲经常说这是一个诅咒，但我认为家族里的男人比较容易出意外；这关乎个性。我的意思是，我父亲的外祖父也有个故事。他是个了不起的人物。但他很年轻的时候就死了。就在快要赢得一场比赛的时候，他摔下了马……"

我不是遗传咨询师。当她备受痛苦地重新解释家族的历史和神话时，我只能安静地聆听。有时候，我们被记住是因为死亡的方式，而不是活着的方式。而且，很明显，这似乎是她家族的模式。

我认为，这次谈话很成功，因为她最终同意让家人接受检测和咨询。

然后，就在他们要离开的时候，她问了我另一个问题。

"如果关于这个基因的说法是对的……安德鲁的儿子有没有生病的风险？"她问。

很简单。"没有。"

"那伊恩呢？"

啊。伊恩是安德鲁的弟弟。这是我一直害怕的问题。

"有可能。"

"有多大的可能性？"

我不情愿地告诉她,可能性是50%。

"所以,是我诅咒了我自己的儿子,"她非常平静地说,"我给他们带来了生命,也给他们带来了死亡。"

我试着告诉她,在某种程度上,每个人都是如此。但她太难过了,根本听不进去。她让我介绍一位遗传学专家,我推荐了一位。

不久后,我遇到了这位专家,所以有机会问他这家人的结局。

"非常遗憾,"他说,"弟弟也患有贝克肌营养不良。很不幸,这位母亲把它遗传给了两个儿子。她还有两个女儿,其中一个是携带者。这个女儿已经有一个儿子。家人还没有让这个男孩做检测;他们说不想做。"

基因无情。基因突变通常在很年轻的时候就暴露出来,但也有可能潜伏在年轻人身上,等到壮年之后才显现。安德鲁的弟弟一直不友好,嘲笑他能力下降,在足球场上、在跑酷时公开超越和羞辱他。我想知道他是否已经注意到自己力量衰退的第一个小迹象。也许他的残忍并不是因为年少轻狂或兄弟相争,而是出于恐惧。

如果我们没有发现安德鲁患肌营养不良,那么他的死亡会在这个年龄段中显得非常典型——既涉及一时的暴力活动,又涉及鲁莽的醉酒行为。我看到的典型的年轻男性的死亡就是源于这些情况:刺伤、枪伤,或者经常只是打一拳。

打一拳绝不是为了杀人,但它可以轻松地做到这一点。一般有两种方式。比如说,两个年轻人在酒吧外,其中一个怒不可遏。酒吧很重要,不仅是因为酒精会加剧攻击者的愤怒,而且因为酒精会放松受害者的脖颈,颈部肌肉无法牢牢地抓住头部,从而加速了死亡。

愤怒的人向受害者挥拳——通常不是直击面部,而是打向一侧。假设攻击者是右撇子,他的拳头落在受害者下巴的左侧,甚至落在脖子上部。受害者的头被抽向一边,同时向右旋转,然后被震得向后退。我曾多次在监控录像的慢动作回放中看到这种情况。头骨的这种突然的、不正常的运动——尤其是旋转——会撕裂通往大脑的小动脉,这些小动脉通过椎骨边缘的特殊孔洞向上运行。这种结构本应保护动脉,但在旋转过程中,它实际上可能牵制、拖拽或拉扯动脉。动脉一旦受损,自然就会出血。通常情况下,出血会向上蔓延至大脑周围中间膜下方的那个区域——蛛网膜下腔。

蛛网膜下腔出血可以突然致死,以至于法庭上的证人经常描述受害者"像一袋土豆一样倒地"。但死亡不一定马上发生。受害者可能会有一段清醒的时间,会走路和说话,看起来很正常——而实际上头部的压力正在增加,这是因为从动脉渗漏的血液不断累积。首先是头痛。接着是颈部僵硬。然后是恶心。最后是意识模糊。

一拳致命的第二种方式是使受害者向后倒在坚硬的地面上。安德鲁·施蒂勒没有被打,但他是这么死的。在坠落过程中,他的头在重力作用下加速,然后在碰到人行道的时候突然停止：证人通常把这种声音描述为"令人恶心的砰砰声"。头骨已经停了下来，但里面的大脑在继续运动。减速性损伤通常不出现在发现瘀伤或骨折的一侧，而是在对侧，人们通常称其为**对冲性损伤**。硬膜是一层厚而固定的膜，紧挨着头骨，位于头骨下方。在硬膜之下，小静脉被移动的大脑割断，导致硬脑膜下出血。由于静脉出血比动脉出血更慢，可能会有一个更长、更具欺骗性的清醒期。

人们常常认为颅骨骨折是死亡的原因。这种情况即使有，也很少见。真正致命的损伤，是大脑在头骨内移动。

我敢说，每个周六的夜晚都有几百个人挨了一拳。数以百计的人摔倒在地，有的喝醉了酒，有的嗑了药。很少有人因此死亡，但是，当这样的死亡发生时，家人总是会问：为什么发生在我们身上？安德鲁的母亲一遍又一遍地问我这个问题。无论有多么详细的医学知识来了解每一起死亡，无论验尸报告多么长，无论病理学家、警探和专家花了多长时间来分析死者和案发情况，这种死亡通常还有一个非常主要的因素，这种因素无法量化，也无法科学评估。那就是运气。

9

我认为 30 岁是放纵的年龄。我们已经丢掉了青春期的愚蠢，但仍然享受着青春期的蓬勃。这个时期很少有自然死亡的风险，因此，杀死这个群体的多是极端的行为。

30 多岁的人往往会开始组建家庭，购置房屋，承担巨大的财务负担，事业衰颓或逐渐发展——也许会产生一定程度的压力，一些人因此会走上极端，从而无法活到 40 岁。但还有一些人，他们在 20 多岁时偶尔的鲁莽行为现在已经变成一种习惯。而且，为了保持吸引力，这种习惯也许已经变得更加极端。

加雷思·威廉斯在 2010 年去世的时候，即将满 32 岁。他非常聪明，为情报部门工作，因此，许多真实的或虚构的秘密萦绕着他的死亡，在这桩被称为"包中间谍"的案件里，大量的阴谋论得以生根发芽。

加雷思来自威尔士的一个小岛安格尔西岛，岛上的人际关系很紧密。他的家庭似乎也非常亲密。很明显，加雷思从小就是一个数学天才。他在 10 岁时通过了普通程度考试，17 岁从班戈大学毕业，获得一等荣誉学位。第二年，他获得了曼彻斯特大学计算机科学的硕士学位。他很快被政府通信总部[1]录用，这是一个位于切尔滕纳姆的监听和翻译中心，为英国政府提供安全情报。

加雷思体型瘦小，但很强壮。他很喜欢骑自行车，喜欢攀岩和远足，但在户外活动结束之后，他不会跟其他的攀岩者或远足者一起喝酒。他喜欢音乐和艺术。他最近参观了维多利亚和阿尔伯特博物馆的格蕾丝·凯利展。他的朋友很少。在死因调查中，他的姐姐说，加雷思对朋友很挑剔，是个不合群的人，特别安静、内向，几乎没有社交。

当然，从很小的时候起，加雷思就表现出很不寻常的学习能力，他跳级跟比他大得多的孩子一起学习。这不可能是件容易的事情。我们也许可以认为他那时已经学会了低调行事。无论他的内心有怎样的想法或感受，性格报告表明他很少分享这些。

大约三年前，他还在切尔滕纳姆工作。有一天晚上，加雷思的女房东被他的呼救声惊醒，房东及其丈夫跑过去帮他。他们发现，他的手腕被绑在床柱上，现在已经无力挣脱。绑住他

---

[1] 政府通信总部（GCHQ）是英国的情报机构和国家安全机关，主要职责是向英国政府和英军提供信号情报与信息保障。下文的秘密情报局（MI6，又称"军情六处"）是英国的对外情报机构，负责在海外进行间谍工作。除此之外，还有英国安全局（MI5，又称"军情五处"），负责打击国内的重案、恐怖主义及间谍活动等。它们都隶属于联合情报委员会（JIC），由内阁办公厅和内政部领导。

的是布料而不是绳子或手铐（布料深深地割伤了他的皮肤）。

他们为加雷思松绑。他解释说，他在做一项实验，看看自己能否挣脱。虽然他的工作性质很特殊，但房东并不相信他：他们认为这是一起性爱事件。加雷思保证不再尝试如此危险的事情。

2009年4月，他从切尔滕纳姆搬到伦敦，被借调到秘密情报局工作，为期三年。他对自己的新工作满怀希望，但很快就变得不开心了。在死因调查中，他的姐姐（他和姐姐的关系似乎最亲密）说他不适应秘密情报局的那种"炫酷"或"飙车"的文化。有迹象表明，存在不愉快的办公室政治。

安全部门的陈述没有提及加雷思·威廉斯的具体工作。据说，他是一名密码学家。据报道，他在政府通信总部工作时，其所在的团队因密码学工作而获得了重大奖励。当他转到秘密情报局时，他能否成为一名"间谍"？根据许多报道，他是一名黑客专家，但他现在的工作也许并不完全局限于电脑屏幕：在加雷思的死因调查中，秘密情报局的一位不具名的证人告诉验尸官，加雷思一直在"行动"，与两名卧底特工共事。

但在伦敦只待了一年左右，加雷斯就说服了他的老板，让他回到切尔滕纳姆。和很多时候一样，他的死亡发生在人生的一个十字路口。他正准备在大约一周内离开伦敦：他的公寓非常整洁，已经有认真打包的迹象。而就在一周前，他刚从美国西部出差回来。

同事在完成工作后就飞回了家，但加雷思把这次出差延长为一个假期。我们不知道他这段时间去了哪里,也不知道他做了什么,但他似乎有一份巨额的信用卡账单。我相信,除了他的老板,没有人见过这份账单,我也不知道钱是怎么花的。但秘密情报局付清了账单,在死因调查中,他们解释说,这是因为加雷思支付了一位同事的酒店费用。只要你了解大型组织的运作方式并曾经试图为他人申请费用,就会觉得这种解释不可思议。

加雷思于8月11日从美国返回。从那时起,一直到8月15日,他的行动几乎没有记录,或者没有被披露。然而,监控录像显示他于8月13日出现在Bistroteque俱乐部。这是伦敦东部的一家歌舞厅,隶属于一个时尚的仓储装潢风格饭店。乔尼·伍是一位放浪不羁的艺术家,他是喜剧演员、表演者、变装皇后,经常在这个被称为"变装帐篷"的地方表演。加雷思没有待到很晚:他在午夜前就回家了,监控录像似乎能证明他是独自在家。

8月15日,他去购物。监控拍到他穿着与前一天相同的衣服,红色T恤和卡其裤。在这一天的23点30分,他的一部手机的数据被清除了——被恢复为出厂设置。目前还不清楚这是别人远程操作,还是加雷思自己操作的。

周一,8月16日,他本应该在调回切尔滕纳姆之前最后一次去秘密情报局上班。但他没有出现。没有人调查他为什么旷工,这似乎说明了一切。他的公寓位于皮姆利科,是安全部门的"安全屋",另一名准备在他离开后搬进去的特工,按计划在当晚19点来查看这所房屋。没有人应门。第二天，周二，他试着给加雷思打电话。没有人接电话。显然也没有后续行动。

几乎一周后，加雷思的姐姐在周一的上午给政府通信总部打电话，说已经有一段时间没有加雷思的消息，她很担心。当天下午晚些时候，政府通信总部的人就报了警。当然，在秘密情报局，似乎没有人对加雷思的缺勤感兴趣，没有人报警。加雷思的缺勤与他的尸体最终被发现，这中间有很长的时间间隔，后来验尸官和加雷思的家人都对此表示强烈的批评。之后，秘密情报局的负责人才为他们没有表现出关心而道歉。

在加雷思被报告失踪之后大约45分钟，警察约翰·加拉格尔来到公寓。他首先注意到的是灯还亮着。其次是有一顶女性的假发，修长、明亮、红得不自然的假发，挂在厨房的椅背上。

公寓井然有序，没有非法闯入的迹象。楼上空置的卧室里整齐地堆放着毛巾和旅行包，表明有人正在打包行李。主卧室里整齐地摆放着几件衣服。有点凌乱的是，一件浴袍和床单散落在地板上。

加拉格尔警官打开卧室里的浴室门。浴室没有窗户，灯也关着。有一股很强烈也非常难闻的气味。房间里很热，奇怪的是，在8月份，中央供暖系统却被调到了高位。浴缸里有一个很大的红色的"北面"牌旅行包。拉链用挂锁锁住。

他试着提起旅行包，但只能移动大约7英寸。他注意到，一些深色的、恶臭难闻的液体正在从里面渗出。这时，加拉格尔警官打电话请求支援。

包里装着的是加雷思·威廉斯的尸体，全身赤裸，已经开始分解。他以胎儿的姿势仰卧在地，双膝跪在胸前，双臂交叉抱着。钥匙就在包里面，压在他的身下，两把钥匙都在一个钥匙圈上。后来，人们确定这些钥匙是制造商提供的挂锁的钥匙。

我是第三个给加雷思验尸的病理学家，在他死后一个月。我能确定，没有任何颈部受伤的迹象，也没有物体穿透了他的身体。事实上，没有潜在的致命创伤的证据。左前臂有一块瘀伤。两个肘尖都有很明显的擦伤，而且可以认为，他左眼内侧有轻微的擦伤。他的死因似乎不是自然的疾病。

第一位病理学家本·斯威夫特要求做毒理学检测，他在加雷思的肝脏中发现了 GHB 的证据。GHB 是羟丁酸，更为人熟知的身份是约会强奸药物。这一信息理所当然地引发了大量的猜测，但事实没有那么简单。在分解的尸体中，GHB 是自然存在的物质，毒理学家提醒说，由于它在血液和尿液中的浓度都很低，所以它的存在可以用死后变化来解释。

加雷思的胃里有食物，本·斯威夫特只能通过这种最不可靠的方法来估计死亡时间。仅有的一点证据似乎证实了大家的猜测，即加雷思的死亡时间在 8 月 15 日晚上至 16 日凌晨 1 点之后。上网记录显示，他在这个时间最后一次浏览时尚和科技网站。

尸体已经发生很大程度的分解，而且没有明显的伤害，所以根本无法确定加雷思的死因。本·斯威夫特将其记录为：无法确定。

同时，第二位病理学家被叫来了。伊恩·考尔德是研究封闭空间内死亡的专家，他确认了本·斯威夫特的所有发现，并得出了相同的结论。

不知道为什么当时的验尸官保罗·纳普曼博士采取了不寻常的步骤：让我来第三次验尸。也许是因为当时媒体普遍认为加雷思·威廉斯是被离奇谋杀的。

我仔细检查了加雷思的尸体。我同意，从简单的病理学角度来看，死因只能定为"无法确定"，因为尸体的分解留下了许多未解之谜。但是，判断死因并不仅限于病理学，考虑到整个情况，我觉得可能的死因是窒息——尽管我必须同意，我们不能排除他被毒死的可能性。不同于窒息，毒物的存在意味着媒体十分确信的事情：有第二个人参与。但尸体分解的程度严重限制了毒理学家识别毒物的能力。尽管做了大量的工作，但他们只能说没有发现毒物，同时不能排除毒物的存在。如果按照较低的证据标准，即根据盖然性权衡，我们可以接受没有毒物的说法。但我们是否可以依据更高标准的事实，即排除合理怀疑来确定这一点？不能。

这就是岔路口。有其他人参与吗？是他/她谋杀了加雷思并把他关进旅行包的吗？是他/她强迫加雷思进去的吗？还是他/她看着加雷思出于某种我们不知道的原因进去，然后在发生某种意外后离开了公寓？当公众知道加雷思去看了乔尼·伍在伦敦东部的演出之后，最后一种可能性被广为传播："观看一场艺术性的变装表演",在媒体生动的想象中,只需要一步微小的跳跃,就可以变成"邀请某人回家玩性游戏,结果出了差错"。

尽管最初有一些误导性的信息,但后来事实很清楚,没有法医证据表明公寓里或别的房间中或浴缸里有其他人:只找到了加雷思的DNA。据我所知,可能存在非常少的无法分析的DNA样本。在写作本书时,已经出现了一些关于应用最新分析技术的讨论。但是,除非我们能给出证明,否则它们似乎同样来自加雷思——或者说更有可能来自加雷思。浴缸里没有指纹或脚印,甚至没有加雷思自己的指纹或脚印。从法医学的角度看,不可能确定加雷思死亡时有没有其他人在公寓里。

空置的卧室里还有三个类似的旅行包,钥匙都在挂锁上。而装着加雷思尸体的手提包,它的四把钥匙已经单独分开了。加雷斯的尸体下面有两把钥匙,就在包里。另外两把被锁在床头的一个钱箱里。没有DNA或指纹证据表明有其他人接触过它们。但没有DNA意味着没有遗传学证据,无法得出结论。当然,没有发现证据不等于没有证据。

有些人认为,公寓里温度很高,表明有访客在离开前把暖气开大,故意加速尸体分解,意图扰乱病理学家。据记录,2010年8月15日伦敦的日间最高温度是22℃,但午夜时降至13℃。加雷思刚从闷热的美国西部回来,他觉得冷,自己开大了暖气——这并非没有可能。

凶杀论俯拾即是,但都没有确凿的证据。关于本案最流行的理论是，加雷思在工作过程中侵入了他不该去的地方，并获得了威胁到他人的信息。有人猜测，嫌疑对象应该包括英国政府，尤其是加雷思的雇主。有人声称，他在保护英国银行免受网络洗钱之害，因此，恐怖分子或未知的外国势力杀害了他。有一种说法是，他的死符合以色列或阿富汗的利益。而在加雷思死后五年，一名叛逃到英国的俄罗斯特工宣称，俄罗斯政府曾试图招募加雷思为双重间谍，因此，人们普遍怀疑俄罗斯与此有关。这位特工说，加雷思拒绝了这一提议；但他因此掌握了太多其他双重间谍的信息，于是有人在他耳朵里注射了检测不出的毒物。

我一直都不知道，为什么这些致命注射的部位总是血管稀少的耳朵，或者类似于脚趾间这样不会流血的地方。也许有一种假设是，病理学家不屑于检查身体的这些无聊的、平凡的部位？错了。我们哪里都看，包括耳朵、脚趾以及你想提到的所有地方。

所有这些理论后来都被调查过了。而调查本身似乎也是安全部门与伦敦警察厅各部门之间激烈的掌握控制权的斗争。

但还有另一个领域需要探索。那就是加雷思的私生活。

我认为应该考虑下面这些细节。这是另一种验尸，一种心理学上的验尸，但可能同样有启发。

加雷思在中央圣马丁艺术与设计学院上了两堂时装设计的夜校课程。事实上，他花了几千英镑购买设计师款裙子，在他死的时候，这些裙子挂在他的衣柜里。他身材瘦小，身高173

厘米，体重略高于60千克。他的身体质量指数只有20。我不知道这些衣服的确切尺寸，所以我无法判断这些衣服是否适合他。但大多数裙子都有原始的包装，因此，我认为对他来说，重要的是拥有它们而不是穿着它们。

他还有26双昂贵的女鞋（许多是设计师设计的）。大多数都像裙子一样有外包装，而且是崭新的：只有四双穿过。鞋子是39.5码的，对他来说显然不算太小，但也可能很紧。同样，拥有而不是穿着。这说明了这个男人和他生活的什么信息？

他的公寓里有许多女式假发，除了警察发现的挂在厨房椅背上的假发，其他的都锁在旅行包里，这些包很像发现他尸体的旅行包。

还有化妆品和配饰，但都没有用过。

公寓各处都有精液沉积的DNA证据——只有加雷思的精液。裙子上没有。有些精液在浴室的地板上，在浴缸旁边。

在过去的一年中，加雷思多次浏览四个关于捆绑/幻想/恋物癖的网站。其中一个捆绑网站需要注册。加雷思显然对捆绑感兴趣，但没有迹象表明有其他参与者。他喜欢的一个网站致力于一种小众癖好：幻想被束缚在一个狭小的空间里，然后从里面逃出来。

在许多人看来，这种做法似乎很神秘。它也许植根于一种体验恐惧的需求，甚至是体验恐怖的需求，从而达到性满足。肾上腺素现在普遍与"战斗或逃跑"的反应联系在一起，但在维多利亚时代将其美化之前，它有一个更露骨的昵称，"战斗或逃跑或调情激素"。

自主神经系统是我们无法随意控制的神经。它的两侧对于达到性高潮都是必要的。一边是副交感神经系统，有时被称为"休息和消化"系统，作用是使身体放松，或达到舒适，这样才能实现性刺激。一旦人产生了兴奋（对男性来说通常意味着勃起），交感神经系统就会介入。结果是分泌肾上腺素等激素，使脉搏加快，小血管收缩，血压升高，呼吸变得沉重。对于有严重冠状动脉疾病的人来说，性活动可能是危险的。我已经见过很多与肾上腺素飙升有关的死亡案例；必须指出的是，其中许多都发生在婚外情中。死亡的原因可能是激素爆发和神经活动（也就是高潮）引起的心律失常，令人惊讶的是死因经常如此。高潮过后，副交感神经系统接管了交感神经系统，导致了一段平静期，通常是睡眠。

人们通过增加肾上腺素获得额外的性刺激，方法有很多。使用一些人所谓的"正常"以外的方法来唤起性欲，这被称为"性变态"，其范围很广。某些角色扮演可能是程度较轻的，而程度较重的，可能是限制在一个狭小的空间里，如果无法逃脱可能有生命危险。自淫性性变态广泛存在，而且大多完全无害。直到出了差错。

专门研究性变态的网站，无论内容多么有伤风化，但几乎总是有严肃的健康警示。我要重申这些警示。顾名思义，在进行"性变态"活动的时候，如果发生紧急情况，周围很少有人能提供帮助，所以应该有故障安全系统，有最后的手段，确保在必要时有可能摆脱困境。当然,知道有安全保障可能会使危险行为不那么刺激,这也许可以解释,在我看到的自淫性死亡事件中,故障安全系统总是准备得不认真,或者根本不充分。还有一些故障安全系统设计得很好,在之前是有效的,但出于某种原因这一次失灵了。我敢说,有很多有效的故障安全系统,但我看到的那些显然不是。

自淫性窒息可能是最危险的变种,通常涉及塑料袋或悬挂。后者占所有自淫性死亡的70%至80%。许多男性以这种方式死亡,少数女性也是如此。由于死亡的女性非常少,如果一位女性被认为是自淫性死亡,那么我们必须报以最大的怀疑。

自淫最终致命,这也许只是偶然。原因可能是材料的变化、绳结的变化,或者仅仅是压迫颈部动脉的绳索的位置发生了变化。总之,受害者不再像之前很多次那样缓慢地进入愉快的、意识变化的状态,而是迅速地、灾难性地失去意识。

据说,当一些人的大脑严重供氧不足时,所有的感觉都会放大,包括情欲。但是,严格来说,这种快感伴随着意识消退时的失控。有些人甚至会出现幻觉。当你的生命取决于你对事件的掌控时,眼下就不是一个好的情况。通常,人们的目的是在意识滑落得太远之前解开所有的限制。随着意识消退,对绳子等的抓握应该放松,颈部的压力应该得到缓解。许多自淫者持有这种理论,但我的法医经验证明,它并不总是有效的。

心理学家告诉我们,性变态有三个组成部分:计划,行动,以及事后重温。在过去,第三个部分的满足是最难实现的。照片和电影胶片是首选的方法,但很少有人愿意把胶片带到当地的药店或摄影店去冲洗。手机的出现改变了一切。随着相机在色情和自淫行为中的广泛使用,我们对人类行为的这一秘密领域有了新的认识。感兴趣的专业人士现在可以看到意识消退需要多长时间。而且,由于一次在拍摄性虐色情片时发生的近乎灾难的事件,我们已经很了解使窒息者复苏的可能性。而这部色情片以制作者从未想过的方式出现在教科书里。

摄影机拍到色情明星往椅子上一坐,脖子上挂着一个典型的套索,我们从这里开始计时。她完全悬空,双脚离地。14秒后,她好像试图回到椅子上。她的右脚够不着——1秒钟后,她的左脚也够不着。第15秒,她已经失去了知觉。她的身体向后拱起,右脚把椅子踢开,因为在第16秒,她出现了强直阵挛惊厥,即发作、昏厥,她的整个身体都在晃动。到第17秒,她的手臂僵直,肘部弯曲。她双手紧握,双脚向下弯曲。这些迹象通常只出现在神经外科的重症监护室,表明大脑中更高级的"人类"的部分,也就是大脑皮质,出现了严重缺氧。这位色情明星现在一定也严重缺氧,而这些脑细胞已经停止正常工作。用专业术语说,她现在处于去大脑皮质状态。

第18秒,她的胸部和腹部都在起伏,表明她已经呼吸困难。值得庆幸的是,现在房间里的一个男人已经意识到这不是在表演,而且情况很不对劲。

他抓住绳子,放了下来。但在第40秒之前,女人的脚还没有落地。到了第44秒,她俯卧在地上,套索松开,她的脖子没有了束缚。然而，在第45秒，情况并没有好转，反而在恶化。她的手臂和腿处在不同的定位模式。她的姿势奇怪而扭曲，表明缺氧已经从复杂的外部皮质扩散到内部的古皮质，即控制心跳和呼吸的部分。

她的身体现在是僵硬的，腿和脚向内翻，肘部伸展。这双手很有特点。它们同时指向内侧和后侧，就像一位伸手拿小费的侍者。这是去大脑强直。如果是在重症监护室，早就有人按下了警报按钮。

你可能认为已经回天无力了。许多医生可能也这么认为。但在第55秒，她的去大脑强直已经有所缓解，变成了去皮质强直。第76秒，她的身体又放松到了中立位。令人难以置信的是，第90秒，色情明星恢复了意识。她站起来，走了出去，显然没有不良影响。真是一位幸运的女士。如果她独自一人，肯定就已经死了。

由此我们可以理解，窒息能够惊人地逆转。其他关于自淫性死亡的研究表明，尽管有些人的整个过程更快一些，但这位色情明星窒息阶段的时间节奏相当典型：平均从第10秒开始，人就会失去意识。有些人甚至在5秒内就失去了意识。你永远无法确定。

如果没有救助者，没有故障安全系统，死亡会发生在什么时候？可以确定，是在失去意识之后不久。这些记录表明，身体可能会继续随机抽搐，平均为3分钟到5分钟。最后一次抽搐是否表明生命已经结束？我们不知道。我们所了解到的是，悬挂或任何形式的窒息都可能让人快速失去意识，这不同于快速死亡。

对那些追求自淫性冒险的人来说，失去意识之前的短暂缺氧期，既非常刺激，又极其危险。因此，大多数人都会详细地计划，而计划本身就会带来满足感。在一个案例中，一个男人把他的靴子拴在一块巨大的金属楼板上，绳子一端套在脖子上，另一端连接在自动车库的门上。这个计划很好。通过握着遥控器，他可以控制脖子上的压力。我们永远不会知道他是否失去了意识并惊厥发作：我们只知道，在几次成功地控制了车库门之后，由于某种原因，他手中的遥控器掉了下来，掉到地上，他够不着。他没有故障安全系统，车库门的马达无法停下来。几秒钟后，他仍然认为——或希望——遥控器就在手中，试图按下想象中的按钮。这不是好的结局，对他的家人来说更是一场灭顶之灾。

法医病理学家已经见过各种类型的恋物癖，但我们看到的只是那些致命的结局。我们已经了解到，当自淫导致死亡时，这很少是第一次尝试——当然青少年除外。致命行为通常是一串安全完成但不断升级的冒险的终点。和其他成瘾者一样，他们需要越来越多的刺激来达到同样的效果。因此，满意度依赖于日益复杂的幻想。直到最后，这种复杂程度偶尔是致命的。

法医心理学家阿尼尔·阿格拉瓦尔研究了恋物癖的层次。他说，首先是欲望，表现为一种轻度的偏好。接下来是渴望：如果有可能，他就需要这么做。恋物癖就这样形成了。然后，在第三个阶段，恋物癖是性的**前提**。最后，恋物癖的对象取代了性伴侣的位置，关键在于，最轻微的触摸或气味就足以开始整个过程，甚至足以结束整个过程。

性变态很普遍，也许是因为曾经导致性压抑的宗教与道德问题现在对大多数人来说已经不那么沉重了。在一个鼓励所有人探索自己性行为的世界里，你可能认为捆绑或其他幻想并不可耻。但对于许多以这种方式死亡的人的家属来说，他们有很强烈的羞耻感。

如果一个孤独的男人在真相不明的情况下死亡，当我到达现场时，我经常在想，他的家人（当他们外出回来看到父亲被悬挂着，或者早晨在青少年的房间里看到他的尸体）会用足够长的时间来掩藏色情片或变装的证据，这一切结束后他们才来得及开始震惊。许多人不承认这是自淫性死亡，相比于让公众知道真相，他们宁愿这是一场谋杀，或者甚至是自杀。有时候，如果机械装置是必死无疑的，如果没有性成分的辅助证据，就真的很难区分自淫事故和自杀。没有遗书，有色情文学，有证据表明死者试图用东西衬住绳结以确保不会留下明显的伤痕——这些都可能表明是自淫性死亡。即便如此，许多案件的裁断也仍然是死因不明，它们在验尸法庭上被作为第一个或唯一一个案件审理，以避免媒体报道。

似乎有一种相当普遍的说法，即当秘密情报局执行杀人任务时，他们习惯于把现场伪造成一场孤独者的自淫事故，或者是自杀。这让我们回到了加雷思·威廉斯的案子。谋杀案调查没有发现任何嫌疑人,而且充斥着转移注意力的事物。要在意外和谋杀中二选一,警方决定先确定是否有可能在没有帮助的情况下爬进包里,然后拉上拉链并挂上锁。

两位监禁专家(你可能不知道有这样的专长)试图爬进一个相同的旅行包,拉上拉链并挂上锁。这两个中年男人没有成功——但两个人都比加雷思更高、更壮,我认为他们的证据并不充分。一位比加雷思矮小但同样体形健壮的年轻女性,随后在 YouTube 上展示了她可以在 50 秒内进入同一个袋子。然后她又花了两分钟才拉上拉链并从里面上锁。

对加雷思之死的调查花了很长时间,但毫无进展。我怀疑很大程度上是因为内讧。保罗·纳普曼博士退休了,菲奥娜·威尔科克斯博士取代他成为验尸官。她觉得不能再拖延调查了。没有陪审团,大部分时间也没有证人——外交大臣威廉·黑格签署了一份"公共利益豁免证书",以国家安全为由让秘密情报局免于回答某些问题。秘密情报局的几名同事和工作人员提供了证据,但他们坐在屏幕后面。

也许你认为自淫是极大的耻辱,有迹象表明加雷思的家人也这么认为。他们在审讯中一定遭受了巨大的痛苦,因为他的一些非常隐私的细节被公开报道。人们当然对在他公寓里发现的女装很感兴趣,尽管他的一位女性朋友做证说,她相信这些衣服和鞋子是他买的礼物,准备送给她和他的姐姐凯里。

凯里对此表示同意。她也是一名证人,出场时在某种程度上成了时尚偶像。她很喜欢她的弟弟,她把加雷思描述成一个非常厌恶风险的人。在登山时，他会精心准备地图并检查装备。她说，即便是在非常接近山顶的时候，如果他认为继续登山不安全，他也会折返。

这个充满爱意的加雷思，很难让人联想到那个冒着巨大风险、将自己赤身裸体地锁在一个小包里的加雷思。显然，验尸官认为两种形象之间存在无法调和的矛盾。威尔科克斯博士给出了一份叙述性的裁断，其中列出了案件的细节。这成了头条新闻。

她说，加雷思之死不可能得到满意的解释，但基于盖然性权衡，她得出结论，加雷思是被非法杀害的，他的死亡可能是"私刑"。威尔科克斯博士认为，加雷思钻进袋子时还活着，但她"相当确信"是"第三方"把包搬进了浴室——同样基于"盖然性权衡"——他/她还上了锁。威尔科克斯博士补充说，一个合理的调查方向是，秘密情报局牵涉加雷思之死。

这份裁断是送给阴谋论者的礼物。加雷思痛苦的家人立即要求做进一步调查，而伦敦警察厅的凶杀组继续调查了一年。最后他们宣布，尽管他们不能"从根本上确定无疑地"排除另一方的参与，但他们现在相信，加雷思有可能将自己锁在袋子里，有可能他是独自这么做的，并且死于意外。

其他的理论永远不会消失，但根据我自己对这起死亡以及类似死亡的了解，我个人支持伦敦警察厅的最终结论。大体上，没有证据表明加雷思在生活中与其他人有密切关系。也没有证据表明有人去过他的公寓。很难相信，有人可以在不擦掉加雷思的指纹和 DNA 的前提下，清除这种接触的证据。

任何人如果尝试过摆弄死者，或者仅仅是摆弄无意识的人，都会知道移动这样的重量会有多么困难。更不用说把这个人整齐地放进旅行包里——有报道说，在重症监护室，需要多达 9 个人才能把一个失去意识的新冠病毒肺炎患者翻过身来。我不相信有人杀死了加雷思然后把他装进包里，而且尸体上没有留下瘀伤。至于用这样的包把一个 60 千克重的人提上楼并带进浴室：好吧，我们大多数人在度假时都会为一个 20 千克重的行李箱挣扎不已。即便是两个强壮的男人，也很难把旅行包中的重物抬上楼，更别说抬进浴室了。根据我的经验，把一个蹒跚学步的孩子抬进浴室就已经很困难了。

没有明确的证据证明有其他人参与。但有证据表明加雷思对束缚感兴趣。尽管许多人忽略了，但我认为 2007 年他的女房东发现他被绑在床上，以及 2010 年警察发现他蜷缩在一个袋子里，这两件事有关联。从他的公寓来看，我感觉他是一个整洁——可能有点洁癖——的男人。但他的精液在这个地方四处沉积，这说明他的性行为非常频繁，而且完全是一个人的性行为。他也许通过这种行为来表达自己的独立性。

他的姐姐说他是个谨慎的、会规避风险的计划者。她并没有说他永远不会冒险，只是说他会细致地为这种风险做计划。因此，加雷思很可能已经评估了风险。显然他相信，在缺氧或二氧化碳累积使他喘不过气之前，他有时间解开手提包的锁和拉链。他之所以有信心，或许是因为他之前成功地做到了。但我们永远也无法确定。

乍一看，这么一个柔软的包，从里面上锁或开锁似乎是不可能的。事实上，在软包上开一个巴掌大小的口子并不困难，即使是在挂锁把两个相对的拉链固定住的情况下。多年来，机场窃贼一直是这么做的。在涉及机场行李的风险问题时，已经有人在培训中向我展示过这一点。加雷思很可能在培训中也见过这种示范。

这样的挂锁很容易上锁，而打开它需要一把钥匙。钥匙是在加雷思的尸体下发现的。这是为什么呢？过去他曾逃脱，那么现在他是否很自信，决定在爬进去之前把钥匙扔进去，给自己设置一个更刺激的挑战？或者，这是一个失误？他没有考虑这个风险，也没有为之做计划？他是否只是在锁上旅行包之后错误地丢下了钥匙？我比较重视他两只手肘上相当严重的擦伤，这些是典型的材料灼伤，正是他在拼命挣扎着找回钥匙时造成的伤害。这时他失去了意识。他考虑到的危险只是众多风险中的一个。

围绕这一案件的许多反常现象令人生疑，因为调查一直被保密所困扰。我知道，有些人更喜欢阴谋论。但在我看来，加雷思·威廉斯的非常悲惨的死亡，符合我在30多岁的年龄组中观察到的模式。为了实现同样的效果，成年后妥善管控但渐进的冒险模式已经升级——直到由于运气不好或计划不周，这种冒险现在成了致命的。

据我们所知，加雷思的性兴趣没有伤害任何人，只伤害了他自己。他的死亡方式丝毫没有减损他在生活中的了不起的成就。这并不会贬低他的才华，也不会影响人们说他"慷慨善良"。他生活中的与性有关的一面是私人的、非常个性化的，就像我们所有人一样，但在他的案件中，我相信是他的性生活不幸地导致了这次悲剧。

10

我走进伦敦富人区的一间公寓。我首先注意到的并不是尸体,而是酒精的气味。警方认为这是一起谋杀案,法医小组忙得不可开交,但他们无法拭去这个揭露内情的气味。

公寓所在的大厦非常漂亮,但公寓里面很脏乱。你不能用"混乱"来描述它,因为它几乎是空的。只有一把椅子被推到墙边,仿佛住户懒得坐下。椅子周围都是酒瓶,有些立着,大多数躺着。这里看起来就像是,周一早晨的装满酒瓶的库房。威士忌、杜松子酒、一种来自东欧的不知名的烧酒、葡萄酒……还有一个瓶子里留有四分之一的酒。此外,还有六罐特酿啤酒,以一种很奇怪的方式被压扁,仿佛有人在上面躺过一样。

房间的一个角落里有个大柜子。柜子的门敞开着,里面溢出了生活中必要但乏味的文书工作——账单、报表、棕色信封里的不详信件。大多数都未开封,显然是被扔进了柜子里,很多完全看不见了,或者直接弹了出去,因此,只有那个角落的地板上有很多垃圾。

房间中央躺着一个年纪不明的女人——我以为她有50岁，后来得知她才35岁。她浑身是伤，尤其是在生殖器和肛门附近。她穿着高筒靴。旁边放着捆绑带。

一名警探发现我在看这些。

"等我们抓住他，他会说这是两厢情愿的性爱。"

"我相信她不会情愿去死。"我说，同时弯腰给她测体温。

"不知道她怎么向他收费的？"旁边的犯罪现场调查人员大声问道。

"不会很多，"一个年轻的警探说，"你看到另一个房间的床了吗？"

性工作者很容易受伤。但资深调查警官摇了摇头。

"我们不能确定她是性工作者。"

"看起来像，"另一个人说，"房间很差，但工作地址很好。"

我开始检查这个女人。她的脸已经浮肿，呈现出自然界中罕见的红紫色，这种颜色也许只偶尔出现在日落时分的暴风雨天气中。她的脸颊臃肿。左脸被狠狠地压在地板上，已经变形了。她的伤很严重，但看起来并不致命。

"厨房里没有食物，"另一名犯罪现场调查人员告诉我们，"根本没有吃的。"

"只有酒瓶吗？"我问。

她点了点头。"都是空酒瓶。"

在停尸房，当我切开尸体时，酒精的气味几乎扑鼻而来。所有观看验尸的人都退了一步。

现在一名警察说出了死者的名字："费莉西蒂·贝肯多夫。"

我认识这个名字。

"贝肯多夫不是某个高档珠宝商吗？"

"那是她的家人。父母在贝尔格莱维亚，兄弟在曼哈顿。"

"在她住的地方没有发现很多珠宝。"其中一名警探说。

"她会把它们当掉，换一瓶威士忌。"他们一致同意。

我看着费莉西蒂发紫的脸。她的眼周肿胀，五官因浮肿而模糊不清。我在公寓里一看到她，就立刻感到这是个悲惨的案子。这个女人允许自己被痛打，要么是为了钱，要么是为了性快感。不过，她真的喜欢这种残忍而暴力的对待吗？酗酒会不会使她对快乐和痛苦都感到麻木？

喝一口酒，它会冲进胃里，然后进入小肠：酒精主要由小肠吸收。酒精会通过肠道内壁直接进入血液，并通过血液迅速在体内流动，最重要的一步是进入大脑。因此，吸收是醉酒的第一步。然而，在同一时间，酒精到达肝脏，排出的过程开始了。醉酒（或者更科学地说是任何时刻的血液酒精浓度）是吸收和排出的动态平衡。

不同的人吸收酒精的速度不同。同一个人在不同时期的速度也不一样。例如，酒精会通过体液扩散，但几乎不溶于脂肪。结果是：在饮用等量的酒之后，胖子血液中的酒精含量可能比瘦子的高。女性也一样，因为她们的脂肪比男性多——这是自然且健康的。

在通过肠道内壁进入我们的血液和大脑之前，酒精通常会在胃里待很久。如果胃里空空如也，小肠只需要10分钟左右就能完全吸收酒精。但如果在进食中或进食后喝酒，这个过程就会被推迟，直到食物被充分消化。如果食物是脂肪或牛奶，推迟的时间可能更长。

酒精浓度是影响吸收的重要因素：雪莉酒、波特酒、金汤力，或者我最喜欢的威士忌苏打，酒精浓度约为20%，所以它们被吸收的速度很快。啤酒被吸收的速度慢很多；它的量很大，所以其中的酒精更少地进入胃黏膜，从而更少地进入血液。而且，啤酒充满了碳水化合物，这进一步延缓了吸收：如果你把威士忌稀释到与啤酒相同的浓度，你仍然会更快地感到醉意。

身体试图延缓烈酒的吸收。把酒精推向消化系统的肌肉运动可能会减慢，胃黏膜可能因受到刺激而产生更厚的黏液屏障，从而导致延缓。由于影响吸收速率的因素太多，很难给出一个经验法则，但一个粗略的指导原则是，饮用的酒精中有60%会在60分钟内被吸收。

那么，醉酒方程式的另一边，也就是身体对酒精的消除呢？这几乎完全取决于肝脏，几乎没有什么变化。但有些人的肝脏更大，女性消除酒精的速度比男性略快，而且一如既往，基因也起作用。在体验到幸福、温和或狂喜之前很久，某些基因就会导致饮酒者出现令人不快的副作用，比如脸红或恶心。这些基因最常出现在犹太人和东亚人中。饮酒会立即引发拥有这些基因的人的痛苦。因此，人们认为这种基因可以使人免于酒精依赖，尽管环境因素仍然很重要。在20世纪80年代的日本，社交饮酒大幅增加，一项研究发现，携带保护性基因的酒瘾者的比例也在增加，而且增加了四倍以上。

肝脏的酶让酒精经历了三步氧化过程，直到变成二氧化碳和水，从而消除酒精。这需要多久？研究结果多种多样。一个经常喝酒的人——实际上也是慢性酒精中毒的人——比偶尔喝酒的人消除酒精的时间快3倍。"酒精单位"（unit）是健康教育的发明，而不是科学的衡量标准（在英国，1酒精单位相当于大约8克纯酒精；在美国，大约是14克）。非常粗略地讲，一个成年人可以在1小时内消除1酒精单位的酒精。在英国，1酒精单位相当于半品脱啤酒、一小杯烈酒或一小杯葡萄酒。政府建议男性和女性每周饮酒少于14酒精单位，并通过一段时间不喝酒给繁忙的肝脏留出些恢复时间。

酒精单位似乎确实有一种近乎神奇的弹性。我指的是人的大脑有一种能力，可以大大低估前一周或昨天乃至今晚饮用的酒精单位数。在喝酒的时候，本该对血液酒精水平做出理性判断的器官，很不幸地受到了极大的影响。酒精被血液迅速带入大脑，并很容易通过血/脑屏障。很快，神经细胞就沐浴在白葡萄酒中，并表现得很奇怪——许多人喜欢这种感觉。

酒精对神经元的影响类似于缺氧：它使神经元关闭，或者至少使其减速。血液酒精水平以每100毫升血液中酒精的毫克数来衡量。血液酒精水平为30毫克/100毫升时，对一些人来说，神经网络的减速意味着它开始失控。人尝试复杂的技能（包括驾驶）时开始表现得力不从心。血液酒精水平为50毫克/100毫升时，更多的人会出现这种情况。在苏格兰，人在血液酒精浓度达到50毫克/100毫升时就不被允许驾驶；而英国其他地区的限制是80毫克/100毫升。然而，在这个阶段，一些饮酒者已经明显感觉到虚弱（特别是如果他们不习惯饮酒，没有进食或身体脂肪比例较高）。大多数人将经历某种程度的意志力丧失，并发现自己比平时更爱说话，而且比平时更爱笑——希望如此。

当人处在这个浓度水平，受影响的是大脑皮质中更复杂、更专门化的细胞。如果继续喝下去，酒精被吸收的速度会远远超过肝脏的消除能力，血液酒精浓度就会上升，抑制作用就会到达中脑的神经细胞。因此，血液酒精水平在100毫克/100毫升至150毫克/100毫升之间时，人说话可能会含糊不清，行走变得困难，有些人可能开始感到不适。

血液酒精水平达到200毫克/100毫升时，很多人都会呕吐。走路可能已经变得跟跟跄跄。说话可能完全无法被理解。

在更高的浓度下，人会神志不清，甚至昏迷，因为神经细胞的不活跃已经扩散到了髓质——人脑的古老部分，它不听老板的任何指示，却控制着我们的重要行动。任何人，即使是习惯饮酒的人，如果血液酒精浓度达到300毫克/100毫升，也有死亡的危险。醉酒者经常遭受致命的创伤：许多凶杀案都是因为酒后攻击，而酒后发生的道路交通事故更为常见。其他的灾难可能包括摔下楼梯，在不经意间引发的火灾中被烧死，于冰冷的夜晚在公园睡着而导致体温过低，溺水——也许是在回家的路上停下来小便时跌入河中；当然，还有在无意识的胃部刺激的碰撞下，吸入不可避免的呕吐物。

我曾经是一名热心的年轻法医病理学家，在伦敦四处奔波，每天经手多次验尸，研究突发但并非可疑的死亡。我在停尸房里不仅看到了常见的中风和心力衰竭，还看到了很多因醉酒而死亡的人。据世界卫生组织计算，全世界超过5%的死亡与酒精有关，而在20岁到39岁的年龄组中，有13.5%的死亡"可归因于酒精"。有些脆弱的醉汉，可能并不是死于打架、楼梯、火灾、寒冷、河流或呕吐物，而很可能是死于酒精本身。

当血液酒精浓度超过300毫克/100毫升时，大脑深处控制心跳和呼吸的神经细胞就会处于几乎静止的状态。心率可能很慢，以至于携带氧气的血液无法到达重要的器官。或者，大脑没有意识到二氧化碳正在积累，不知道需要更深的呼吸才能吸收更多的氧气。因此，当饮酒量继续上升并超过这个水平时，首先是人有可能会死，然后是有多大的可能性会死，最后是必然会死。

在毒理学报告出来之前，我不知道费莉西蒂·贝肯多夫喝了多少酒。毫无疑问，她经常酗酒。健康的肝脏看起来像光滑的黄貂鱼在海洋中滑行；她的肝脏没有这种外观，更像是已经萎缩和腐蚀的东西，上面布满了坑洼和已经在海床上躺了很久的藤壶。酒精，如果饮用得当，对一些人来说可以增强生命力；但经常喝酒的人必须权衡这种"药物"改善生命和缩短生命的能力。除了导致肝损伤和肝硬化，酒精还是许多种癌症的关键风险因素。酒也与高血压密切相关，而高血压可能导致心脏病，可能导致痴呆，一定会导致中风。

当我的朋友西蒙通过高级程度考试并进入医学院时，他的父母松了一口气。最终，他确实取得了麻醉师执业资格。我们从事不同的专业，可是我们的关系仍然很好。但随着时间的推移，我们见面的次数少了很多。我告诉自己，这是因为我们都很忙。也许我应该承认，真正的原因是我跟不上他的酒量。我远远不算是滴酒不沾，但与西蒙见面就意味着要喝很多酒，或者看着他喝很多酒，这开始成为一种很不舒服的经历。

有一天，西蒙在医院值班，收到紧急呼叫的时候，他没有回应。我要很遗憾地说，别人发现他的时候，他已经喝醉了，并且当场就被解雇了。他的痛苦并没有持续很长时间。不久他就中风了，当场死亡。他当时32岁。

年轻人的中风比你想象的要多，但原因不同于老年人的中风。大多数都与动静脉畸形有关。动静脉畸形是一种先天性异常，它的外形很像鸟巢，或者像你在厨房抽屉后面发现的纠缠在一起的绳结。它由一团血管组成：小动脉、静脉，有时甚至是两者的奇怪的解剖混合体，都扭曲在一起，形成一大块。它们可能在身体的其他地方形成，比如鼻子、肝脏或脾脏，但它们最常在大脑中造成严重问题。偶尔,我在那些因其他原因死去的老人的大脑中发现了它们:它们在这里依偎了80多年,没有造成任何问题。这些人是无常生活中的彩票赢家,因为这种奇怪的血管结是大脑循环中的一个重大缺陷。而在某些时候——从30多岁开始,特别是40岁之前——它们很可能会破裂和出血。

验尸后发现,西蒙的中风确实是由动静脉畸形破裂引起的。直到现在,我仍然很想念他。有时候我对一些事情感到好笑,在所有人中,我知道西蒙是会跟我一起笑的。回顾往事,我知道他的抑郁和酗酒的根源,一定远远不只是那个金发女孩频频摆弄头发的日子。也许我眼中的那个幸福家庭并不幸福。但现在反思这些为时已晚。对过去的重建是衰老的一部分,这往往意味着要自己问自己一些问题,而这些问题也许早就该问了。

西蒙的酗酒有没有导致血管破裂呢?也许吧。过度饮酒有可能给动静脉畸形的遗传缺陷增加压力。吸食可卡因也是如此,它可能导致血压急剧上升,但我不认为西蒙放弃了最初挚爱的酒,转向了另一种药物。

尽管酒精可能导致了死亡,但在国家统计中,这会被记录为自然死亡。在英格兰和威尔士,每年只有大约6 000个30多岁的人死亡,这个数字不到40多岁人的一半,而且主要死因不是自然死亡。费莉西蒂·贝肯多夫的死是非自然死亡,但我确信这不是凶杀,警方也确实停止了调查,因为她的伤势肯定不严重。她有可能和西蒙一样是中风，我当然会调查这一点。然而，我怀疑她符合统计数据：这个年龄段的人的大多数死亡是因为事故、凶杀或酗酒。

但酗酒的性质正在改变。

在21世纪，年轻人死于酒精性肝病的数量有所下降。这表明，和我们那代人不一样，最近几代年轻人可能没有形成长期饮酒的习惯。但是，因酒精中毒（基本上是狂饮）而死亡的情况不一样。而且，一如既往，死亡统计数据反映了社会的变化。

21世纪初，酒吧的关门时间被严格管控，超市还没有把酒当成亏本出售的商品。当这种变化发生时，饮酒模式也在变化。特许经营法的放宽意味着饮酒不再是一种昂贵的和受严格管制的社会活动。商店里的酒非常便宜，越来越多的人在家里喝酒。最近的疫情导致了封城，即便是之前通常在外面喝酒的人，现在也很可能养成了在家喝酒的习惯。

我喜欢在晚上坐下来喝威士忌，因为我是一个在家喝酒的人。这是我和年轻人的共同点，但他们通常是在家里狂欢。因此，从2011年开始，40岁以下与酒精相关的死亡人数开始急剧攀升。所有人的目光都集中在苏格兰，其次是威尔士，想看看其引人注目的社会工程实验能否平息这种增长。2018年，苏格兰成为全世界第一个引入酒精单位最低价格的国家：定为每酒精单位50便士。据估计，与酒精有关的入院人数将每年至少减少1500人。

那么，费莉西蒂·贝肯多夫是死于一次豪饮吗？又或是因为长期酗酒，也就是喝得太多、太频繁？她的肝脏肯定已积重难返，但也许还没有病变到足以杀死她。我的结论是，她最有可能是死于一夜的过度饮酒而导致的急性酒精中毒。但是，还有别的原因吗？

酒精是多种疾病的风险因素。其中包括英国最常见的癌症：乳腺癌。事实上，在女性可以控制的乳腺癌的风险因素中，酒精是最大的风险。因此，尽管她很年轻，但我还是例行检查了她的乳房。我并不是很意外地发现，左边的乳房里有一些坚硬的白色物质。

乳房主要是黄色的脂肪，但有薄薄的白色纤维组织贯穿其中，其中有产奶的腺体。她的肿瘤大约有弹珠大小，在我手指上的感觉和弹珠一样硬。它非常白，和周围的组织很不相同，似乎具有威胁性。仅凭肉眼，很明显能判断出它不应该出现在这里。

在拉丁语中，cancer（癌症）是指螃蟹，而这个扩散的恶性肿瘤看起来的确像乳房中的一只螃蟹。它的足和螯沿着腺体排列，和身体同样坚硬，从螃蟹圆滚滚的身体中延伸出来，与脂肪组织交织在一起：一串生长中的细胞，正在分裂、繁殖、扩散，越伸越远。螯已经扩散了两厘米，几乎可以肯定，费莉西蒂会注意到这个肿块。她有没有选择去看医生来延长自己的生命？我很怀疑。显然，它还没有扩散到身体的其他部位——肝脏和骨骼是最有可能发生继发性肿瘤的地方——但很有可能，如果不治疗，她会在一年内因此而死。

人体内的许多细胞是不能再生的。你出生时就有这些细胞，在达到一定的年龄后，通常是20多岁时，这些不可替代的细胞开始死亡。我们会损失细胞，我们会经历生物性衰老，在我们的一生中，尽管我们可以对抗这种衰退和衰老，但它是不可避免的。然而，有些细胞**在不断地被替换**。

细胞积极繁殖的地方可能出现原发癌。皮肤细胞总是处于复制状态，从下面几层开始复制，然后随着旧细胞的脱落向表面移动。肝脏细胞努力繁殖，以填补昨晚派对留下的空白（尽管费利西蒂的肝脏细胞早已在对抗派对的战斗中败北）。乳腺组织的细胞也会繁殖，这些细胞的复制都是正常的，如果没有失控，也是完全健康的。过度的局部复制可能迟早会导致癌症。

我看着显微镜载玻片上的费莉西蒂的肿瘤。不是整齐的图案和成排的细胞，它让我想起了沃特福德文法学校的教室，似乎有一个疯子把所有的书桌推得乱七八糟。我们并不总是知道导致细胞开始失控地增殖的原因，但我们知道在乳腺细胞中，细胞对激素的反应是非常常见的诱因。在女性的一生中，乳房是无数种不同激素的靶子：当她进入青春期时；每个月她的排卵周期开始时；后来她怀孕时；她哺乳时；她绝经后……激素潮起潮落，潮涨潮退，其成分总是在微妙地变化。雌激素和孕酮产生于卵巢，在怀孕时则产生于胎盘，它们是最著名的。但还有其他的激素，包括生长激素、人绒毛膜促性腺激素和催乳素。这些激素在某些情况下会刺激所需的细胞增殖，但也会刺激不需要也不想要的复制。它们既是朋友也是敌人。

一些科学家认为，在女性生命的早期——可能是她年龄还小、乳腺细胞迅速增殖的时候——她特别容易受到致癌物的影响，这些致癌物后来会导致恶性病变。但还有许多风险因素，而且大多数是个人无法控制的。最大的风险因素是性别：英国每年有大约55 000名女性被诊断出患有乳腺癌，但只有约300名男性患有相关疾病。第二大因素是年龄。50岁的女性患乳腺癌的概率比30岁的女性高10倍。很明显，地点也起了作用，但起作用的方式可能是群体遗传学：全世界乳腺癌发病率最高的地方是欧洲西北部，荷兰名列榜首，英国也不落下风。东亚和南美洲的发病率最低。这是终身风险，所以也许你的出生地与生活地同样重要。

如果你所属的群体中某些基因突变的发生率很高，那么你患乳腺癌的可能性就更大。例如，阿什肯纳兹犹太人更有可能携带和乳腺癌有关的两种突变，即$BRCA_1$和$BRCA_2$。相反，有一些群体患乳腺癌的概率要低得多。在英国，黑人和亚裔女性患乳腺癌的概率只有50%；研究结论各不相同。其他因素包括居住的城市，长得高（超过165厘米），富有（或比较富有），出生体重较重，月经初潮较早或绝经较晚，没有孩子或晚生孩子——其中一些因素的风险很低。

在发达国家，每8个女性中就有1人会在某个时候遭遇让人生厌的乳腺癌诊断。好消息是，该病的存活率一直在大幅提高。但是，为什么世界各地有这么多女性的乳腺细胞变成了恶性，为什么肿瘤的发病率仍在增加？

DNA 是一种神奇的分子。事实上，我们人类用不着那么多 DNA 分子，所以任何时候都只有其中一部分被激活。在我们的生活中，大块的 DNA 分子可以很自然地打开和关闭，以适应青春期或更年期之类的变化。但它的很多部分都很难搞懂，通常根本不会被激活。

DNA 分子对我们的健康至关重要，细胞中的特殊的修复酶监控着它。它们的目的是保持 DNA 的整洁，并保持良好运作。酶使 DNA 整齐有序，然而，修复酶也是由 DNA 产生。如果编码酶的片段有错误，它们可能无法正常运行。自我修复机制能做大量的工作——但不一定能修复自身。

DNA 突变可以遗传。或者一些环境威胁（如辐射）可能已经破坏了 DNA。当然，也有自发的 DNA 突变。你活得越久，发生突变的机会就越多，所以，一般来说，乳腺癌的风险随着年龄的增长而增加。35 岁的费莉西蒂是一个大群体中的一员，讲述了一个不同的故事。乳腺癌的发病率正在上升，但似乎在年轻人中上升得更快。

在过去十年，年轻女性——我指的是 35 岁以下的女性——新确诊病例的增长率是年长女性的两倍。写作本书时，我收集到的统计数据清楚地说明了这一点，但遗憾的是，只有英格兰的统计数据。也许它是个转折点，因为统计数字随着病例的减少而变得不太可靠，而这些数字是很小的，谢天谢地。在解释这些数字的时候，必须考虑到现在的筛查比以前的更好。在英国，所有50岁到70岁之间的女性都可以定期接受乳房X射线检查，但那些已知有遗传风险的女性通常在30岁就开始接受检查，有时甚至更早。年轻女性的乳腺组织可能非常致密，无法通过乳房X射线检查准确辨认，所以可能还会做磁共振成像扫描。这是一项很好的服务，但我不确定它能完全解释早期乳腺癌病例的明显上升。有没有可能是生活方式的选择增加了年轻女性的病例数？

英国癌症研究基金会认为，大约四分之一的乳腺癌是可以预防的。那么，女性如何降低自己的患病风险呢？有很多风险因素，其中大多数只是稍微改变了方程式。正如大量不利的生活方式并不会必然导致乳腺癌，积极确保减少风险也不能防止猖獗的基因突变——无论是自发的还是遗传的突变。

这些因素中最显著的是酒精，费莉西蒂已经证明了这一点。所有的研究都一致同意，没有哪一种饮酒是完全安全的。目前还不清楚酗酒是否比常规、少量饮酒造成的伤害更大，因为这方面的研究很少。女性真的要通过戒酒来降低风险吗？也许这取决于喝酒将对生活造成的影响，以及她要承担的风险。

体重也是重要的因素。许多人会惊讶地发现，超重的女性较少在绝经期患上乳腺癌。身体质量指数高会带来许多其他的健康问题，所以身体脂肪与降低乳腺癌风险之间的联系，很大程度上没有得到宣传，尤其是在年轻人中。这种联系也许可以解释为身体抑制某些激素的分泌——这是储存过量脂肪的一个效果。事实上，18岁到30岁的超重者患乳腺癌的风险，在许多年内都会降低。然而，对于那些在成年后一直超重，或者在30岁后体重增加的人，绝经后坏事还是会发生。整个成年期身体质量指数很高（当然也包括绝经后身体质量指数高），确实会增加日后患乳腺癌的风险。

我们都知道健康的饮食是什么样子——低脂肪，多吃水果和蔬菜。事实上，减少脂肪或糖类有许多其他好处，但没有证据表明它能降低患乳腺癌的风险。然而，乳制品中的钙确实有帮助（补剂没有同样的效果），终生——或至少12年——食用的水果和蔬菜也有帮助，特别是绿色和橙色的水果与蔬菜。

除了好的饮食，我们认为锻炼、睡眠、劳逸结合、社交、个人卫生等都是重要的健康生活方式。但这是将现代概念应用于控制一个已经被筛选了上千年的DNA分子。鉴于我们目前生活和饮食的复杂性，一个最初有利于猎人奔跑的DNA分子在今天可能不会有同样的益处。

我已经列举了乳腺癌的一些主要风险因素，但我怀疑，这种癌症在年轻人中不成比例地增长可能主要与其中一个因素有关。这个因素反映在年轻人的死亡统计数字中，后者也相应地上升。我指的是酗酒。

费莉西蒂的血液毒理学报告出来后，我发现了一些令人惊讶的东西。她死亡时血液酒精水平为540毫克/100毫升，而英格兰的酒驾标准是80毫克/100毫升，一个人可能会在血液酒精水平达到300毫克/100毫升时死亡。令人惊讶的是，费莉西蒂·贝肯多夫在心力衰竭的状态下存活了很长的时间，而且继续喝酒，直到血液酒精水平达到540毫克/100毫升。

至于死因，我给出的是急性酒精中毒。面对这种血液酒精水平，我怎么可能给出其他原因？

她的死特别令人悲伤。一位警察告诉我，她的家人切断了与她的一切联系，包括情感上和经济上的联系。在那之后，她实际上是通过卖淫来给自己买酒。她似乎生来就拥有各种优势，但她对酒精的需求使她失去了自尊。她的死充满了痛苦和耻辱。又或者说，情况恰恰相反？她过去经历的创伤性事件造成了一个鸿沟，她发现只有酒才能填补这个鸿沟。

我想知道，家庭的断层线对她有什么影响，使她生活中的板块构造发生了变化，从而导致了她的早逝。也许家人会在审讯中指出这一点。这件事有点令人难过。我和一名资浅警探向验尸官提供了证据，其他人都没有来。贝肯多夫夫妇向法庭提交了一份陈述，说他们觉得很久之前酗酒就夺走了女儿：他们多次送她去戒酒中心，但她一直无法戒酒，因此，他们有好几年没有联系。他们对她的死感到遗憾，但他们认为自己不能以任何方式帮助法庭。

我给负责本案的警察写了信，请他把费莉西蒂的乳腺癌问题告知贝肯多夫夫妇。鉴于其可能的遗传因素，他们有权知道。她的癌症并不是导致她死亡的因素，但这是个重要的发现，因为它可能是家族性的。因此，我把它列入验尸报告中，但我敢说只有验尸官才会去读。

费莉西蒂很早就开始酗酒。她大概非常年轻的时候就对酒上瘾。年轻人很难认识到风险从而调整生活方式，因为死亡的威胁并不迫近。许多年长的人更加清楚，他们更接近长期饮酒的恶果，但仍然喝得太多，所以很难想象40岁以下的人能轻易地审视风险并改变习惯。对于30多岁的人，极端的性行为或社会行为似乎并没有直接的后果。他们环顾四周，看到很多人都在逍遥放诞。但是，到40多岁的时候，所有这些都在改变。

然后是法官,
挺着塞满阉鸡的肚子,
眼神凛然,胡须整齐,
满口都是格言和实例;
他就这样扮演他的角色。

11

"我对佐伊一见钟情。我们已经结婚12年了。我认为我们的婚姻很美满；直到去年，她告诉我她不想做爱了。

"直到这个月月初，我才相信佐伊有了外遇。她有一头漂亮的红发，无论在哪里都有很高的回头率。她的鬓角有点发白，但这不重要，我认为她并不在意。但她突然开始染鬓角的头发。我觉得很奇怪。然后，有一次，我下班回家，看到她溜进浴室。我觉得我看到她在用毛巾擦拭脸上的化妆品。我问她，她否认了，但我检查毛巾，发现有明显的化妆品的痕迹。我认为她在跟别人约会。她不承认。然后，她说：'马克，我不爱你了。'我的小女儿听到了，便开始哭，然后我们就都不说话了。

"第二天下班后，我问她我们是否要继续在一起。她说她爱过我，但并不是以我希望的方式。我们就这样不了了之了。第二天早晨，我们都很开心。她问我想不想见见她最好的朋友。我说我想见她。但她说：不，其实是'他'。一切都对上了。

"我认为他们的关系已经持续了一年。她说这是她最好的朋友加里。加里帮助了她。当我勃然大怒、她无法跟我交谈的时候，她可以找加里倾诉。她不承认有过性关系。但我知道她有。我尝试去上班，但我太难过了，不得不回家。

"当时佐伊还在上班，我翻看了她的物品，发现了加里的电话号码。我给他打电话，他接了。我说我理解佐伊。他是佐伊最好的朋友，并且希望跟我见面喝一杯。我说很抱歉，我做不到。他说没关系，他只是在佐伊需要他的时候才在她身边。

"我在14点给佐伊的公司打电话，但她已经离开了。她直到17点45分才回家。我相信这段时间她跟加里在一起。我并不为自己的行为感到骄傲，但大约一个月以来，我一直在晚上检查她的内裤，大约有六次我在她的衬裤里发现了精液。

"第二天是周六。早晨，当佐伊以为我在洗澡时，我看到她在发短信。我问是不是发给加里，我看了她的手机，上面写着：'别担心，会没事的。'她说，加里只是在问候她。我把在内裤里发现证据的事告诉了她。

"周六下午，佐伊去睡觉了。而我去看她的父母，告诉他们佐伊有了外遇。她的父亲很生气。她的母亲不得不安抚他。后来，她的母亲见到了佐伊，佐伊哭着说，她和加里是柏拉图式的关系。

"第二周，我发现还有其他迹象表明佐伊有外遇，比如，网购使她有更多的时间。我真的需要警察去搜查加里的房子，他们会发现佐伊去过那里。我没有失去理智，也不是在胡思乱想。

"周二我去上班,但出门的时候我偷偷地跟踪佐伊,因为她说她要去购物。她与鲁比的老师有约。然后她通常会去森宝利超市。但那天她去了她姐姐家。她发现姐姐不在家,所以就离开了,沿着大路行驶。这条路通往维特罗斯超市,就在加里住的那个小镇。我在车流中跟丢了。我找了很久,但没能在停车场里找到她的车。后来在家里,她说维特罗斯的人太多了,她又去了森宝利超市,家里的确到处都是森宝利的购物袋。我想她已经看出来我在跟踪她。但当我告诉她我的确在跟踪她的时候,她让我去看医生,并提出帮我预约。医生开了一些药。

"那天晚上,我看着我们的结婚照,开始哭。佐伊醒了,我告诉她我不能没有她和孩子。她说我不会失去她们。但我说有可能,因为她不再爱我了。她说她很累,想回去睡觉。我走进厨房,止不住地哭。我在脑子里一遍又一遍地想,但没有解决办法。早上6点,我叫醒佐伊,告诉她我必须跟她谈谈。她说她很累。我说我要泡杯茶,然后进了厨房。

"我烧了壶水。不知道为什么,我把菜刀放进了睡衣袖子里,然后回到卧室。我再次叫醒佐伊,说我不能没有她,说我会杀死自己。然后我把刀拿出来,放在我的肚子上,看着她的眼睛。她似笑非笑。她甚至有点得意地笑。她说:'你不能怨我!'她坐起来,我把刀推进了她的肚子。她躺下来,开始喘着粗气。我站起来,在原地走动。然后我拿起床边的电话,给我的母亲打电话,告诉她我刺伤了佐伊。

"我不记得她说了什么。我放下电话,上了床,佐伊已经睡着了。我吻了她一下,告诉她我们会同生共死。我把刀刃放在我的肚子上,试图往里推。但我做不到。我把刀挪高一点。然后继续往里推,我感觉它进去了。就在这时,电话响了,刀还插在我的身体里。我拿起电话,是我母亲打来的,我让她快点来。我放下电话,躺在床上,就在佐伊旁边。

"当女儿们进来时,我让她们去看电视,说妈妈已经出去了。我记得的下一件事,就是我母亲站在我身边。然后我就什么都不记得了,一直到第二天我在医院里醒来。

"有人告诉我,佐伊身上有好几处刀伤,但我绝对记得我只捅了她一刀,然后她就睡着了。我不记得她有任何挣扎。我记得她说'你不能怨我!'的时候的眼神和表情。而在那一刻我意识到,她并不关心我有没有刺伤自己。我认为她完全不在乎。"

佐伊的尸体被推进验尸室,停尸房助理看着我。

"没人能理解,"他说,"那个怪人为什么坚持说他只捅了一刀。"

我掀开床单。佐伊是个 40 多岁的漂亮女人,有一头火红的头发,鬓角微微发白。无论什么时候,你都会首先注意到她的头发——哪怕她身上有许多刀伤。

"他疯了,仅此而已,"在场的一位警察说,"我们认为,他希望以非预谋杀人的罪名逍遥法外。"

许多警察认为非预谋杀人与谋杀完全不同。更多的人认为前者是一个漏洞,犯罪者假装精神错乱,就可以通过这个漏洞溜走。

停尸房助理说："我猜，丈夫只需要找一个善良听话的心理学家，说他精神不正常，就可以——"

"——就可以说是非预谋杀人。几年后就会出狱，"警察表示同意，"我想说，他为什么要杀她？离婚有什么不好？这两个人都很有钱，工作很好。有两个孩子……"

"妈妈已经死了，爸爸要进监狱，那两个女孩怎么办呢？"停尸房助理悲伤地问。我们摇了摇头。

佐伊已经死了两周。这是她的第二次验尸。第一次验尸的法医病理学家通常是警方找来的，因此几乎总是为控方提供证据。在提出指控后，被告的事务律师通常会要求做第二次验尸。这与第一次有很大的不同。房间更安静、更空旷，因为只有一个警察会象征性地过来，也许根本就没有其他人，只有我和停尸房助理。人已经死了一段时间，所以即使保存在停尸房的冰箱或冰柜中，尸体也可能正在分解。当然，因为已经被解剖过，有时关键的器官会被保留下来供专家检查，所以大脑或心脏之类的重要器官可能已经不在了。

第二次验尸的法医病理学家在很大程度上依赖于照片，包括第一次验尸和犯罪现场的照片。我已经检查了马克和佐伊卧室的照片。他们很富裕，都有工作。房间很大，空气清新，秩序井然。一双毛茸茸的拖鞋整齐地放在床边，化妆品摆在梳妆台的小托盘上。但床铺很乱。羽绒被有一半在地上，床单的其余部分都扭曲了，好像刮了一阵旋风。它们都不是红色的，但上面有很多血迹，仿佛原本就是红色。这种红色不同于头发的颜色，而是更亮，更触目惊心。

佐伊穿着浅色的睡衣，笨拙地躺着。一只胳膊向外伸，另一只则半覆在她的身体上。她的头向后仰。这个姿势告诉我，她曾经拼命求生。

我的第一个任务是检查她，从而确认我同事的调查结果。两位病理学家对死亡的医学事实可能存在分歧，但这很少见。假设病理学结果一致，那么辩方病理学家的任务就是重新调查事实，给出其他的解释。

我找到了报告中描述的所有伤口。颈部有一处，胸前有三处，胸后有四处，腿上有两处，手臂上有七处。此外，还有死后变化，也就是在我的同事检查完后，佐伊的腿、手臂和背部出现了更多的瘀伤。这些对辩方都没有帮助。

我很佩服我同事娴熟的解剖技术和停尸房助理整齐的缝合工作。他们这么做，是为了前来认尸的亲属不要看到尸体的惨状。我别无选择，只能在此切开她的尸体，打开佐伊的腹部。因为有之前的验尸工作的干扰，我很难追踪伤口的痕迹。然而，我确实注意到脊柱是如何被割断的，肋骨是如何被切断的，这表明刀子穿透身体的力量很大。皮肤和肌肉很容易穿透，但切开骨头需要一些力气。没有人可以声称，在切开骨头后，刀子就莫名其妙地滑入身体。

我同意验尸报告的说法，即死因很可能是穿透心脏、动脉、肝脏和脾脏的伤害。我还补充说，肺部的几处伤口也可能是致命的。

两臂上的伤口可能是防御伤，我估计，右腿胫骨上的一个不寻常的伤口也是防御伤，是她在床上挣扎时造成的。犯罪者和受害者之间的所有互动都有据可依。显然，佐伊反抗了，而不是像她丈夫描述的那样，被刺了一刀之后就乖乖地"睡觉"了。

"恐怕你对辩方没有多大的帮助。"警察说。

他是对的。我检查了一张沾有血迹的菜刀的照片，经我的同事检查，它长20厘米，宽3.5厘米。其大小和形状表明，正是这把刀造成了伤口。

在我的报告中，我只能同意第一位病理学家的观点，即这些伤口完全是来自连续攻击，从而反驳了马克的说法。当两位病理学家意见一致时，就没有必要把两个人都叫去做证，所以我没有参加马克的审判。然而，事务律师一直向我通报情况。控方描述了马克"病态的嫉妒"，辩方则详细介绍了他的精神健康问题。不出所料，由于这些问题，他被判犯有非预谋杀人罪，而不是谋杀罪。法官对他处以六年监禁。我不知道他服刑了多少年。

马克没能把他的犯罪事实叙述完整，加上他犯罪时的心理状态，我认为这是中年婚姻杀人案的典型特征。中年是人生的重点，也是生活的转折点，丈夫和妻子都最有可能杀死对方。有时，两个人会同时死亡：一个是谋杀，一个是自杀。在以后的人生中，同时死亡往往有不同的原因，但在这个阶段，当发现两具尸体时,"谋杀后自杀"是唯一可能的解释。而且,事实上,马克接近于同时杀死自己和佐伊。他在自己身上造成了三处深深的刺伤,并在医院里住了12天。我想说的是,在大多数蓄意的"谋杀后自杀"案件中,凶手不能完成计划中的自杀——尽管存在一些惊人的例外。

谋杀和非预谋杀人都是杀人,确切的指控取决于犯罪者的意图,但无论是皇家检控署还是最终的陪审团,都很难在感情起起伏伏的婚姻中分辨这些意图。

在一个细雨蒙蒙的下午,我被叫到另一间停尸房,为一个在街上被抢劫的人验尸。罗伯特·卡吉尔身材矮小,非常单薄,他的脸就像一个骷髅头。他的鬓角有一撮被血浸透了的黑发。

一名警察正式确认了他的身份,说他现在45岁。

"他是在路上被发现的吗?"酒精的气味已经从尸体飘到了整个房间,这时我问警察。

"不,是在家里的客厅。"他们说。

我扬起了眉毛。

"他到底是怎么到这里来的?"

"他的妻子说,她出去找他,发现他脸朝下躺在篱笆里。在妻子的搀扶下,丈夫摇摇晃晃地回了家。她让丈夫躺在地板上,丈夫说他觉得自己没事了。妻子上床睡觉,醒来后发现丈夫已经死了。"

看着这个人的伤势,我感到难以置信。

"为什么她没有叫救护车?"我问。

警察们对视了一眼。

"我们认识她,"他们说,"她有点喝醉了。"

"连报警电话也打不了吗?没有其他人可以打电话吗?"

他们耸了耸肩。

"有一个孩子,"其中一个说,"但他只有6岁。"

"她有带你们看篱笆吗?"

"有的,就在路那头的几栋房子里。"

"但是,你们看看他!"我只看一眼就知道他的颅骨严重骨折。脸被打得血淋淋,我确定这不是人的拳头打的。攻击他的人一定有金属钝器。

"人行道上或篱笆里有没有挣扎的迹象?"我问。

他们摇了摇头。所以,他们可能也不相信那个女人的话,还在等着我证实他们的怀疑。

这没有花多长时间。首先,血液坠积,也就是红细胞对尸体造成的印记,表明他是坐着死的,并且在之后的一段时间里一直保持这种姿势。至于他的伤势,即使有他妻子的帮助,我也不相信他能从街上走回家。我发现脸部的瘀伤和撕裂伤之下是大面积的骨折,包括左边的头骨、左边的颧骨和左边的下巴。由于蛛网膜下腔出血,大脑里有瘀血,非常血腥。双手有严重的瘀伤,我很肯定那是因为他一直在自卫,但只是徒劳。

"那么?"听我讲完,警察问。

"我认为他被打的时候喝醉了,身体没有力气。你们可以闻到他的气味,也可以看到他的肝脏。我确信,毒理学检测会显示酒精水平很高。所用的钝器在这里留下了清晰的印记……如果必须猜是什么,我会说是一个圆头锤。有人使了很大的劲,反复打他。他不可能带着这些伤痕从街上走回家。"

"所以……你认为他是在自己家里被杀的?"他们问。

我点了点头。

"他当时正坐在椅子上。我不知道妻子是怎么把丈夫弄到地板上的,但左耳周围的伤很不一样。在我看来就像是,在他倒地后,有人在他脸上踩了几下。"

他们都没有说话。

"有证据表明其他人在家里吗?"我问,"除了那个孩子。"

一阵沉默。

"没有。"资深调查警官最后说。

他们说,他们会再跟卡吉尔夫人聊聊,之后再联系我。事实上,他们给我发了一份她的认罪陈述。

"我赚的钱只能付房屋贷款。但是,当博比因酗酒而失业时,我必须用房屋贷款的钱给家人买食物。博比在马利根斯找到了工作,但有一天我回到家,外面停着一辆马利根斯的货车。他又开始酗酒了,他们给过他很多机会,所以我知道这辆车意味着他要失业了。车子在外面停了几天。当马利根斯的人来的时候,博比不给他钥匙,所以最后他们把车拖走了。

"我经常要向马路对面的那个人借钱;他人很好。博比的妈妈也给了我们钱,还有他的兄弟也借给我们一些。但博比没有工作,我开始感到绝望,因为我无法支付账单。我不敢打开那些信封。我换了工作,成了一名清洁工,因为这样我可以加很多班。

"我注意到,我钱包里偶尔有钞票不见了,但博比始终不承认是自己拿了。他喝很多酒,也会赌点钱。后来,他在一家搬运承包商那里找到了一份不稳定的工作。我现在挣了不少加班费,博比也有一些收入,但如果他又开始喝酒,他就什么也赚不到。这种情况每次都会持续几周。有一个周六,我要去买东西,发现我的钱包里少了100英镑。我问博比,他不承认他拿了,反而指责我的妹妹。我的一个妹妹来找他对质,然后他承认了:他说他有内幕消息,之前一直输的一匹赛马这次会赢。但从那以后,我知道我再也不能相信他了。

"他有很多次表现出暴力倾向。大约一年前,他说他要把深平底锅里的热油倒在我身上。而且,有几次他想掐死我。有一次我把我们的儿子推在我面前,因为我知道他不会打孩子。我报了警,警察警告了他。要不然,我只能自己倒霉。我没有去看医生。

"一两周前的周六,我们一点钱都没有了。他让我给他偷点酒。我在森宝利超市拿了一些伏特加和肉——但我被抓住了。被捕时我非常惊恐。我没有挣扎。现在我们已经一年多没有付房屋贷款了。银行起诉了我们,我去了,但案子延期了。他的妈妈寄来了一些钱帮我们支付账单,但他把钱拿去喝酒了——就算我们已经断了煤气。目前,我还在做清洁工。博比因为酒驾被捕,搬运公司辞退了他。

"这个周六，下午 16 点他说要去抽点雪茄。他直到晚上 22 点 30 分才回来。他进来的时候，我正在客厅。他先进了厨房，然后来到客厅。我问他去了哪里。他没有回答我。他走路跟跟跄跄。他把钥匙放在壁炉架，坐在扶手椅上，半醉半醒。

"我确信他还有别的酒。他经常把酒藏起来，我也在柜子顶或床底下发现了他的空瓶子。我在厨房里找过，但那天我没有找到。但我记得我在厨房的柜子里看到了锤子。我记得我把它拿了起来。我之前被狗咬伤了，当时正在服用抗生素，所以一定是药片的问题。因为我不会伤害任何人。我很难过，因为我爱他。他从来不怎么工作。不过，我没有想过要杀死他。

"我在客厅里，拿着锤子站在他面前，冲他怒吼。我不记得我打了他很多下。我不记得我看到了血迹。我想我睡着了，当我醒来的时候，我以为他也睡着了，但当我去摸他时，我知道他已经死了。我不知道该怎么做，也不知道该去哪里。当时有很多血。我开始清理。窗帘上也有，我把它洗干净，挂在花园的绳子上。锤子就在他旁边。我把锤子放回厨房的柜子里，然后又把它拿出来洗干净，装进一个手提袋。我把它放在花园的棚屋里。我把自己的衣服放在一个塑料桶里，把桶放在外面的晾衣绳旁边。我把他移到地上，让他躺着，我只能把他从椅子上搬下来，他太重了。

"我沿着路走，但转念一想，又回来做了更多的清理工作。我想我迟早要面对什么人。但我没有做任何事。我的头脑不正常。

"最后，我打电话给我妹妹，她打电话给警察，我对他们撒谎。我说我在篱笆里发现了博比，他被抢劫了。"

之后的审讯表明，妻子在她的故事中遗漏了一些重要内容。那就是她自己也喝酒。朋友、家人以及警察，都说她和她的丈夫一样喝很多酒。她自己的陈述是："我不是酒鬼，但我觉得他把我推到了这一步。我最近比平时喝得更多。"

在进一步的审讯中，我们得知，她的愤怒不完全是因为丈夫在周六下午不声不响地不回家，而至少有一部分是因为丈夫回家时没有给她带酒。更具体地说，她认为丈夫回来时故意把一瓶酒藏在厨房里，以免被她发现。她是对的。丈夫买了伏特加，把酒藏在柜子的高处，然后躺在扶手椅上睡着了。妻子在厨房里找了半天，没有找到。现在，除了多年的痛苦婚姻，她还感觉丈夫骗了她的酒。这是最后一根稻草。她发现没有酒瓶，就抡起了锤子。

令人深思的是，她在杀死丈夫之后睡着了。她白天肯定也喝了酒，但她现在睡觉是出于解脱感，因为她知道博比已经死了，不会再让她痛苦和担忧。在醒来并清理干净之后，在打电话报警之前，她找到了失踪的酒，喝了一大半。

警方赶到的时候，警官想起了她在一周前入店行窃的事件，并喊她的名字问候她。她没有回应。警官说："她喝醉了，站立不稳，眼神呆滞。[为了拘留她……] 我不得不协助她跨过尸体。但她站不稳，右脚鞋跟甚至碰到了死者的前额。"

警方把这名警官的证词发给我，并提出了一个问题：这能否解释罗伯特·卡吉尔脸上的踩伤?

我说有可能。

就算无法赦免,许多人也会理解卡吉尔夫人的行为。她指控博比有暴力行为,这一点得到了家人和邻居的证实。她受到了家暴,她为养家糊口付出了努力,博比却把她赚来的钱喝光了——对一个有能力的、受过教育的、了解法律制度的女性来说,这已经很麻烦了:这位在底薪工作中挣扎的妻子,几乎不可能利用警察和法律的手段保护自己免受丈夫的伤害,而她显然无法考虑离开丈夫。

法律会保护她吗?在受害者为女性的杀人案中,大约40%的情况下,她的伴侣或前伴侣会被怀疑。杀人往往发生在充斥着虐待、家庭暴力、警方干预和法院命令的漫长斗争经历之后。甚至有这样的案例:男人被指控攻击妻子,在保释回家时谋杀了她。

根据我的经验,如果一个男人杀死了他的伴侣,无论是男性伴侣还是女性伴侣,通常都是应对离开的威胁或意图。没有人指责马克在杀死佐伊之前有虐待行为,但他坚持说自己的动机是爱(说他们要同生共死),这就是典型的家庭凶杀案,即为了继续控制威胁要开始新生活的伴侣。马克自欺欺人地认为,通过杀死佐伊,他可以阻止她离开,并以某种方式冻结他们的婚姻。在这种犯罪中,犯罪者几乎总是把自己当成受害者。

施虐者会杀人,受虐者也会杀人——尽管这显然是对暴行的反应,但很少是自卫行为。这种杀人通常发生在多年的家庭暴力和/或生活在不可容忍的胁迫性控制之下（2015年，非暴力的控制性行为被定为犯罪）；在我的文件中，这是一个女人谋杀一个男人时最可能的背景故事。而且，这很罕见。男性伴侣通常是谋杀调查中的第一嫌疑人，但男性死亡的凶杀案，只有4%的概率会怀疑女性伴侣。

在卡吉尔夫人这样的案例中，她极有可能经常幻想丈夫的死能让她得以解脱。最开始幻想自然死亡，到后来通过实际杀人实现这种解脱，这个变化既大又小。那位妻子坚持说自己不是会杀人的人，她正在服用的抗生素使她变得行为不正常，她爱死者——几乎所有的口供都包含这样的表述。杀人的行为看上去是凭空产生的，但现实可能是愤怒、酒精、痛苦、长期的折磨——或者这四种因素共同——引发了失控。在某种程度上，这一直是幻想。因此，很难确定意图。2010年的法律改革认识到了长期生活在家暴中的压力，在此之前，受虐者如果背叛施虐者，往往会面临谋杀的指控，而不是非预谋杀人。卡吉尔夫人并非如此。她的反复锤击对她是有利的，证明这是一个突然的、瞬间的、极度失控的行为，而不是算计的结果。因此，她以非预谋杀人罪被判处较短的刑期。

我将再一次把你带入中年婚姻困境的致命黑暗迷宫，然后我会提出，为什么一个女人嫁给了富裕的、受人尊敬的法官，如莎士比亚描述的那种在中年时"满口都是格言和实例"的法官，她不仅不会像世人一样对她的丈夫表示钦佩，而实际上想要谋杀他。

12

我们在停尸房里坐着喝茶,检查着一组照片。

"死者住在这里……"资浅警探边说边传阅一张照片,照片上是一栋维多利亚时代的别墅。它非常干净,装修简洁,配有非常昂贵的现代家具。

"有几个孩子?"他的同事问。

"两个。"他递给我们几张卧室的照片,这些卧室是房子里最乱的地方。每个房间的地板上都堆着衣服,电线和小玩具纵横交错。

"十几岁的孩子。"他解释道。这没有必要。

现在是12月。12月是一些人的美好时光,也是另一些人的谋杀时刻。客厅里有一棵树,圣诞卡片整齐地排列在一个垂直支架上。在厨房里,有人已经井井有条地写好了要寄的贺卡清单。桌子上的盒子打开着。每张卡片上都写着:"圣诞平安!"贴好邮票的信封整齐地堆在一边。

这是一个完全正常的12月份的家庭住宅,除了它遍布血迹——在浴室、厨房、客厅、走廊里。几乎每个门把手都被染成了红色，楼道里和楼梯上有被血浸透的毛巾，浴室地板上有一大摊红色的水洼。

"为什么照片里没有丹尼尔的尸体？"我问，"急救医士觉得他还有救吗？"

"急救医士先赶到了那里，医生乘坐直升机随后赶来。他说他会现场做手术。"

"在浴室的地板上？"

"对。"

勇敢的医生。

"他们以为丹尼尔得救了。在非常近的地方就有一家医院，所以他们把他抬上车，可是丹尼尔的情况急转直下。几分钟后他就死了，差不多就在急诊室门口。"

"他的妻子说了什么？"资深警探问。

"什么也没说。"

资深警探扬起了眉毛。

"但很明显，当急救医士赶到的时候，她打开了门，手里仍拿着刀。"

"她现在在哪里？"

"在警察局。她几乎一句话都没说。"

"吓到了。"资深警探明智地说。

"不过，没有她的丈夫吓得厉害。"验尸官办公室官员把马克杯放下，站了起来。

"人们总是杀死别人,吓到了自己,真令人惊讶。"在我们排队换衣服的时候,另一名警察说。

"这样也好,"上司表示同意,"抓捕他们会更容易。"

丹尼尔躺在验尸室里。他45岁,个子不高,清瘦而强壮。他的脸很憔悴,眼睛和嘴巴周围刻下了深深的皱纹,这些地方在前几年还很光滑。他深色的卷发上有一些灰色的斑点。在鬓角处,白发正在战胜黑发。

有证据表明,医生曾竭力抢救丹尼尔。一根气管导管还在**原处**,他身上有许多静脉注射点,但最明显的是,他的胸前有一个大的手术切口,这种切口叫作"蛤壳",用大缝线松散地缝着。

刺伤立刻显现出来了,而且都在身体前面。一处在左乳头附近;另一处也不远。它们看起来很深。第三处大约1厘米远,很浅,几乎没有刺破皮肤。还有一个同样很浅的水平伤,横贯左手腕。我把尸体翻过来,发现他的左肩后面有几个很奇怪的擦伤。

丹尼尔很注重保养。他的头发修剪过,没有脱发的迹象。从肌肉线条来看,他似乎一直保持着良好的体能水平。但和所有人一样,他的身体会在25岁左右到达巅峰。缓慢而不可避免的衰老已经持续了20年。20年来,不可替代的细胞一直在死亡。

我们体内的细胞有一部分会一直再生。但这种能力也会随着时间而减退。许多细胞就这样不复存在。最重要的是,心脏的细胞不会再生。大脑的大部分细胞也不会再生。肾脏的一些重要部分也不会。作为补偿，我们的心脏细胞会稍微多一点，大脑细胞多了很多，肾脏细胞则远远超出了我们真正需要的数量。多余的部分使我们拥有一些抗衰老的能力。但我们必然会衰老。

我们知道，皮肤暴露在阳光下会失去弹性。皮肤细胞确实会再生，它们可以做很多修复工作，但这种暴露的长期结果必然是皱纹。但是，假设两个人在若干年内晒完全相同的阳光，一个人在40岁的时候就会出现皱纹，而另一个人在80岁才会出现。差别当然在于基因。体外有这种情况，所以我们可以假设体内也有类似的情况，它控制着各种细胞的凋亡速度。我们的衰老时间表必须由基因决定——但环境和生活方式极大地影响了这个过程。

和大多数人一样，丹尼尔可能会声称衰老对他的身体没有明显的影响。他可能会说，他在45岁的感觉和25岁时一样。然而，他的腹部有一层薄薄的脂肪堆积，我想这在10年前不会太明显，而且分布也会更均匀。现在，他阅读时可能已经需要戴眼镜，或者在想要不要去检查眼睛。他一直保持身体健康，一些小伤可能已经留下了损伤。而且，如果被逼着，他可能会同意就小病接受治疗，而这些小病比他预期的更顽固。或者，他可能会私下承认，他担心自己的消化系统，或者担心越来越多的牙科治疗。

这些并不会严重地影响生活。而且，从病理学上讲，衰老的大部分证据都在微观层面。例如，肾脏有一个复杂而巧妙的过滤过程，维持我们的供血需求，让我们摆脱毒素和多余的化学物质。细小的过滤毛细血管——肾小球——推动着血液。和大多数 45 岁的人一样，丹尼尔已经失去了一些肾小球。可能之前出现过一些感染，但现在已经被遗忘了，或者肾脏暴露在有毒的环境中，不情愿地或自愿地被消耗（当人体暴露在酒精、尼古丁或大脑喜欢的物质中，任何涉及废物处理的区域都可能受到影响），但人到了这个年龄，肾脏的过滤系统在一些时刻可能会完全失效。

我检查了丹尼尔的心脏，发现了一个确定的年龄指标：脂褐素，一种悦目的、闪光的色素，细胞不想要也不需要，但无法消除。在某些情况下，它的累积会导致问题（眼睛中的黄斑变性与它有关），但一般来说，这种在显微镜下华丽、但在病理上糟糕的废物，多年来会在各种器官中无害地积累着。脂褐素的量可以相当准确地表明年龄，就像考古学家可以根据垃圾堆的大小评估一个地方有人居住了多长时间。在丹尼尔这个年龄段，脂褐素随意地散落，仿佛有风吹过心脏，把细小而闪亮的纸屑吹起来。

他有没有意识到这些微观的变化？当然没有。他有没有注意到我发现的心脏瓣膜问题？可能也没有。他的全科医师送来的病历并没有提到这一点。虽然这不是丹尼尔来到验尸室的原因，也不是他死亡的直接原因，但我必须在验尸报告中指出这个重要的问题。

人体有4个心脏瓣膜，每个瓣膜都是这个神奇器官的不同腔室或血管的守门员，每一个都是了不起的工程壮举。它们一起引导血液，确保它不会倒流。心脏瓣膜非常精致，你把手指放到一侧，至少可以从另一侧看到手指的颜色。它的直径只有约1英寸，由薄薄的结缔组织构成，其设计完全适合它的任务。它既坚固，又有弹性，能够在增压和减压的过程中一次又一次地打开和关闭、折叠和塌陷，每分钟70次，长达100年。这种压力在人的一生中会突然急剧上升几亿次，然后又下降。如果你想知道压力有多大，只需要在大风中站在海边就可以了。是的，心脏瓣膜确实了不起。

心脏左侧的工作更艰难，承受的压力也最大：它接收来自肺部的含氧的血液，瓣膜促使血液进入身体的大动脉，开始它的循环旅程。血液在航行中流经的第一个瓣膜——二尖瓣——承受的压力变化最大。而第二个瓣膜——主动脉瓣——也必须非常坚韧。如果瓣膜出了问题，通常要么是其中一个，要么是同时两个。在心脏的另一侧，脱氧的血液从身体的主要静脉——腔静脉——输入，然后返回肺部，这里的压力小得多，瓣膜也更薄，不容易磨损。

多年来，我们只能研究死者的器官来了解心脏瓣膜病。现在我们知道病因有很多种，但很长一段时间以来，当二尖瓣出问题时，人们认为一个可能的原因是童年时对风湿热的自身免疫反应。即便是现在，风湿热在英国也依然存在，但主要存在于来自医学不发达地区的第一代移民身上。

用抗生素治疗咽痛使心脏瓣膜病急剧减少，但对我母亲来说已经太迟了——她在20世纪20年代度过童年，那时抗生素尚未投入使用。因此，我个人可以证明二尖瓣严重缺陷的结果。我母亲在小时候感染了导致猩红热的细菌，心脏瓣膜持续发炎造成了心脏瓣膜病。

我出生的时候她已经快40岁了。她在我的童年时期逐渐凋谢。她早上经常没有足够的精力起床，或者在送我去学校后又躺回床上。她在47岁时去世，之后经历了一次验尸。后来，我读医学院的时候，我的父亲小心地把报告给了我。我从报告中知道，她的二尖瓣已经变得十分厚重和僵硬，无法正常开闭。血液无法有效地泵送到全身。

当然，这让我对心脏瓣膜产生了终生的兴趣，并且对它们的辛勤工作生发了巨大的敬意。瓣膜由两三片弯曲的"花瓣"组成，我很高兴看到罗马的喷泉复制了这种形状。瓣膜开闭的方式让我想起了一种完全不同的文化：在所有最好的西部片中，当坏人从酒馆的门冲进来的那一刻。瓣膜旋转打开，让血液通过，然后在后面摇晃着关上。但现在我仔细看了看丹尼尔的"酒馆大门"，我确信它们已经无法旋转。

"很值得思考，"我对警察说，"他的心脏瓣膜有问题。"

房间里出现了显而易见的失望情绪。

"你不会告诉我这是他的死因吧？"资深警探显然很忧虑。

"那妻子手里拿着刀！"资浅警探重复道。

"不，不，这不是死因，"我说，"但这仍然很值得思考。"

看着周围不耐烦的一张张面孔，我决定先不检查心脏瓣膜。只是现在不检查。

我追踪了两处明显的伤口。其中一个向左上方穿过，完全没入胸腔，进入胸壁的肌肉内约 10 厘米。这肯定非常令人痛苦，但肯定没有杀死丹尼尔。

另一个伤口在皮肤上，离第一个只有 1 厘米远，但方向不同。它致命地刺入了左心室的前壁。我只能判断出这些，因为试图用浴室手术抢救丹尼尔的医生已经破坏了伤口的痕迹。

急诊医生必须准备好在任何时候做任何事情。他们快速赶到现场，坐车或者坐直升机，直升机出色地停在附近的一小块土地上。这位医生很勇敢，在浴室地板上切开了患者的胸腔。在这种情况下，不礼貌的法医病理学家会祈求和恳求他下一次为法医证据留个心眼。而我，确实给那位急诊医生（我跟他很熟）打了电话，问他这个案子，并提醒他我们有不同的角色。

"记住，这不是连连看的谜题。"我说。他笑了。

"是啊，当我切入他的身体，我意识到我已经把伤口切开了。一时冲动，浴室就变得血淋淋的了。"

的确是血淋淋的。

他和我都很清楚，如果患者死了，手术刀避开明显的刺伤对于法医理解死亡有完全不同的意义。而且它不会影响手术成功的可能性。当然，外科医生忘记了这一点，他们的目的是让患者活下去。在这个例子中，手术曾非常接近成功：心脏的伤口被整齐地缝合，如果有一些肾上腺素、更多的输血和非凡的运气，它也许就成功了。

"我真的以为我救了他，"急诊医生悲伤地说，"情况突然好转了，但……好吧，不管怎么说，我们又失去了他。"

警察们凑过来看心脏。

"你们可以看到浴室地板上的手术如何破坏了刀的轨迹。如果丹尼尔还活着，这就是位好医生。现在这种情况，我的报告没法做到很详细。"

"一时冲动。"他们都表示同意。

资深警探补充道："医生，不管怎样，我们不需要那么多的法医鉴定。我们已经拘留了妻子。她很快就会承认。"

他的一个同事刚刚在接电话，这时又出现在我身边。

"妻子说话了，"他说，"说不是她干的。"

"你可别告诉我，她正在做饭，丈夫摔倒了，撞在刀上，"验尸官办公室官员嘲笑道，"如果每次有人摔倒在刀上我都能得到一英镑的话……只是假设。"

"你应该听一听邻居是怎么说她的。"他的同事说。

我有点惊讶。

"邻居怎么说的？"

"他们是那种孩子在的时候就不会吵架的夫妻。然后孩子出去了，一切就开始了。妻子经常大声尖叫，半条街的人都能听到。"

我想到了孩子卧室的照片。里面塞满了游戏硬件和几乎穿坏了的衣服。那些为了孩子而在一起的夫妇，真的认为孩子们相信一切都好吗?

"不是好孩子,也不是好妻子,"警察继续说,"总是朝着丹尼尔叫喊、咒骂。很明显,他从来不大声说话。"

我们都看了一眼一动不动的丹尼尔。他看起来像是一个安静的人吗?甚至是一个被动的人吗?但他那没有表情的脸上什么也没有流露出来。

"孩子也冲他喊?"我问。

"两边的房子都有人住,所以……有很多证人。隔壁的一个家伙认为孩子们很可怕。他说,他们对狗甚至都比对他们的爸爸要好。咒骂他,呵斥他。然后,当他们出去的时候,他们的母亲就开始了。从各个方面来说,她是个十足的霸凌者。所以,今天孩子们跟外祖父母玩了一天,留下爸爸妈妈为他们包一大堆圣诞礼物。孩子们一出去,邻居们就知道了,因为妈妈开始大喊大叫。"

"当地警察的笔记说,丈夫没有得到晋升。"资浅警探补充道。

"我们都知道那是什么感觉。"他的一位同事小声说。

"而且,"资浅警探补充说,"我们有两个——哦,不,是三个——证人,听到妻子威胁要杀死他。"

我扬起了眉毛。

"真的吗?你确定吗?她说的是什么?"

"嗯……"他快速翻阅笔记,"'我真想杀了你。'另一个证人说的是:'我想杀了你。'左边隔壁的一位女士听到的是:

'我要杀了你。'"

"那位妻子是怎么说的?"我问。

"她说丈夫捅伤了自己。"

又是一阵嘲笑声。资浅警探发出一声干笑,我怀疑他是从警察局的前辈们那里学来的。

"事实上,"我说,"我认为这是最有可能的。"

有很多这样的时刻,房间里的所有警察都看着你,眼神里夹杂着失望和怀疑,近乎难以置信,因为他们不相信你说的话。现在就是这样的时刻。

验尸官办公室官员几乎笑了出来。

"捅伤了自己?妻子在旁边看着的时候?"

"不,"资深警探说,"如果你要捅自己,不会在妻子写圣诞贺卡的时候动手。"

我回过头看着他们。"在我看来,所有的伤都是他自己造成的。"

"得了吧,医生。"

"但她不会只站在那里看着,对吧?"

"孩子们都不在家,"我说,"所以,父母开始对骂。他们非常生气,妻子说想杀了他。丈夫回答说:'来呀!'"

"说她虚张声势?"

"或者他真的想死。也许是妻子拿来了刀,也许是丈夫给她拿的。"

菜刀就在旁边,密封在一个有塑料窗口的证物盒里,这样你就能看到但不能碰到它。刀刃上沾有血迹。我很确定这就是那把刀。

"然后,也许丈夫把刀递给她。然后说:'你想杀了我。来呀。'然后她说——"

打电话的那位警察打断我。

"事实上……事实上,根据妻子的口供,是她拿来了刀。然后丈夫说:'我宁愿死也不愿意这样活下去。'"

"根据她的口供,她是怎么回答的?"

"'不要这样。'她说她恳求丈夫。"

资浅警探在浏览他的证人记录。

"没有人听到了恳求……"他说,"从邻居告诉我们的情况来看,我想丈夫一定是拿着刀,一直在威胁她。我还以为她准备说,他们在抢刀时发生了争执,当她拿到刀的时候,就用它自卫。"

"不是这样,"打电话的警察说,"她不是这么说的。"

资浅警探拖沓地翻了几页,然后说:"对了,邻居听到的是:'来呀!来呀!快来呀!来呀!'一个男人认为她还说了'为了我来吧!',但另一群人听到了'帮你的孩子们一个忙吧!'"

他看着众人的脸,大家沉默了好久。我的工作把我带入了人类灵魂中最黑暗的地方,但我发现最令我不安的是人群:嘲笑,喊叫,刺激、怂恿站在高处的犹豫不决、痛苦不堪的人跳楼自杀。如果邻居的话可信,那么似乎这位妻子也对丹尼尔做

225

了类似的事情。我认为,愤怒、伤害、怨恨、失望、过去以及多年的不愉快,都助长了最后的质疑。当然,这对夫妇已经过了40岁。造成如此混乱需要这么久。

"医生,你凭什么这么肯定是他自己干的?"验尸官办公室官员问。

"这些都是典型的自伤伤口,左手腕上的表皮伤口是一个危险信号。我的意思是,如果丹尼尔被人用刀袭击,他的手腕可能是被砍了一下——但不是这么横着砍的。"

我们都盯着尸体不说话。"只看伤口不可能确定事件的先后,"我说,"但我可以猜一下。"

许多警探不喜欢病理学家扮演夏洛克·福尔摩斯。他们认为推理是他们的工作,而不是我的。因此,即使我非常确定发生了什么,有一些警察也真的不想听。如果他们知道柯南·道尔笔下的调查者原型是医生而不是警察,那就好了。然而,这些警察都很好奇。他们甚至加入了讨论。

"肯定是手腕先受伤的。"一个人说。

我同意。

资浅警探说:"很明显,最后一个伤口就是杀死他的戳刺伤。"

我摇摇头。"不一定。因为这不会让他立即死亡。妻子质疑他,所以他马上试了试手腕,意识到这会有多么困难,而且也许非常……不戏剧化。妻子说了她想要的东西,丈夫照做了,但他希望妻子受苦。所以他撕开自己的衬衫,把刀刺进自己的胸膛，直插心脏。过了一会儿，就什么也没有了。然后，妻子看到一股血涌出，她惊慌失措。她抓起一条毛巾，试图拖干净。丈夫把她推开，在屋子里踉踉跄跄地走。妻子给了他几条毛巾，但他丢在一边。在两个人中间，血弄得到处都是。

"到现在，丹尼尔可能认为自己应该快死了。但他没有死，所以他认为自己感觉不到心脏。他决定完成自杀，又把刀插了进去。更多的恐慌，更多的毛巾……当丈夫倒在浴室地板上，妻子还在擦拭着血。实际上，第二个伤口只刺进了胸膛。他第一次就成功了，只是他不知道。妻子叫了救护车……她说了什么？"

一名警察查看了自己的笔记。"嗯……她说：'我丈夫胸口被刺了一刀，他流血流得快死了。'"

资深警探若有所思。"可是没有说是他自己捅的。"

年轻的警探说："好吧，就算医生是对的，我是说，如果邻居听到了妻子怂恿丈夫这么做，那她无异于对他下了毒手。"

"按法律规定，并不是这样。"他的上司告诉他。

验尸官办公室官员问："医生，如果心脏被刀刺穿，要过多久才会死？"

我耸了耸肩。

"这要看刀究竟插在哪里。很多人会当场倒地，很快就会死亡。但有些人却能跑出 100 码。这样的伤口如果在左心室，不一定会马上致命，因为过一段时间血液才会流出，压力下降，血液循环减弱，心脏无法与渗漏斗争。他可能在第二刀时没有插中心脏，因为我怀疑他当时的感觉太好了。"

"你有多大的把握？"资深警探问，"你怎么知道不是丹尼尔先割伤了手臂，然后停下来？接着，妻子拿刀捅了他？"

我想过这个问题。我的同事总是很笃定。这种笃定是性格使然，还是因为年轻气盛？即便在年轻的时候，我也不可能对任何事情有百分之百的把握。总有一些选择、变量和异见需要考虑。我现在甚至无法做到自以为是。生活中充满了矛盾和意外，充满了曲折、巧合与冲突，这些体验总是让我无法完全确定。因此，在法庭上，我经常不得不承认，一位自信的律师煞有介事地提出的一些极端情况，**仅仅**是有可能，而且是在理论上有可能。然后，我必须让陪审团知道，这是一种来自外部的、碰运气的可能性。

"我永远不能绝对肯定，"我说，"我只能告诉你我从这些伤口中看到的情况。首先，这些部位都是自己可以够到的。其次，右撇子自伤胸部时的痕迹通常是向左上方，就像这两处伤口一样。而且，我可以说，左手腕的伤口表明了这种意图——它非常小，非常不可能是最后的伤口。但是，我不能排除妻子拿刀捅了他的可能性。"

"他背上的奇怪的印记是什么？"资浅警探问。

"没什么可疑的。他摔倒时撞到了什么东西。我很快就能从照片中看到是什么。"

漫长的沉默。

"我想指控她，"资深警探总结道，"如果她怂恿丹尼尔这么做,她会在不碰刀的情况下尽可能接近他。如果医生说她**确实有可能拿了刀……**"

警察们离开验尸室时还在讨论这个问题。他们现在有了想要的所有信息。我和停尸房助理以及摄影师一起留下来做更多的解剖工作。

现在我可以仔细观察丹尼尔的心脏,特别是二尖瓣。其他瓣膜有三片花瓣,二尖瓣只有两片,也许这给它提供了所需的额外力量,以维持一生中如此强烈的压力变化。我已经拆掉了直升机医生的缝合线来检查刺伤,这使得我更容易仔细地检查瓣膜。

然而,无论是瓣膜上的"小叶片",还是将其固定在肌肉上的"小绳索",似乎都没有问题。它们看起来就像是连接跳伞运动员和降落伞的绳索。它们都是完整的。所以,问题并不明显,虽然它的影响很清楚。

左心房被认为是心脏的第一腔室。它被指定为身体中血液循环的起点。它容纳了由肺部充氧的血液,当左心房充满后,血液通过二尖瓣泵送至下一个腔室:左心室。血液从这里泵入主动脉,开始在全身流动。我确信丹尼尔左心房的内壁是不正常的。里面有白斑,是一小块增厚的组织。

这叫喷射病变,是血液通过松软的二尖瓣向后渗漏而造成的损伤。

我决定在水槽里做个实验。我把心脏放在水龙头下,让水从主动脉流入心室——换句话说,与通常的血液流向相反。我把手指放在刺伤的位置，使心脏再次不渗漏，一直看着左心室充满水。饱满的心室：这就是压力增强推动血液前进的原因。可是，丹尼尔的二尖瓣可疑地朝着心房鼓起，直到……"噢"的一声，一股水柱冲进了心房壁——正是它发白和变厚的地方。是的，正如我所预料。多年来，一股细小的血流一直通过二尖瓣两边的缝隙冲击着心房壁。这种情况肯定和我母亲一样是由感染引起的——心脏瓣膜是臭名昭著的细菌陷阱，但由于丹尼尔出生在英国，处于抗生素时代，在他身上，这个问题更可能是先天性的。

许多患有二尖瓣疾病的人一生都没有任何症状，并最终由于其他的原因而死亡。但这种喷射病变很快就会变得严重，需要注意。它可能只会变得更糟，而且它已经足够明显，让我怀疑丹尼尔已经略微感觉到了他的心脏问题。

果然，当我收到妻子的口供时，我读到他最近因为心悸而感到非常不安。他的父亲在丹尼尔现在这个年龄，也就是45岁时，死于原因不明的心脏病。丹尼尔似乎也越来越担心自己的症状，他非常担心，以至于没有去看医生，而是害怕地躲在一边。如果他能去预约就好了。我母亲的心脏手术在20世纪50年代是开创性的，但那时还没有人造瓣膜。现在有了，如果她多活几年，我相信她会从这一进步中受益。

所以，这是一个承受着巨大压力的男人，他内心深处藏着对医疗问题的忧惧，并且有一种不祥的预感，他感觉自己即将死亡，就像他的父亲在45岁时死亡一样。最近工作不顺利，家庭不宁静，一些困难的家庭关系变得越来越难处理。所有这些都构成了自杀的心理先兆。

邻居当然会指责是妻子怂恿了他，但只有在他有自杀倾向的情况下，妻子才可能成功。有些人自杀是为了让施加痛苦的人也经历痛苦。我不知道丹尼尔是不是这样想的。我不知道妻子是否应该感到悔恨，也不知道她是否悔恨。与皇家检控署一同反复斟酌后，警方决定不起诉她。

但在丹尼尔的死因调查中，她是个典型的伤心的寡妇，所有人都对她小心翼翼——除了验尸官，因为她完全拒绝就那天的事件提供口头证据。

自杀的裁断是少数几个需要较高证据水平——也就是排除合理怀疑——才能达成的裁断。验尸官的结论是，没有达到这种程度的证据。他做出了死因不明的裁断。

13

我最近在看一幅板块构造地图，开始理解稀疏遥远的断层线的微小运动是如何引发了大地震。我怀疑，很多人的生命和婚姻在中年时期开始分崩离析，也可以追溯到类似的原因。

到了 40 岁，对大多数人来说，自由已经让位给了责任。疾病、丧亲、破产、搬家、离婚、裁员等压力，现在不是孤立发生的。它们与压力断裂的网络连在一起，比如难缠的儿童、年迈的父母、惨淡的工作前景、婚姻压力、债务。我们前半生的行为，往往是被我们对未来的期望所推动。现在，未来就在这里。而它可能与我们想象中的不同，令人失望。

当我到达人生的这个阶段，我通过学习开飞机来缓解压力。我终于不再抬头看飞机，而是从飞机的前窗往外看。我的工作责任以及不断增长的家庭责任非常重，开飞机意味着我现在可以每周找一个小时，专门花钱来逃避——神奇的一个小时。回顾往事，我意识到我生命中有一小部分是为了周五的下午而活着。很难描述它们是多么令人兴奋。学习，准备，全神贯注。然后，轮子离开跑道，机头朝上，陆地和天空的交界处出现了非同寻常的寂静时刻。那是一个充满无限希望的瞬间。我的心跳停止了，我的呼吸停止了。我知道我不在地球表面。我在地球之上。

空间在我的周围打开。整个一周我都是完全封闭的，而我甚至没有意识到这一点，直到所有的壁垒开始消失。视野越来越广阔，然后我看到了地平线。它是弯曲的，像一项完美的工程。我可以感觉到它的无限。周围只有空气和几朵云，云像友好的邻居一样飘过。从那里看，世界是一个多么广阔、美丽而奇妙的地方。它多么宜人。我飞得越高，生活中乏味的细节就越小，直到一切都化为虚无。我在想什么呢？什么都没想！当然，只想着开飞机。死者，尸体，还有他们的秘密，都在远方。

很快，世俗生活的需求使我放弃了周五时刻。缺乏飞行的感觉很强烈，持续了几年。然后，我终于又回到飞机上。我返回大气层时的喜悦，几乎等同于宇航员从相反方向返回时的感觉。很久以后，当我的"断层线"真的断裂时，我想知道如果没有周五下午的逃亡，"地震"是否会提前发生，或者如果我多飞几次，是否根本不会发生"地震"。

其他人如何逃避沉重的中年压力？许多人试图通过化学手段减轻痛苦，死亡统计数据揭示了这一点——它如何影响我们的生活，就如何影响我们的死亡。我特别指的是目前这个年龄段的药物过量问题。在大多数情况下，人们认为致命的结果是无意中产生的，但一些统计数字显示，相比于男性，死于滥用药物的女性更可能是有意自杀。

国家统计局指出，与 X 世代有关的数字正在急剧增加。他们在 20 世纪末蓬勃发展的狂欢聚会中接触到毒品。我们怀疑，当时形成的习惯，导致了后来严重的吸毒和上瘾；等他们人到中年，这些习惯也使他们的身体失去恢复力。以往，这些死亡中的一半是由鸦片制剂造成的；但在 2015 年至 2018 年间，可卡因造成的死亡翻了一番。只有对乙酰氨基酚引起的死亡有所下降，这可能只是因为 1988 年以来对其销售的管控更加严格。

那么，另一条通向遗忘的路，也就是我自己选择的"药物"呢？虽然与酒精相关的死亡在稍晚一些才达到顶峰，但值得注意的是，40 岁至 44 岁年龄组的死亡人数是所有年龄组平均死亡人数的 8 倍。

似乎我们中的许多人在 40 岁的时候已经把自己绑在结上，我们面临这样的选择：在绳结变紧的时候继续保持原状，或者松开并重新打结，或者完全割断绳结。自杀是非常重要的死因——事实上，它在这个年龄段达到顶峰——而另一个现象也开始出现。

我被叫到一间乡间小屋，有一个人半躺在厨房的地板上。他的臀部楔进桌子腿，上半身靠在一张长凳上，脸朝下。他脸下面的垫子被血浸透了，他的左前额到眼睛沾满了血迹。血顺着脸颊多处流了下来。尽管一片狼藉，但还是一眼就能看到左太阳穴的一道伤口。附近的桌子上放着汽车钥匙和一个溢满的烟灰缸，还有一个一边插着管子的塑料瓶，以及铝罐、许多的打火机……这些毫无疑问是吸毒工具。在这些东西下面，死者左手边的地板上有一把柯尔特左轮手枪。

在我检查现场的时候，法医枪械专家也来了，警方要确定死者是不是左撇子。我们跟着尸体来到最近的停尸房。这里灯光明亮，一个人数众多的警察小组监督着我们。我们清理了伤口。现在我们可以看到，子弹是从太阳穴中间射入的。弹孔的直径约0.5厘米，周围是炭黑，在伤口附近2厘米内呈椭圆形分布。

炭黑在中心位置分布很致密，但外缘比较稀疏，这表明是近距离开的枪。当枪支接触皮肤时，随子弹射出枪口的热气和烟雾会在皮肤上形成一个粗糙的圆形，并在压力的作用下径向裂开。但这里的情况并非如此。

子弹的轨迹是向上射入头部，并穿过该男子的大脑。它击中了颅顶的中心，一个不规则的裂缝从那里延伸开。

警方很想提出指控。他们逮捕了死者的前任伴侣——她在尸体被发现大约五个小时后出现。她声称，她当时来访，而死者拿出左轮手枪，对着自己的头扣动扳机。什么也没有发生。他们意识到枪没有发射，而他还活着，这时出现了一个可怕的停顿。然后他笑了，解释说他在玩俄罗斯轮盘赌。她说自己立即试图从他手里夺过左轮手枪，但被甩开了；男子把枪放回头上，第二次扣动扳机。

警察问死者的前任伴侣，死者是左撇子还是右撇子。她毫不犹豫地回答是左撇子。但警方还是逮捕了她。

在我的职业生涯中,俄罗斯轮盘赌时有发生。死者总是男性,年龄几乎都在40岁到50岁之间,往往表现出对生命的淡漠——他有可能真的这么觉得,也可能不是。我不认为这种致命游戏是源自自杀的感觉——甚至是源自一种无意义的感觉。其想法通常是:如果我没有死,那么我活在世上一定是有原因的,一定是有意义的。而如果我死了……我就什么都不知道了,对吧?读者可能会意识到酒精或药物在这种不顾一切的想法中扮演的角色。因此,我饶有兴趣地等待着本案的毒理学报告。

报告显示,死者没有饮酒。他身材纤瘦,看起来很健康,没有成瘾的迹象。但他的家里满是垃圾和吸毒工具,总体上表现出的混乱让我联想到我熟知的吸毒成瘾者。

毒理学家说,死者在死前两个小时内吸食了桌上管子里的快克可卡因,也许就在他死前不久,也许是反复吸食。别人告诉我,快克可卡因会产生一种威士忌苏打无法比拟的欣快。问题是这种欣快不会持续很久,而这种欣快消退的痛苦素来享有盛名。许多吸毒者会不顾一切地想要减轻这种痛苦:抢劫或偷窃来购买更多的毒品,或者使用其他物质来减轻这种打击。这些物质中最有效的是海洛因。但只要能减轻深渊般的恐惧,几乎任何东西——安定、酒精、大麻——都聊胜于无。

毒理学家认为,死者正是这样做的。他不仅吸食了大量的快克可卡因,还使用了高剂量的海洛因让自己觉得舒适,并吸食了一些大麻。毫无疑问，他之所以想试试俄罗斯轮盘赌，是因为受到了这三者的影响。我想知道他处于药理过程中的高潮、低谷还是稳定期。他是否仍然盯着可怕的可卡因深渊，也就是说，生活暂时变得没有意义？或者，海洛因和大麻是否已经起了作用，他是否感到温暖、放松、与世隔绝……以及安全？仿佛他可以拿枪指着自己的头，扣动扳机，但什么坏事都不可能发生。

警方已经开始重视一种可能性，即他的前任伴侣在他被快克可卡因或海洛因弄得失去能力时向他开枪，然后清理了现场，编造了俄罗斯轮盘赌。她的衣服立即被转交给法医射击残迹专家，用以判断她的说法是否属实。

专家在报告中解释说，一颗子弹射出时，燃烧的火药会在枪支周围产生残迹，这些残迹会沉积在枪手的皮肤和衣服上，以及附近的人和表面上。如果有人处理或接触弹壳、枪支或表面，就会出现残迹转移——但每一种都会留下不同的模式。

他发现，死者的双手有大量的射击残迹：底火残迹、子弹残迹和火药。它们的量都是左手比右手高约50%。他的衣服和厨房柜子上也都有残迹。

前任伴侣的手上和衣服上没有枪支残迹或枪黑，但警方已经指出，她有足够的时间清洗或换衣服。专家还说，由于底火残迹是非常细小的灰尘，通常沉积在发射的一两米范围内，因此，大多数底火残迹在发射后几个小时内就会从手上或衣服上消失。

他的结论是？没有证据表明前任伴侣有操作过枪，完全有理由认为死者用双手操作过枪。事实上，专家的结论是，在用左手拿枪前，他用双手持枪时，可能已经开了枪。

到达现场的法医科学家不是专门研究残迹的，而是专门研究枪械的。他怎么说呢？

他说，这把 0.32 英寸口径的柯尔特左轮手枪已经生锈，状况不佳，无法正常使用。它应该有单动和双动两种模式，但在单动模式下无法使用。这把枪是在双动模式下使用的，但用法不正确。扣动扳机应该是为了旋转弹膛，使六个弹膛依次与枪管对齐。但当专家扣动扳机时，他发现弹膛并不是正好前进一格，以至于手枪在射击时错位。双动射击需要长时间、连续地对扳机施加 12 磅的压力。然而，他发现这把左轮手枪所需的力度会在 10 磅至 16 磅之间变化。有一件事是可以肯定的：它不可能自己走火。

试射后形成的地面及子弹凹痕与杀死俄罗斯轮盘赌玩家的那颗子弹形成的相同。

我不知道死者自己设定的赢的概率有多高。理论上来说死亡的概率是六分之一，下一次扣动扳机时概率上升为五分之一。但他的枪有问题。而且，虽然我知道他在第二次尝试时就死了，但不知道他之前尝试过多少次。如果这真的是他第二次扣动扳机，那他就太不走运了。当然，也很愚蠢。

这位前任伴侣没有被起诉，她的说法被接受了——尽管她过了一段时间才出现，她可能换过衣服。她的故事有反常之处，而且她可能在警察来之前已经清除了她自己使用毒品的证据。在死因调查中，验尸官确信这是故意自杀。虽然有毒品，但死者相信这一枪会杀死自己。她做出了自杀裁断。

我确信验尸官是对的。但对我来说，这次死亡更为复杂。我认为它是下面这种情况和自杀之间的中间地带：让我看看我会活还是会死。这是中年人的特征，他们不完全确定自己是否想活下去，也不完全确定自己是否不想活了。

真正的自杀也许更坚定。这也是中年女性的主要死因，但乳腺癌导致女性死亡的概率是女性自杀的两倍以上。对中年男性来说，自杀和吸毒过量都是排在首位的死因。人到中年，也许有些人回首往事时感到痛苦，向前看却没有希望。于是决定不再继续下去。

我发现，调查这样的自杀或半自杀特别让人难过。我目睹了死者的朋友和亲人的巨大痛苦，我怀疑死者不知道他（或她）对周围人有多大的意义，也不知道人们会多么想念自己，不知道自己的死亡会对认识他（或她）的人的生活产生多大的影响。

14

以下内容摘自一个女人对其丈夫死前行为的描述。

答：他不擅长休假。他总是随叫随到。他的手机永远开机……他变得非常沉默寡言。他变得很难交谈，他变得更加紧张、畏缩，我们一家人都相互表达了这种担忧。

问：你是从什么时候算起的？

答：我想是6月的最后一周。他很疲惫，看上去与他的年龄相称。他似乎已经老了很多。特别是在6月的最后一周里，我们真正注意到他有了很大的变化……有一天晚上，他的表现让我很担心，他之前一直都非常孤僻和忧虑，那天他突然从椅子上站起来，然后上楼去穿衣服，他换了衣服。他下来的时候看起来很整洁，不像他平时在家的时候，也不像他平时去本地酒吧玩牌的时候。他说他要去村子另一头［的酒吧］，然后就走了，看起来心事重重……大约过了半个小时还是40分钟，他回来了，我说：

你回得真早……他回复说：我出去走了走，想了想。他说话的方式立刻让我担心。他说得很慢。

是这个男人的工作引发了他的危机；他发现自己受到了审查和批评，觉得之前出色的成绩受到了玷污。他认为雇主不支持他。这种不支持加剧了他之前就有的被低估的感觉；在此之前，他的养老金和他在薪资结构中的位置出现了一些异常。

他的妻子在问询中证实了这一点。

嗯，他经常认为自己做的事情有点低级……他觉得他应该参与一些更高层次的政策制定。

这个男人似乎没有跟朋友分享他的危机。他的妻子这样描述他的友谊：

他总是很努力地工作，因为他是一个工作狂。从各个方面来说，他的大部分友谊——事实上就是他的亲密友谊——都产生于和他有常规工作关系的人。所以，如果他给某人定期做简报，通常就不是亲密好友，而只是普通朋友。

他的女儿就父亲在一次重要会议前的行为提供了如下证据，这反映了一种日益加深的危机感：

> 他似乎承受着巨大的压力——我只能这样描述——他心里有一些想法。我猜他在考虑第二天的事情，但他似乎想得非常痛苦。他非常畏缩，而我非常、非常担心他。

这位让家人十分担心的男人是戴维·凯利博士。最开始为他验尸的病理学家并不是我，但后来，鉴于许多人批评该案的处理方式，甚至批评赫顿调查（该调查颇有争议地取代了此前对凯利博士之死的调查），我被要求仔细复查该案件。

这起自杀事件在国内和国际上引起了反响，阴谋论甚嚣尘上。因此，我应该首先为这个悲惨而不同寻常的故事提供一些细节背景。

事件原委可以追溯到凯利博士去世的十多年前。1990年，伊拉克统治者萨达姆·侯赛因入侵科威特，一个国际联盟阻止了他。联合国派出了检查员监督他的武器制造计划。其中一位检查员就是英国生物战专家戴维·凯利。从第一次海湾战争结束到1998年的7年里，他访问了伊拉克37次。

1998年，侯赛因已经开始驱逐检查员，随后是多年的僵局，当时国际社会坚持要求检查伊拉克的武器装备，而伊拉克基本上回避了这一点。其他国家通过监视和秘密情报获取了关于伊拉克武器制造的信息。当然，保密性会使可靠性难以评估。戴维·凯利继续为英国政府工作，审查和解释从伊拉克接收的信息。他的工作之一是向新闻界提供不公开信源的简报。

美国怀疑伊拉克与2001年9月11日的恐怖袭击有关,这可能是他们决定在新世纪初入侵伊拉克的一个因素。但最重要的目的是阻止侯赛因可能正在进行的武器计划。这一次,国际社会并没有广泛支持此次军事行动;事实上,国际社会对可能发生的战争提出了抗议。

2003年3月,在英国等几个盟国的支持下,美国未经联合国批准便入侵了伊拉克。到4月30日,入侵——而不是冲突——便已经结束;侯赛因失去了对国家的控制,美国开始了对伊拉克在社会、政治和军事上的长期、复杂的占领。

英国政府继续坚持认为入侵是必要的。在2002年9月,也就是距进攻前六个月时制作的一份档案,已经明确说明了理由。时任首相托尼·布莱尔在该文件的前言中写道:

> 最近几个月,来自伊拉克内部的证据让我越来越震惊。尽管有国际制裁,尽管制裁之前已经削弱了其能力,尽管联合国安全理事会的决议明确宣布其非法,尽管萨达姆·侯赛因本人否认,但他仍在继续研发大规模杀伤性武器,并有能力真正地危害该地区的稳定以及世界的稳定……在他的军事计划中,一些大规模杀伤性武器在接到使用命令后45分钟内就可以准备就绪。

2003年5月22日,伊拉克的冲突仍在新闻头条中占主导地位,这时戴维·凯利博士同意给BBC记者安德鲁·吉利根看一份不公开的简报。吉利根在5月29日接受了颇有影响力的BBC广播四台节目《今日》的采访，他谈到了"九月档案"，特别是侯赛因可以在短短45分钟内部署大规模杀伤性武器的说法。

现在这种说法又困扰着布莱尔先生，因为如果大规模杀伤性武器那么容易被部署，那么他们现在肯定已经找到了。我们知道这是一个无心之过。但有人告诉我，政府知道这一说法是有问题的，甚至在战争之前就知道，甚至在他们撰写档案时就知道。

我与一名参与了这份档案的准备工作的英国官员交谈过，他告诉我，直到公布的前一周，情报部门制作的档案草案对已经公开的内容并没有什么补充。他说："在发布前的一周，其内容变了，变得更加吸引眼球。最典型的例子是大规模杀伤性武器在45分钟内就可以使用的说法。这一信息并不在原稿中。我们并没有同意把它加入档案，因为它并不可靠。档案里的大部分内容都有双重来源，但这个说法只有单一来源，而且我们认为这个来源有误。"

这位官员还告诉我们，是唐宁街要求修改档案。他还说："情报部门的大多数人对档案并不满意，因为它没有反映出他们已深思熟虑并打算提出的观点。"

这个报道挑战了战争的合法性与政府的诚信。它被大肆宣扬,并在政府和BBC之间引起了一场风波。所有这一切都使戴维·凯利感到愈发不适,因为公众越来越清楚地看到,他一开始是报道的信源**之一**,之后成了报道的**唯一**信源。

他到底对安德鲁·吉利根说了什么?也许多于他想表达的,也许少于吉利根说的。我们永远不知道;赫顿调查公开批评了吉利根,但它也无法确切地知道真相。由于BBC的这一报道,戴维·凯利承受了他难以忍受的压力。几乎没有任何警告,他的雇主就认定他是报道的信源。毫无疑问,他认为自己被彻底背叛了。尽管多年来兢兢业业地工作,但他还是受到了公开训斥,并且感觉到被轻视。他接到命令,要出席两场议会委员会会议。在其中一场会议上,他觉得自己受到的质询过于粗鲁和咄咄逼人。整场会议被电视转播,让他感到恐惧。那是一种折磨。一位委员会成员甚至问:"……为什么你觉得你有责任接受这个显然将你'置于狼群'的质询,狼群不仅是指媒体,也包括委员会?"

这位注重隐私的工作狂发现自己处于公众的视线之下,他认为自己的工作岌岌可危,他一生的工作遭受贬低。为研究他的死而成立的赫顿调查,有时可能也不认可戴维·凯利的感受是合理的。但正是这些感受导致了他的自杀。

在经历了两个议会委员会的折磨之后,戴维·凯利回到家中。第二天早上,也就是他去世的那天,他像往常一样去了书房(他主要在家里工作)——他的妻子对赫顿调查的工作人员回忆说。

问：7月17日是周四。你那天是几点起床的？

答：大约8点30分。比平时晚了很多。

问：他看起来怎么样？

答：疲惫，压抑，但不沮丧。我不知道。在整个过程中，他一直都没有觉得沮丧，但他非常疲惫，非常压抑。

现在我们知道，戴维·凯利在那天早晨收到了一封邮件，其中有议会提出的一些问题。这些问题由伯纳德·詹金议员提交给国防大臣，基本上是用议会用语要求调查戴维·凯利和安德鲁·吉利根的会面，并要求对这位科学家给予纪律处分。凯利博士一定很清楚，这个问题不会消失。事实上，它正在升级。

他安静地与妻子喝了杯咖啡，然后回到书房。他写邮件给那些发来支持信息的同事，确认时日艰难，并说他多么想回到伊拉克，继续在那里工作。他没有在办公桌前待很久。贾尼丝·凯利在接受质询时证实了这一点。

答：几分钟后，他一个人坐在客厅里，一句话也没有说。这是很不寻常的。

问：……他从什么时候起坐在客厅里？

答：大约是12点30分……他只是坐着，看起来很疲惫。这时我开始头痛得厉害，开始感到恶心。事实上，在这个阶段，我好几次感到身体不适，因为他看起来太绝望了。

问：他吃午饭了吗？

答：吃了。我跟他说话——他不想说，但他吃了些饭。我做了一些三明治，他喝了一杯水。我们面对面坐在桌子上。我试着聊天。我当时非常难受，他也一样。他看起来心烦意乱，垂头丧气。

问：你如何形容他当时的状态？

答：啊，我只是觉得他心碎了。他非常、非常——自暴自弃。他看起来已经自暴自弃了，但我不知道在这个状态下他会做什么，完全不知道。

问：你们在午餐时说了很多话吗？

答：不，没有。他根本说不了两句话。他完全无法说话。

问：我想，你说过你那天感觉很糟。

答：是的。

问：你做了什么？

答：午饭后我去躺了一会儿，这是我经常做的事情，只是为了对付我的关节炎。我对他说："你打算做什么？"他说："我准备去散步。"

问：根据你的记忆，你是什么时候上楼的？

答：大概13点30分，或者13点45分。

问：他当时在哪里？

答：他去了书房。然后在我躺下后不久，他来问我是否还好。我说："没事，我会好的。"然后他就去换了牛仔裤。他白天会穿着运动服或运动短裤在家里转悠。于是，他去换衣服，穿上了鞋子。然后，我以为他已经离开了家。

问：因为他要去散步？

答：对。他本来打算像往常一样去散步。他的背不好，散步是他的策略。

问：他事实上直接去散步了吗？

答：呃，过了一会儿电话响了，我以为他已经走了……然后，我意识到戴维在小声地打电话。

问：当时他在哪里？

答：在他的书房。

问：你知道当时几点吗？

答：我想快 15 点了。

问：凯利博士去散步了吗？

答：他在 15 点 20 分就已经走了。

问：所以，他是在 15 点到 15 点 20 分之间出的门？

答：是的。

当戴维·凯利离开家时，他遇到了一位年长的邻居在遛狗。这位邻居后来受到了质询。

问：你对他说了什么？

答：他说："你好，露丝。"我说："你好，戴维，最近怎么样?"他说:"不太坏。"我们站了几分钟,然后我的狗,巴斯特,开始拉狗绳。我说:"我得走了,戴维……"他说:"再见,露丝。"就这样,我们分开了。

问:他看起来怎么样?

答:就是他平常的样子,跟以前我遇到他时没有什么不同。

露丝是最后一个跟戴维·凯利说话的人。戴维去散步,没有归来。他的妻子马上就警惕起来,他们的女儿也赶来找他。贾尼丝·凯利说:

答:我们没有急着报警,因为我们觉得,如果在我们搜寻的时候戴维回来了,情况可能会更糟。我觉得他的处境已经很难了。所以,我们推迟到晚上23点40分才报警。

问:报警了。他们来了吗?

答:来了三个人,带着一张失踪人口表格。我解释了戴维现在的情况,所以他们似乎立即上报到了警察局局长那里……搜寻开始了。当时泰晤士河谷的直升机已经下班了,于是他们必须等本森的直升机过来。

问:是本森皇家空军基地吗?所以,直升机也参加了搜寻?

答:还有警犬。

问:你能听到直升机来了吗?

答：能听到，警车上亮着蓝灯，这样就能确定我们家的位置，也就是戴维散步的起点。

问：那天晚上你和警察说过话吗？

答：是的，整晚，整晚。然后，来了一辆车，车上有一根巨大的通信杆，车停在路边。然后，在清晨，另一个45英尺高的通信杆在我们的花园里竖起来了。

问：是用于警方通信吗？

答：是的。还有一条警犬从我们家穿过。第二天早晨4点40分，我穿着睡袍坐在草坪上，警犬仔细搜查房子。

我读过许多这样的报道：可怕的夜晚，有人失踪，可能已经自杀，亲属忧虑异常。我相信，只要还不承认自己已经知道真相，他们就肯定会抱着某种希望。在她的丈夫去世前的几个小时，甚至在他还没有离开家的时候，凯利夫人感到痛苦和恶心，也许表明了她对将要发生之事怀有某种直觉和恐惧。

大约有40名警察参与了搜寻，其中一些人非常了解该地区。此外，还有当地的一个狗主人协会的志愿者们，他们的狗都接受过搜救训练。第二天早上9点15分左右，一条狗找到了戴维·凯利的尸体。狗主人在他经常散步的树林里发现了他。她的描述很重要。

答：他站在树下，头和肩膀几乎［原文如此］都靠在树上。

问：他的腿和手臂呢？都在哪里？

答：他的腿在面前伸直了。右臂在身体的一侧。左臂上有很多血，以一种滑稽的姿势向后弯着。

问：你在其他地方看到了血吗？

答：只有左臂和左边。

问：你能分辨出这个人就是你要找的人吗？

答：能。那个人与我们拿到的描述相同。

很明显，戴维·凯利已经死了，狗主人也无能为力，帮不了他，她重新走到远离尸体的地方，她的同伴试图呼叫警方的搜寻小组。他不想靠近尸体，以免污染现场的证据，所以只是从远处看。

警方让他们回到车上，并在那里与警方见面。车离现场大约有10分钟路程。事实上，两三分钟后，他们碰到了两名警探，这两名警探也怀疑尸体在这个区域。顺理成章，警探陪同志愿者直接来到戴维·凯利身边。赫顿调查组没有直接问狗主人这个问题，但据我理解，在他们回来之前，尸体无人照看的时间只有几分钟。然而，名为科的警员对现场的描述略有不同。

问：尸体的位置是怎样的？

答：仰面躺着——身体仰面躺在一棵大树旁，头朝树干。

问：你注意到尸体有什么特点吗？

答：有。

问：是什么？

答：我注意到他左手腕有血。我看到了一把刀，像一把修枝刀，还有一只手表。

问：尸体是趴着还是躺着？

答：是躺着。

问：手表在哪里？

答：如果没记错的话，就在刀的上面。

问：刀在哪里？

答：在左手腕旁边，在身体左侧。

问：你有没有注意到衣服上有污渍？

答：我看到左手腕周围有血。

问：别的地方呢？你检查的时候离得有多近？

答：我站直了。我没有走到尸体旁边……我观察了现场。

问：你实际上离尸体有多远？

答：七八英尺。

问：你在现场待了多久？

答：直到其他警察来封锁这个区域。我估计有25分钟到30分钟。

我个人无法解释关于尸体位置的相互矛盾的描述。它们无疑助长了许多阴谋论。一些评论员的假设是，戴维·凯利在被发现的时候如描述的那样斜靠在树上，然后当志愿者与警方会面时，有人在那几分钟内（具体时间不详）搬动了他。

在我看来，反对这种理论的证据是确凿的。在遇到警探之前，两名志愿者在树林里没有看到或听到其他人，狗也没有闻到其他人类的气味。我仔细检查了现场的所有照片，包括搬运尸体前后的照片，完全没有拖曳的证据。将一具沉重的尸体搬过如此柔软的、覆盖着树叶的地面，或者移动它，肯定会留下痕迹。此外，我看到的地面上的血迹表明，戴维·凯利所躺的地方就是他死亡的地方，他的姿势就是他死时的姿势。

救护车到达的时候，周围有许多警察，现场已经划出了一条从大路通往尸体的小径。急救医士已经在戴维·凯利的胸前放了四个电极，确认生命是否已经消逝。监视器只显示了一条横线。在赫顿调查中，第一位急救医士提出了以下观点，第二位急救医士证实了这一点。

问：关于凯利博士之死，你还知道哪些有用的信息？

答：现场的血迹相对较少，他的右膝盖有一个小斑块，但没有明显的动脉出血。衣服上没有喷溅的血迹，没有大量出血，也没有明显的损伤。

问：一名警官说地上似乎有血迹。你有看到吗？

答：我看到了一些——尸体左边有一些荨麻刺。至于地面上，我不记得看到了一大摊血迹或类似的东西。左腕上有干了的血迹……但没有明显的伤口，只有干了的血。

问：你没有看到伤口？

答：我没有看到伤口，没有……他的手——我记得是手臂——左臂伸到了身体左侧……手掌向上或稍微向侧边[比画中]……从我的位置看，夹克边缘到手上只有干涸的血迹，没有裂开的伤口或其他明显的伤痕。

问：你有没有检查他的手腕？

答：不，我没有。没有。

问：你有没有检查地面上的出血或失血？

答：没有。

这些话更加助长了阴谋论，尽管两名急救医士都没有具体检查戴维·凯利的手臂或周围的地面。最普遍的理论是这样的：现场没有足够的血迹能解释他的死亡，是因为他是在其他地方被谋杀的，然后被搬到那里。这场谋杀案被伪造成了自杀。

这个理论并不意味着，戴维是在外出散步时被某个陌生人随机选中的。言下之意是，戴维·凯利揭露了政府的谎言——政府为了合理化英国入侵伊拉克而编造的谎言，因此下令暗杀他。

事实上，在伊拉克并没有发现大规模杀伤性武器，更不用说在45分钟内就能发射的武器。直到2016年才发表的《齐尔考特调查》，用温和的语言谴责了那份著名的"九月档案"：

[情报部门的报告]……含有谨慎的语言，意在确保不会过分重视证据。以"用政府部门的声明形式提出论

点"为目的组织证据，会产生一份完全不同类型的文件……情报和评估被用来准备材料，以支持政府的声明，其方式是传达确定性而不承认情报的局限性。

齐尔考特勋爵接着强调了"九月档案"对舆论的影响。

人们普遍认为，2002年9月的档案夸大了关于伊拉克的实力和意图的证据的可靠性，以便影响舆论，从而为解除伊拉克武装的行动"提供理由"。这种共识产生了破坏性的后果，包括损害了对政府声明的信任和信心，特别是那些依赖于无法独立核实的情报的声明。

戴维·凯利无疑在这种具有破坏性的共识中扮演了重要的角色，毫无疑问，他极大地惹恼了政府。但这能证明他是被谋杀的吗？现在我们回到树林里，7月18日上午10点左右，急救医士确认了他的死亡。

当天，助理警察局局长佩奇被派去调查。他说：

我们一开始就决定……我们将对这一特殊情况采取最高标准的调查。我不是说启动了谋杀案调查，但调查达到了这个标准。

在确定了一条公用的接近路径后，警察在尸体周围建立了一个直径为10米的圆圈,他们在圆圈内进行拉网式搜查。没有人碰过尸体:警方希望法医病理学家和法医生物学家能看到所发现的一切。助理警察局局长佩奇说:

>……当我第一次见到凯利博士时,我非常清楚搜索的重要性。我在寻找的也许是挣扎的痕迹;但凯利博士尸体附近的所有植物都是挺直的,完全没有任何形式的挣扎迹象。

当法医病理学家尼古拉斯·亨特医生于12点35分到达时,他最开始只确认了死亡。他没有给戴维·凯利量体温,也没有进一步验尸,而是退了出来,等待法医生物学家和他的助手。他们要检查现场。亨特医生最终在14点之后再次进入搜索区域,这时尸体上方已经有一个帐篷。人们对本案有许多质疑,其中一条是,他们认为亨特医生在抵达时没有测量体温是可疑的,因为体温是估计死亡时间的基本信息。但亨特医生这样做是合理的:他必须脱掉死者的衣服,而这必然会对现场造成干扰。

亨特医生首先检查了纤维、指纹和其他痕量证据。然后,亨特医生脱掉了尸体上的衣服。

>答:(他)……穿着一件绿色的巴伯尔涂蜡夹克,前面的拉链和纽扣被解开了。在夹克下面的风琴袋里,有一

部手机和一副双光眼镜。有一个遥控型车钥匙，也许更重要的是，总共有三包塑模包装的药，叫右丙氧芬。每包原本有10片，总共可能有30片。

问：还剩下多少药片？

答：只有一片。

现在可以适当地检查衣物了。亨特医生注意到了大量的血迹：在衬衫前面，在巴伯尔夹克（包括左袖）上，在裤子的右膝上。戴维·凯利的手臂上也有血迹，特别是左臂上。左肘的背面、右手的手掌和手指也是如此。沾有血迹的刀在他的左手边；沾有血迹的手表也在左手边。

问：你在那个地区有注意到其他的血迹吗？

答：他左边有一块血迹横贯灌木丛和土壤，我估计那一块血迹最大长度为2英尺到3英尺。

问：你们对现场有做什么特殊的测试吗？

答：有。除了搜集痕量证据，我也测量了直肠温度。

问：你是什么时候量的？

答：测量时间是19点15分。

尽管受到了广泛的批评，但所有的证据都表明，戴维·凯利之死的处理方式是遵循潜在的凶杀案的规程、警示和法医检测流程的。现场检查的长度和细节，为之后的科学分析而进行的大量取样，都是为了确定死者死亡时有没有人在他身边，特别是有没有发生打斗。直到19点15分才测量体温，也是完全符合规程的：它反映出在那之前现场保护和验尸的严谨性。

然后，尸体被装进一个密封的尸袋，袋内有塑料布，防止污染或未经授权的处理。21点20分，在牛津大学约翰·拉德克利夫医院设备齐全的停尸房里，法医在见证人面前开始验尸。解剖很细致，从而能确定所有的伤痕，甚至包括皮肤表面看不到的伤痕——只有在可疑的情况下才会如此。除了手腕上的明显伤痕（包括一条被切断的动脉），头部左侧也有一些小擦伤，左腿胫骨和右腿膝盖下方有小面积的瘀伤，左胸下部和右腰也是如此。

戴维·凯利是一个行动正常的中年男子。这些极小的伤害不足以说明他曾被捆绑。死前、死时和死后都没有。看起来也没有第三方使他失去行动能力：经过仔细搜查，没有发现注射的针孔，皮肤上也没有可能来自电击枪（如泰瑟枪）的痕迹。

然而，验尸揭示了一个惊人的发现。戴维·凯利患有严重的冠状动脉疾病。事实上，有证据表明，他的冠状动脉阻塞曾经引起过轻微的心脏病发作。他没有看过医生，可能以为自己是消化不良。

冠状动脉供养着心脏，而如果右冠状动脉的一个地方几乎完全被阻塞了，血液和氧气将无法到达心脏从而维持心脏跳动，你可能认为这肯定是要命的。确实如此，但也有例外，即阻塞是在多年中缓慢发展的。在戴维·凯利的身体里，侧副血管有时间在阻塞处周围发展，血液通过它们供给心肌。想一想，高速公路关闭后当地的道路会变得多么拥挤。想一想这些道路有多么狭小，到达目的地的路线有多么曲折，旅行变得多么不可预测和不可靠——尽管仍然可以通行。

另一条主要的冠状动脉，即冠状动脉左前降支，被堵塞了60%至70%。事实上，这条动脉的堵塞是西方社会的最大杀手之一。心脏三大供血血管的最后一条——旋动脉——也变窄了。事实上，戴维·凯利显然完全不知道自己有心脏病。但它已经非常严重，戴维随时有可能死于自然原因。

该疾病对他的死有影响吗？

随着他的手腕持续出血，他的循环血量下降了，肾上腺素会开始发挥作用。肾上腺素通过收缩全身非必要的血管来维持血压——但它扩张了通往心脏的动脉。在这种情况下，心率会增加。心脏更努力地工作，因此需要从增加的血流中获得更多的氧气——但由于冠状动脉的病变，心脏几乎得不到必须增加的氧气。他之所以服用右丙氧芬止痛药，可能是为了让其中一种成分缓解割腕的疼痛，但它也可能对心脏产生影响。这种成分可能引起心律异常，特别是在低血压的情况下。所以，戴维·凯利的心血管疾病可能加速了——而非造成了——他的死亡。

尽管他有严重的、潜在的疾病，但他没有抱怨过任何明显的心脏问题，这个事实一点也不奇怪。他很可能完全没有症状。或者，他可能在面对症状时表现得很坚忍，没有重视。或者，他可能由于压力或抑郁而完全忽略了自己的健康状况。

亨特医生给出的死因如下：

1a. 大出血

1b. 左手腕的割伤

2. 服用右丙氧芬和冠状动脉粥样硬化

我完全同意他的观点。但是，关于戴维·凯利之死的其他理论层出不穷。这些理论来自广泛的人群，包括一些医务人员。

亨特医生的结论受到了许多批评和质疑。以下是我的一些回应。

- 据他的家人说，戴维·凯利是右撇子。右撇子更倾向于伤害自己的左手腕。为了做到这一点，他会脱掉可能妨碍自己的衣服或其他物品。戴维·凯利的手表就在他的身边。很少有杀人犯会如此体贴，如此利落。
- 切断任何动脉都可能致死，切断手腕上的尺动脉当然也不例外。对此表示怀疑的医生是生者的医生，而不是死者的医生，也许他们治疗的是因意外（并非自杀）而切断的尺动脉。如果只有手腕意外受伤，通常旁边会有一个人阻止流血；许多非专业人士知道如何制作止血带，或者有制作的本能。自杀的人不会做任何事情来阻止流血。事实恰恰相反。自杀的人有可能去处理伤口，增大血流；他还可能采取积极措施，比如弯曲手腕，以防止伤口凝血。
- 在死者身边发现的刀，完全有能力造成手腕上的割伤。人们问：为什么刀上没有指纹？因为在这种情况下很少有指纹。我们拿刀时是用手指的中间，而不是用会留下指纹的指肚。但是，如果我杀了人，想伪造成自杀，我还是会想办法确保死者的指纹留在刀上。
- 有人指控亨特医生在计算死亡时间时没有考虑到某些因素。这是事实，他的确没有。但在任何情况下，对死亡时间的估计都是非常多变且有缺陷的，我认为这完全不重要。时间、体温、环境温度以及大量其他因素可能会起一定作用，也可能不会。

有人指责亨特医生没有考虑到戴维·凯利的层层衣物。但我们要记住，在测量凯利博士的体温之前，已经过去了一整夜和一个白天，当时是炎热的 7 月——而且尸体已经在帐篷里，人们在帐篷里工作。此外，失血很可能导致失温。事实上，涉及很多因素。

即使考虑到所有的因素，即使不忽略任何细节，病理学家所做的最精确的估计也有 5 个小时的误差。这对于"确定的"死亡时间来说已经很长了。

我不认为亨特医生的计算错误很重要，原因就在于此。大多数法医病理学家使用克劳斯·亨斯格设计的列线图来计算死亡时间。我现在要不谦虚地自夸一下。在检查亨特医生的验尸结果时，我发现英国法医病理学标准教材中的亨斯格列线图存在一处印刷错误，而我们都依赖该图估计死亡时间。

亨斯格列线图看起来有点像神秘的占星图，里面有复杂的同心圆、线条和数字。我意识到，教科书的印刷商调整了列线图，使它整齐地贴在纸面上。这种变化很微妙，但它实际上完全扭曲了图表，使我们得出的结论变得毫无用处。我指的是我们使用该图所得出的所有案件结论。由于我们几乎都使用同一本教科书，受这一发现影响的案件非常多。

我写信给内政部，随后引发了很多骚乱。所有以死亡时间作为判定依据的案件都必须重新审查。而我们法医病理学家现在必须参考不同版本的列线图。内政部给我的同事的信在开头写道："有人注意到……"我正在努力控制我的自负。但我希望信中写的是："理查德·谢泼德医生注意到……"因为我认为，发现这个错误可能是我对法医病理学最大（希望不是唯一）的贡献。

总之，亨特医生几乎肯定是使用了扭曲的列线图——几乎所有人都是这样。他也可能是根据书的影印本工作——我们很快意识到这将导致进一步的边缘失真。事实上，在后来所有的教材中，列线图旁边有一个红色的注释：建议不要用复印版计算。

因此，指责亨特医生算错了死亡时间可能是合理的——但谁又能知道呢？在这种情况下，他给出了他所能做的最佳估算，他不能因为人死后尸体冷却方式的变化而受到责备，也不能因为图表的印刷错误而受到责备。这两点都不能说明有阴谋。

- 一些批评者声称，戴维·凯利不可能用一瓶依云矿泉水吃下那么多的右丙氧芬来缓解疼痛。但在我看来，只用300毫升的水就能轻松地吃下29片药。
- 第一个发现尸体的人说他斜靠在树上，而随后的现场照片中的尸体显然不是这样的——我无法解释这是为什么。但我也找不到任何法医证据能证明他被移动过，尤其是尸体被发现后只有几分钟无人看管。在我参与的所有审判中，明显可靠的目击者证据存在分歧，这似乎非常常见。要不然，律师们怎么挣钱？我认为，犯罪剧里有这种证据，才会更加扣人心弦。
- 一些批评者说，应该通过恢复地面上的植被、土壤和落叶来量化现场的血迹。我不同意这种观点。我从来没有这样做过，也不知道谁这样做过。我认为这是不切实际和不科学的，因为植被中的血迹肯定无法被精确测量。这种批评一定是源于急救医士对现场没有足够血迹证据的担忧。但他们承认，他们没有检查尸体和现场，这是完全正确的。他们不可能知道有多少血液渗入了土壤。另一方面，亨特医生检查了，他确实在现场和衣服上看到了大量的血液。

- 我可以从现场的照片中推断，戴维·凯利在开始流血时呕吐了两次：沾有呕吐物的部位在左肩和头的左侧。他牛仔裤的右膝上也有血迹，这说明他在呕吐的时候左转并跪下了。有些人建议通过检查呕吐物来确定他服用的药片数量，我认为不可以这样，或不应该这样。对戴维·凯利的血液做全面的毒理学分析，就可以确定他服用的止痛药的数量。

- 有一种说法是，由于有旧伤，凯利博士的右臂无力切断动脉。我在他的病历中找不到任何迹象表明他的伤势没有痊愈，也许只是活动受到了一些限制。人死后当然不可能确定肌肉力量，但人们肯定没有在右臂发现肌肉损耗的证据。

- 凯利博士在验尸时的体重被记录为59千克。而在他死前不久，他的体重是79千克。这一差异很大程度上是可以解释的。第一，因为他生前几乎肯定是穿着衣服称的。第二，因为每一升血液的重量超过1千克，大量失血会导致体重下降。第三个原因很普通：停尸房的秤出了名的不准。

- 我还要提醒你，戴维·凯利的口袋里有他的眼镜，还有止痛药的空塑膜包装。我认为一个被袭击的人不可能在被杀之前摘下眼镜放在口袋里，而我也从来没见过袭击者会这样做。

相比于别的案子,别人最常问我戴维·凯利之死。而且,每当我说我相信他是自杀,房间里的温度肯定都会下降几度。可悲的是,他的名字没有与他的非凡成就联系起来,而是与"指控政府掩盖事实"同义。

理论家普遍认为,他的死是两个政府中的一个造成的。首先,有人指控他是俄罗斯的间谍,有一种说法是俄罗斯政府选择处决他。我只能说,相比于亚历山大·利特维年科之死(2006年被钋-210元素毒死)或谢尔盖·斯克里帕尔的濒死(2018年被诺维乔克毒害),在树林里伪造自杀的情境相差甚远。

然而,受到更多责备的是英国政府。我个人认为,政府在这样的谋杀中也得不到什么。凯利博士已经被"置于狼群"——当他出现在外交事务委员会时,其中一匹"狼"这样对他说。英国政府让一个为他们服务多年的人蒙羞,以一种会导致他自杀的方式抛弃了他,政府可能并且也许已经因此受到了指责。为什么政府还要实施谋杀呢?难道还不够糟吗?

我在仔细研究案件时,对戴维·凯利之死的背景有了这些想法。当然,我很难不对报告的背景事件形成个人意见。但我必须忽略这一点,只从法医事实中得出我的法医结论。而法医事实指向了一个方向。指向了自杀。

我怀疑这些分析很难阻止阴谋论。阴谋论有一种持久的力量。对凯利的家人来说,这太持久了。一些报纸报道,他们最近将戴维·凯利的尸体挖了出来,火化后重新埋在其他地方,因为有证据表明坟墓被人破坏了。

从戴维·凯利之死中，我们能对自杀了解甚多，对阴谋论所知甚少。他的家人描述了他在生命最后几周中的行为，既令人动容，又让经过自杀事件的人感同身受。在这里，我们看到的是一个无法逃脱逐渐升级的局面的男人——请记住，他在去世那天早晨收到了一份包括四个议会问题的通知，在我看来，这包含一种报复性的意图，会使他受到公开谴责——在他看来也一定如此。在那之后，也许凯利博士认为他再也无法恢复以前的生活了。

在对戴维·凯利之死的赫顿调查中，一位重要的证人是牛津大学自杀研究中心的主任、精神病学家霍顿教授。他被问到，当戴维·凯利走到树林中准备自杀时，与他擦肩而过的邻居为什么会提供证据说他行为正常呢？

答：嗯，我认为这符合"他先前已经决定结束自己的生命"的观点……当然，这种经历很不寻常……接触过的人会说，快要结束自己生命的人看起来实际上比……之前……要好。我认为这就是答案——在某种意义上，他已经决定了如何处理这个问题，达到了一种和平、平静的感觉……

问：哪种思维最容易导致自杀？

答：嗯，有最多证据的一种思维是，在面临困境时有感到绝望的倾向……有一种被困住的感觉，无法忍受，也无法逃脱。孤立可能是另一种因素,要么是实际上的孤立,即周围没有人;要么是相对的孤立,即一个人由于特殊的个性而无法与周围人交流。

问:我们听说(凯利博士)是一名武器检查员,这一定使他处境艰难。这与他临终时的处境相似吗?

答:不,我认为有一个重要的区别。人们已经听说了他面临的情况,比如在伊拉克盘问别人,我认为这是相当可怕的情况。但我认为他能很好地应对这些情况。我认为他死前不久面临的问题很重要,因为它们真正地挑战了他对自己的认同,他的自尊,他的自我价值,他作为一个有价值的、忠诚的雇员和重要的科学家的形象……据此可以推断,[导致他自杀的]主要因素是自尊的严重丧失,因为他觉得人们对他失去了信任,也因为他对被媒体曝光感到沮丧。

问:为什么你挑选这一点作为主要因素?

答:嗯……我认为,作为一个非常注重隐私的人,我认为以这种方式公开曝光对他来说是一种羞辱。从某种意义上说,我觉得他会把这看成公开的羞辱……我认为另一个非常相关的因素……是他注重隐私,他不喜欢和其他人分享个人问题和感受;根据一些说法,他在死前不久变得越来越孤僻,所以我认为他变得更加不容易接近,或者更加不愿意分享自己的问题。

问:你认为还有哪些因素与此相关?

答：我认为，在这个主题上，我认为他肯定已经开始想……首先，之前的工作角色现在肯定变得前景渺茫。事实上，我的猜测是，他已经开始担心自己会彻底失业。

问：这可能对他产生什么影响？

答：我认为这可能让他感到深深的无望；而且，在某种意义上，他一生的工作不是被浪费了，而是被完全破坏了。

在戴维·凯利的案子中，没有法医证据表明这是谋杀而不是自杀。但关于他自杀的最令人信服的证据就在这里，在霍顿教授的证词和凯利家人的证词中。这是典型的中年男人自杀的悲惨案例。政府的介入以及他生命中最后几个月的行为对国家的重要性，并不能改变以下事实：他走向死亡的轨迹代表了许多人——特别是中年人——遇到的危机。

第六个阶段

变成了精瘦的老头,穿着拖鞋,

鼻上架着眼镜,腰间悬着钱袋,

从年轻时穿到现在的紧身裤,

在萎缩的小腿上显得过于肥大,

曾经雄壮的声音,又变得像儿童一样尖厉,

说话如哨子声。

15

艾尔弗雷德·霍普66岁。他个子不高，身体壮实。头发已经灰白，但没剩下几根。脸刮得很干净，但现在很乱。手指上满是尼古丁的味道。他缺了很多牙。虽然镶了许多假牙，但他笑的时候别人一定看得出。右上臂和两条前臂上都有文身。对于这个年龄段的男人，文身有时意味着与海洋相关。我想霍普可能是个老水手。一名警察的记录证实，他年轻时是一名码头工人。伦敦的最后一个码头关闭后，他在建筑工地工作。他一年前退休了，但有时回去帮忙挣点钱。

他的身体讲述了一个多灾多难、偶有暴力的生活故事。一只眼睛里有奇怪的、半浑浊的乳白色。腹部、胸部和颈部有许多手术瘢痕。我们很容易得出结论：他经历过一次可怕的事故。只是这些瘢痕源自不同的年龄时期。

他的病历送过来了。病历显示，他最困难的十年是40多岁的时候。他在43岁时遭遇一场交通事故，胸部严重受伤。艾尔弗雷德很快就恢复了，但在那之后不久，他开车时被警察截停了。警察一定是认为艾尔弗雷德在酒后驾驶，但他是清醒的。警察发现，他必须用两只眼睛才能看清楚东西。调查显示，20多岁时的一次事故（没有详细说明）给他留下了角膜瘢痕。多年来，他的视力逐渐减退。视力是一种奇怪的东西：大脑可以调整视力缺陷，人可能在不知不觉间视力大减。又或者，艾尔弗雷德已经知道了，但他自己不承认。他的一只眼睛被描述为"茫然"，而且"不好看"。

47岁时，他的背部被捅了一刀。病历中没有进一步的细节。

艾尔弗雷德是那种艰苦的体力劳动者，多年来他一直有着轻伤。他受了很多伤，从摔倒导致的肘部骨折，到踩到钉子造成的伤口感染。他曾多次要求医生开病假条，并经常因感染而需要使用抗生素，感染的原因通常是与工作有关的小灾小难。

我觉得可以这么认为：艾尔弗雷德的工作很艰苦，但他是一个坚强的人。撇开所有的伤口和伤疤不谈，他的体格像年轻人一样非常强壮和健康。但现在，他又重了好几千克。他只有66岁，但看起来像个老人。

中年何时结束，老年何时开始？我把中年分为前期和后期，希望读者也能这么认为：60岁出头，或者六十五六岁，也属于中年后期。但我现在已经不是六十五六岁了。我应该认识到一个事实，我们这一代人和艾尔弗雷德这一代人都不喜欢这个事实。我们自称是婴儿潮一代，从而避免说出这个事实。那就是，我已经老了。我们都老了。从现在开始，一切都在走下坡路。

我敢说，艾尔弗雷德·霍普并不觉得自己老了。我们这些年过六旬的人，很可能在照镜子的时候看到年轻时的自己。衰老最明显的指标是体重增加，和艾尔弗雷德一样，我也在变重。我希望没有人会说我胖，但在半退休后的几年里，我的体重增加了几千克。我现在的身体质量指数是27，比正常的上限高了2，这很不健康。因此，我有生以来第一次正式"超重"。我知道，现在由于新冠肺炎，超重的风险大大增加，但我还没有花很多时间来解决这个问题。

我注意到，这个年龄段的其他人会审视自己的健康状况，一有机会就讨论这个问题。婴儿潮一代已经资助了一个新的自我护理行业。为了延长生命和提高生命品质，我们已经耗费了不少时间，我们只能希望赢得的时间比花费的时间更多。我说的就是牙医、保健专家、牙线、牙龈按摩器、昂贵的牙刷、足科医生、矫正鞋垫、头发护理、肉毒杆菌素、整形手术、健康筛检、人体工学座椅、特殊的阅读灯、骨科医师、脊椎按摩师、眼科医生、有度数的太阳镜、眼镜、隐形眼镜、医用压力袜、护膝、瑜伽课、健康磁疗手链……这一切都是为了那些可能感觉良好的人而创造的。这个年龄段的人现在正在离开劳动力市场，其中的许多人——不仅仅是富人——的大部分退休时间和养老金都花在了控制衰老上。

我们非常关注自身，在基本面上我们却惨败：具体来说，保持健康体重的只是少数。在66岁至74岁的年龄组中，四分之三的人肥胖或超重。年龄稍小的婴儿潮一代，情况并没有好多少。我们这些在二战后的40年代到50年代中期出生的人最胖，我们最有可能直接或间接因为肥胖而被送进医院。当然，在这方面我们得到了年轻纳税人的帮助。

无论在哪个年龄，肥胖都很不平等。某些种族、低收入者和辍学者，都很容易肥胖。男性比女性更容易超重，但女性比男性更容易肥胖。而且，大号腰围的女性明显比例更高。这很重要，因为腰围被认为是糖尿病、心血管疾病等健康问题的有效指标。女性的理想腰围是小于80厘米，而男性是小于94厘米。这对高个子来说很苛刻，那么健康的腰围应该小于身高的一半。在婴儿潮一代中，85%的女性和74%的男性的腰围都超出健康范围。再一次，我遗憾地发现——尽管最近才发现——自己也是大多数人中的一员。

我们是一群法斯塔夫[1]。但婴儿潮一代在童年时期几乎肯定是苗条的——那个时代的儿童肥胖率微乎其微。只需要看一下家庭的老照片，就可以确认当时我们有多瘦。我们可能在成年后也很苗条。我从1987年开始建立自己的业务档案，当时的尸体照片显示人们很苗条，以至于我很难相信我们是在同一个国家的人——而且，这与死者的年龄或死因无关。婴儿潮一代年轻时，照顾他们的成年人当然比今天的成年人矮一两英寸，但瘦很多：当时，父亲的平均体重只有65千克（10.2英

---

[1] 法斯塔夫，莎士比亚的作品《亨利四世》《温莎的风流娘儿们》中的人物。他的名字是体形臃肿的牛皮大王和老饕的代名词。

石[1]），母亲则为55千克（8.7英石）。只有极少数人是肥胖的。

整个国家都增重了，我们知道原因。情况有时很复杂，但简单地说，原因肯定是我们久坐的生活方式，以及我们很容易获取的廉价的预加工食物，其中许多食物隐藏着非常高的脂肪和糖分，因为它们的目标就是取悦我们，让我们回来买更多。但并非所有人都一样胖。图表显示，随着年龄的增长，体重在稳步增加。这是不可避免的吗？我所在的群体是最胖的，仅仅是因为我们是衰老和萎缩之前的最后一个年龄组吗？

随着年龄的增长，体重很容易增加——这包含一些物理方面和代谢方面的原因。但摄入的卡路里等于燃烧的卡路里，这个基本等式是一样的。变老并不意味着我们吃得少，但通常意味着我们活动得少。你认识的65岁的老人，有多少是跳着上楼的？如果我们去锻炼，很可能会分割成日常的散步，而不会把锻炼变成生活的一部分。新冠肺炎带来的封锁加剧了这种习惯。我们燃烧的卡路里变少，因为我们久坐的时间更长（也许是因为锻炼伤了过去从未被伤害过的地方），而我们没有调整饮食摄入。我们这个年龄的人，增重的根本原因一定是我们没能认识到或拒绝认识到我们已经变了。

没有认识到衰老带来的限制，这非常危险。也许人们增重了，但忽略了这一点。或许他们对自己的增重感到惊恐，所以

---

[1] 英石，英国重量单位，1英石相当于6.35千克或14磅。

他们重拾20年前甚至10年前喜欢的运动形式。结果发现,虽然很痛苦,但他们无法找回10年前的自我。失去年轻时的自己已经很难受了,没有认识到这种失去会有更残酷的结果。艾尔弗雷德·霍普在66岁那年的一次打斗中死亡,但他的尸体诉说着很久之前的许多打斗:也许他是受害于一个老人的年轻妄想?

他的肝脏状况良好,所以并不能假设他过去打架是因为喝了酒。也许他是一个脾气急躁的人,也许他很久之前就戒了酒,那时的饮酒量还没有超出肝脏的修复能力。

他身上没有酒精的气味,但验尸室里的警察确信,毒理学家会发现明显的酒精摄入。警察拘留了三个大男孩。在他们看来,艾尔弗雷德的死与他们经常处理的酒鬼聚会没有什么不同。我感觉到了某种萎靡。又一个酒鬼,又一场打架,又一次死亡。

直到一名警探带来了一些细节和证词。他在讲故事的时候,聚在一起的警察完全转变了情绪,从某种无聊的淡漠变成了一种更温和、更悲伤的情绪。

艾尔弗雷德有一个30多岁的残疾儿子,智力年龄只有8岁。这个儿子的举止表现出明显的与众不同。有些人对他报以同情,还有些人则将其视为可以利用的弱点,要么嘲笑,要么攻击。

艾尔弗雷德和妻子对这个儿子照顾有加;在法庭上,艾尔弗雷德被描述为一名温柔、慈爱、善良的父亲。在他去世那天，他带儿子去听一场音乐会。他们在知名的场地外排队，三个高个男孩走到他的儿子面前，问他要香烟。儿子没有烟，这些男孩被激怒了，开始嘲笑他。他们开始推他，无理地要求他道歉，就因为他无法向他们提供尼古丁。

儿子惊恐地连忙道歉，但恶霸们开始打他。艾尔弗雷德立即与他们对峙——这位年老的战士必须再次投入战斗。

多年前，他可能还足够敏捷和强壮，足以对付三个男孩。但现在不行了，没有人可以责怪他保护自己的儿子，但考虑到肇事者的年龄与攻击性，他被迅速打倒在地并不是件奇怪的事。目击者说，这些男孩随后踩了他的头和胸。

警察比救护车先到。艾尔弗雷德满脸是血，没有脉搏。警察尝试做心肺复苏，但没有成功。然后他们让他侧躺着，一名警察从他嘴里挖出一些残留物和液体。他们再次开始抢救。这一次，他们听到了艾尔弗雷德胸腔里发出的咕噜咕噜的声音，这是一个积极的信号。而且，他的胸部确实又开始起伏。但几分钟后，它停止了。

"似乎有阻塞，我们无法为他的胸部充气。"警察意味深长地报告说。他们再次把他翻过来，再次清理他的嘴，并继续尝试做心肺复苏。救护车很快就到了。

急救医士也提供了口供。其中一位说："警察告诉我，他正在努力地疏通气道，嘴巴里有残留物，他已经清除了……我想说的是，相比于我处理过的酒吧斗殴，这位老人的伤势要严重十倍，瘀伤很严重、可怕。我记得我感到相当震惊。"

在救护车里，急救医士用尽一切手段恢复艾尔弗雷德的脉搏，起初他们似乎成功了；然后，他们赶往医院，一名急救医士和一名警察一路为他做心肺复苏。然而，虽然有脉搏，艾尔弗雷德仍无法自主呼吸。医院的工作人员随时准备接收患者，他们尽了最大的努力，然后把他转移到最近的医院，那里的重症监护室还有一个床位。

重症监护室的医生写道：

> 很明显，霍普先生的大脑受到了严重损伤。他昏迷不醒，对疼痛没有反应……我们的结论是，这种损伤是因为心脏停搏或头部受伤造成了大脑缺氧。我让家属意识到情况严重，并告诉他们有三种可能性。第一，我认为霍普先生有潜在的心脏疾病，因此很可能是攻击导致心脏病发作。第二，他体内的出血已经阻止氧气到达他的心脏，导致心脏停搏。第三，头部受伤导致他失去知觉，随之而来的呼吸困难导致心脏停搏。

让生者的医生去猜测吧。像我这样的死者的医生可以切开尸体，解开谜团。至少我曾是这么认为的。

艾尔弗雷德的心脏停了，在重症监护室里又重新跳动，之后医生告诉家属，不建议做进一步抢救。攻击事件发生约24个小时后，他就去世了。现在，警察知道了整个故事，并拘留了三个男孩。他们很想提出指控。

我在想，我们都因为艾尔弗雷德的强硬的码头工人的外表而误判了他。警察认为他陷入了一场酒后冲突——现在这显然是错的，尤其是毒理学报告显示他根本没有喝酒。我根据他的体格和伤疤推断他是一个好斗的人，急躁的脾气经常会给他带来麻烦——但很快有许多人做证，在最后还击之前，艾尔弗雷德花了很长时间恳求攻击他儿子的人。重症监护室的医生怀疑，由于艾尔弗雷德超重，而且是个烟民，他有潜在的心脏病，心脏病在这种情况下导致了死亡。但我检查了艾尔弗雷德的心脏，发现它的状况非常好：没有心脏病发作的迹象，也不存在心脏肥大（表明心脏曾经挣扎过），瓣膜和心包都很健康。不仅如此，相比于他这个年龄的人，他动脉中的粥样斑块非常小——尽管他的确患有肺气肿（一种长期的、不断恶化的肺病，现在被归类为一种慢性阻塞性肺病），原因是他曾住在伦敦东部的工业化地区，多年来每天吸 20 支烟。我从外表上判断他是一个老人。但就身体内部而言，他还远远没有达到这样的衰老程度。

换句话说，我们都根据艾尔弗雷德的外貌做了很多假设。但内部验尸并不支持这些假设。我发现我必须不断地吸取教训。

但艾尔弗雷德是怎么死的？我确信，他脸上的一些瘀伤是拳头造成的，而其他瘀伤很可能是踩踏造成的——你可以在血迹中看到接近鞋印的东西。这肯定是导致他死亡的原因之一。头部没有其他伤痕。他显然是向后跌倒的，这通常是致命伤，但他没有明显的撕裂伤。真奇怪。

我在显微镜下检查艾尔弗雷德的一些器官。我开始怀疑一种与头部无关的死因——尽管医院的医生已经确定他的大脑严重受伤。虽然证据不足，但我还是请了一位神经病理学家来检查他的大脑。她的结论是，艾尔弗雷德因缺氧而有大面积的脑损伤，但他绝对没有令人痛苦的头部创伤。

所以，现在我确定了。艾尔弗雷德的肺部有急性吸入性肺炎的证据。这是一种感染，如果本应在消化系统里的东西进入呼吸系统，它就会立即发生。

警察描述了从艾尔弗雷德的呼吸道中清除残留物，以及呼吸道似乎又被堵塞。吸入性肺炎确实符合这一描述。我确信，所谓的残留物实际上是呕吐物。受到击打后呕吐是很正常的。呕吐物如果到达我们的呼吸系统，就是一种酸性刺激物：食物或任何异物都会迅速感染肺部，但健康人会吞咽、咳嗽或作呕，把食物逼出来；或者，如果此人很幸运，急救医士会用海姆立克急救法帮助他。艾尔弗雷德并不幸运，他无法吞咽、咳嗽或呕吐，因为他已经被打晕了。呕吐物阻塞了呼吸道，使氧气无法进入大脑和心脏。因此，他的心脏停止了跳动。然后它又重新开始跳动。但在随后的几个小时里，残留的呕吐物刺激了呼吸道和肺部，最终导致了肺炎。正是这一连串的事件导致了死亡。我的结论是：

1a. 脑缺氧

1b. 胃内容物吸入，以及肺炎

三名年轻的攻击者现在面临着谋杀指控。他们的辩护团队看到我的验尸报告之后变得欢欣雀跃。他们声称，医院没有治疗艾尔弗雷德的支气管肺炎，这是医院的失误。而且，他们坚称，艾尔弗雷德的肺气肿在事件进展中起了关键作用。他们争辩说，犯罪者在一次小小的恶作剧中怎么会知道这个弱点呢？

即便是最健康的肺，也会迅速受到感染，所以关于肺气肿的说法在医学上纯属无稽之谈。但根据我的经验，只要听起来可行，"无稽之谈"也不能阻止辩护律师的发挥。

和往常一样，我回到停尸房重新检查艾尔弗雷德的瘀伤，以防死后几天出现新的瘀伤。现在我被要求调查另一个辩护理由：它与受害者的膝盖有关，这很不寻常。

一位证人说，艾尔弗雷德并没有被打到膝盖，但膝盖沉了下去，就像因为关节炎而屈服一样。证人自己也有关节炎，她曾有过膝盖突然下沉的经历，所以她相信艾尔弗雷德在打斗中也是以类似的方式倒向地面。这一点本来很容易反驳，但让我惊讶的是，艾尔弗雷德着地时后脑没有任何的撕裂伤。

我重新检查，发现了一些新出现的瘀伤，但它们对我的报告没有多大的影响。然后我打开了他的膝盖。法医病理学家很少被要求这样做，因为膝盖很少与案件事实相关。艾尔弗雷德的膝盖表明，他确实有关节炎。

关节炎的成因是关节磨损和撕裂。在40多岁的时候，我自己就怀疑我的负重的关节会在以后的生活中面临这种情况。我曾在两个食指的最后一个关节上发现了两个小肿块，它们至今还在。按照医学上命名肿块和瘤的习惯，它们叫赫伯登结节。这是微小的骨质增生，我不记得我曾因此而感到疼痛，但对一些人来说，它们非常令人痛苦。刚开始，我认为自己是一个有待观察的有趣的案例。有人说，中年时手指上出现结节，可能表明以后髋关节或膝关节会出现骨关节炎；那么，我就可以验证这是否只是迷信。

这不是迷信。现在我的膝盖确实有骨关节炎。关节炎是对我们年轻时的放纵和错误的报复，它比其他疾病更加残酷。事实上，我和艾尔弗雷德·霍普，还有这个年龄段的大多数人，在收到"账单"的四五十年前就一直在受伤害。

我可能在学校的体育活动中表现不佳，但我喜欢它们。我敢说我曾受到了一些撞击。一旦离开学校，我面临的最大风险就是像学生一样醉酒跳舞。但也有追赶巴士时那种令人痛苦的趔趄，和孩子们踢球时膝盖的扭动……这些都是小事，很快就会被遗忘，但它们会在一个地方造成暂时的弱点。实际上，那个地方仍然是一个弱点区域，而如果这个地方是膝盖，它就会特别脆弱。膝盖每天都被使用，经常处于紧张状态。修复是缓慢的，并且因膝关节承受的持续压力而大受影响。从长远来看，这是一场膝关节无法取胜的战斗。以我为例，一方面，我长时间站在验尸台边；另一方面，我经常带着狗在陡峭的山上快走——所以修复受到了阻碍。对艾尔弗雷德·霍普来说，他在那个几乎不考虑健康和安全的年代开始了艰苦的体力劳动生涯，因此，他的膝盖必然承受过小事故和压力。而晚年的增重进一步增加了膝盖的负担。

膝盖输了一场战斗,但它仍在战斗。一旦受损,它就会发送化学信号,白细胞会迅速修复它,其他细胞则会来清理碎片。在修复"手术"进行的同时,膝关节的骨头之间的缓冲垫——软骨,会在有缺陷和损坏的地方变薄。这把它承载的一点点负重转移到了关节的边缘。修复工作也转移了。现在,关节边缘形成了新的软骨,这刺激了新的骨质增生,它完全就是累赘。所以,骨关节炎的特点是骨质增厚和小的骨质突起,而在关节内部,软骨正在变薄。和往常一样,基因也起到一定的作用。我们的工作、玩耍和体重都对软骨有直接的影响——但软骨磨损的难易程度也许至少部分由遗传因素决定,而遗传因素是我们无法控制的。

当然,我看不到自己的膝盖软骨。但我估计它的某些地方有明显的磨损。软骨很奇怪。它是伏特加汤力的颜色:一种烟灰色,几乎是透明的。它看起来像果冻,但你试图切开它的时候会发现它很坚固。事实上,比起果冻,它更像是坚固的塑料。必须用非常锋利的刀才能切开它。

健康的软骨厚4毫米到5毫米,像板球场一样光滑。磨损的第一个迹象是外观上的变化:没有人来修整板球场。渐渐地,粗糙的表面在脆弱处变薄。我见过只有0.5毫米厚的软骨。在艾尔弗雷德的右膝上,他的软骨最薄处只有1.5毫米,而最厚处有5毫米。有点像被蛀虫咬过的地毯。对一个66岁的男人来说,这很正常。我怀疑他不是那种经常抱怨的人,但我敢说他的右膝有时会疼,特别是坐着不动的时候。我敢打赌,他下床时身体很僵硬,有些早晨要花几分钟才能说服膝盖愿意走路。

我是怎么知道的?因为有一天,大概十年前,我跪下来检查犯罪现场。我的膝盖非常疼,不得不站起来。之后这种事情接连发生。两次以后,我就再也没有跪过了。几年后,当我从椅子上或床上站起来时,身体很僵硬,就像膝关节被锁住了一样——尽管只需要活动几分钟就好了。我现在才知道,软骨的磨损一定越来越严重了。膝盖已经没有那么平滑:两块骨头不是在冰上滑动,而是撞上了冰融化后的土块。

当然,现在的情况更糟糕。早上起床的时候,我需要站一会儿,等膝盖允许我走路。然后我下楼,紧紧地抓住栏杆。我抓不住。不管怎样,我还是抓不住。我的手会轻轻地滑动。在地铁扶梯上也是如此。我挤到右手边的队伍,这样我才能摸到扶手。我知道,随着软骨减少,我的膝盖开始变得不稳定,可能会非常明显地崩溃。现在还没有,但可能会发生。我相信我不会在哪个方面表现得笨拙。但我知道,我的膝盖已经非常衰老。

很幸运的是,我的关节炎还不痛苦。我会说我的膝盖难受,烦人,局限我的行动。但几乎没有疼痛。它有可能会继续退化。我怎样才能控制住情况呢?锻炼膝盖周围的肌肉能给它提供重要的支撑,我将继续做大量的运动,防止我的膝盖变得僵硬——尽管我知道运动也可能导致关节炎。这是一种权衡,将风险与收益对立起来。也许老年就**意味着**这种权衡。

随着软骨消失，留下并试图起作用的有关节炎的骨头，其外观是怎样的呢？所有人都认为骨头一定是白色的，因为在万圣节或在解剖课上，骷髅总是被这样描绘的。这些骷髅都曾浸泡在溶剂中，因此被漂白了。骨头实际上有着不好看的颜色，不是白色，有时接近灰色。在软骨已经磨损到几乎没有缓冲垫的地方，骨头会与骨头摩擦。这想起来就很痛苦，就像是巨大的花岗岩轮子在古老的水磨中碾磨。

过了几年，骨头会变得光滑、洁白，带有淡黄色的光泽——就像象牙一样。而在软骨被磨损的地方，比如艾尔弗雷德的右膝，就有那种象牙般的外观，这叫骨质象牙化。

他的一个膝盖上有几个地方的关节炎很严重，但我有一个可怕的怀疑，我自己的关节炎（两个膝盖都有！）或许比这更严重。所以，我看不出来，艾尔弗雷德会因为什么而自发地倒地；既然他受到了攻击，那么更合理的假设是，他倒地是因为被打了一拳。我当时无法解释为什么他的头部几乎没有撞伤的痕迹，现在也无法解释。但是，由于有了更多的证词，我注意到有人说艾尔弗雷德戴着一条厚厚的围巾，这条围巾掉在他面前。我想知道他在倒地时是否因为地上的围巾而有所缓冲。病理学家多么想要现场的照片啊。但是，在有一丝希望能保住生命的情况下，没有人想到可能需要法医证据。就算有人用手机记录了这起事件，但很不幸的是，没有人站出来。

在法庭上，年轻的袭击者不认罪，他们声称自己是为了自卫才被迫打艾尔弗雷德。他们所做的只是向他的儿子要一支烟,但艾尔弗雷德攻击了他们。

陪审团并不相信他们的说法:控方有很多证人证明这些年轻人是攻击者。他们被认定犯有谋杀罪,并被判处终身监禁。

艾尔弗雷德决定与这三个人作战,这既高尚又愚蠢:表明他没有认识到自己的力量和打斗技巧已经随着年龄的增长而下降。但每隔一段时间,我就有一种奇怪的感觉,感觉我认识死者。当然不是通过生活,而是通过写在尸体内部的自传。这个故事的核心是性格。我相信我会喜欢艾尔弗雷德·霍普。我猜想,他为了保护儿子而与三个恶霸搏斗的决定完全符合他的性格;无论年龄或身体状况如何,他都会这样做。可能和往常一样,他的死亡是他独特性格的产物。

16

给艾尔弗雷德·霍普验完尸之后,我在验尸室里逗留,和一名停尸房助理聊天。这时我意识到还有一名警官没走。

"医生,我遇到了一个棘手的情况,"他尴尬地说,"我知道你通常不处理验尸官的案子,但我只是好奇……你在这里的时候……"

我扬起了眉毛。

"我冒昧地问了验尸官办公室,他们说你可以继续做……如果你愿意的话。结束后你得给他们打个电话……"

我当然很想回家,跟所有人一样。但警长的尴尬表现阻止了我。在发生突然的、无法解释的死亡后,如果警方确信是自然死亡,那么就必须查明死因。这不需要专门的法医病理学家,一般人就可以了(他们收费更低!),而且验尸报告只需要给验尸官,不需要给警方。但是,如果有可疑的情况,警察会给我们打电话。现在这位警长正在找一名法医专家帮忙验尸。

我端详着他涨红了的脸。"告诉我细节。"

达尔茜·麦克米伦67岁了。她是个忙碌的艺术家,还没有退休。她白天是肖像画家,但夜晚经常在西区,为剧院画(或重画)布景。一天,她一反常态地没有来上班,她的同事报了警。警察闯进她的房子里,发现她躺在地板上。

"是这样的,医生,"警长申辩道,就好像我在跟他争论一样,"那个地方很乱,但你不会感到意外,因为她是艺术家。墙边堆满了画,到处都是旧咖啡杯,地板像是从1969年开始就没有见过吸尘器。"

"没有非法闯入的迹象?"

"没有。我只是想:她不是位好的主妇。她年纪很大了,她是倒地死的。"

我点了点头。"所以,没有拍照,也没有取证?"

"没有。我们把她送到验尸官的验尸室,告诉了她的侄女。感觉这样就够了。"

"你为什么改变了主意?"

"她的朋友打来电话。还有一个邻居也打了。显然,上周有几个人打电话给达尔茜,提出要砍掉屋前的一些树枝。她婉拒了。几天后,又有很多人出现,提出要修补什么东西。达尔茜把他们打发走了。但她在屋外发现了一些东西,有人用粉笔在门柱上画了一些线,她认为这是他们相互留下的标记。所以她擦掉了线。几天后,这些线又回来了。达尔茜告诉了邻居,她认为自己被盯上了……接下来,她就死了。"

"邻居认为她会让他们进屋吗?"

"她会开门,门上没有锁链。我觉得我应该再看一看这间凌乱的房子。我去了。侄女来过,已经收拾好了。"

他显得很绝望。

"医生,我一般不会问,但最近我晚上失眠,一直在担心这件事。如果你发现有人打了她的头,我就麻烦大了。"

"是的,"我说,"我来让你安心吧。我会让工作人员带她进来。"

他松了一口气,脸也舒展开了。

"谢谢你,医生。"

当停尸房的工作人员把尸体推进来时,我问:"知道达尔茜的病史吗?"

"一般都很健康。但侄女说,她们一起吃了咖喱,老太太有明显的烧心。很严重,所以她请了病假。侄女想知道这是不是个坏兆头。"

"她们什么时候吃的咖喱?"

警长努力回忆。

"我想想。我把这个消息告诉侄女,她说:'我上周才见过她。'"

现在,达尔茜过来了。

"看,医生,是因为侄女……"警长的话仍然像是为自己辩护,"我觉得这个老太太一定有严重的胃病。我是说,我看到她的房子里有很多 Alka-Seltzer[1]。"

---

[1] 拜耳公司生产的一种泡腾片,可快速缓解消化不良、胃灼热、胃酸等。

掀开盖在她身上的床单,达尔茜的尸体露了出来。

她是个矮胖的女人。浓密的头发剪成了波波头。我看到她手腕内侧的皮肤上有一个可疑的凸起,但过了一会儿,我很轻易就揭开了它。是颜料,可能是焦赭色。我发现她右手的指甲下还有钴蓝色的颜料。我仔细检查了她身上是否有伤口或瘀伤。没有。

"没有暴力的迹象,"我说,"绝对没有头部损伤。"

警长高兴地笑了。

我拿起手术刀。"我们来看看里面。"

达尔茜的尸体并没有尝试掩盖她的死因。我从中线切开她的身体,立刻就看到了死因。

"天哪!"警长说,"这里是什么东西?"

她的心脏所在的地方是一个巨大的靛蓝色气球。

"这是容纳心脏的心包。通常我可以直接看穿它,就像一层缥缈的窗户。但达尔茜的心包已经充满了血。"

"为什么,医生?"

"一定是她的心肌破裂了。"

我准备切开薄薄的膜。心脏被刺中只有一个小小的好处:刀子一定会穿透心包,使伤口中的血液部分流出来,因此人有概率——非常低的概率——活下来。达尔茜的心包囊没有被切开。它完全膨胀了,但仍然牢牢地、忠实地包裹着渗漏的血液。被充满之后,心包像一条蟒蛇一样越来越用力地包住心脏,直到它停止跳动。

"看起来非常痛苦!"警长有些畏惧。

"不,不会。她几乎会立刻失去知觉。她会死得很平静,"我向他保证,"这会是我们希望的死法。"

心包储存着达尔茜的血液,这表明它很有弹性。但它对我的 PM40 手术刀毫无抵抗力。人死后,被困在里面的血液已经凝固,血块在心脏周围形成了一个完美的模型。它很坚固,也很脆弱,我能把它抬起来,小心翼翼地把摇晃的、心脏形状的孔握在一起。

我把血块放在一边,而警长正盯着藏在里面的心脏。心脏前壁严重地撕裂,看起来像一块布料上的鲜红的裂口。伤口可能有 1 厘米长。人死后,心脏不再承受压力,所以它不再是达尔茜生命结束时的那个缺口,但我仍然可以用手术刀的钝端轻易地戳穿它。伤口周围是死的肌肉。肿胀、结实——而且是黄色的。很抱歉,如果要打个比方,我能想到的最接近的东西是鸡蛋羹。

"Alka-Seltzer 对她没用。"我说。

警长看起来很困惑。"我不明白,为什么心脏出了问题,她会胃痛。"

"她没有胃痛。她只是觉得自己胃痛。"

我们有惊人的自我欺骗能力。达尔茜 67 岁,超重,如果她的父母中有一个人死于心脏病,我一点也不惊讶。但是,她突然感到剧烈的烧心,无法工作。所以她服用了抗酸药,并告诉自己一定是因为吃了咖喱。她可能想到过这是心脏病发作。

但她显然不愿意因为这一怀疑而采取行动。这种拖延杀死了达尔茜——虽然它至少帮助了法医病理学家。

心脏是一个肌肉球。我们说的心脏病发作,是指心脏某处的肌肉因为缺氧而死亡。严格来说,这是一种梗死形成。然而,如果患者因为心脏病发作而当场死亡,我们很难找到确凿的证据。我们必须排除其他的解释(其中最明显的是中风、肺炎、肺栓塞、穿孔型溃疡或传染病)。我们的确有辅助的化学检测(如果病理学家方法得当),但人在心脏病发作之后至少可以活三小时。到那时,肌肉中非常早期的缺血性变化已经变得明显,或者至少很容易被观察到。

身体会对死亡的组织做出反应,即派出巨噬细胞拾取残渣,这时受损的心肌会变得膨胀和紧实。该区域还会长出微小的新血管,从而开始修复过程。如果患者活了一周,受损的区域就会开始出现坏死,变成斑驳的黄色/红色。一个月后,它变得苍白。六个月后,薄薄的珍珠白的早期瘢痕就很容易被辨认。

达尔茜忽略了自己的心脏病发作,并在大约七天后达到了危险点。当时,巨噬细胞已经清理了大部分杂物,但自我修复手术还没有完全开始。在这个阶段,肌肉受损的区域最容易受伤。然后,在最脆弱的时候,达尔茜的心肌很轻易就屈服了。正常心跳的压力对它来说已经超出了极限,它破裂了。一股血液涌入心包,储存在里面。因此,这些血液挤压了心脏,使它无法跳动。破裂处周围肌肉的黄色/红色状态表明,心脏病发作大约在一周前。这与所谓的"烧心"的时间吻合。

在部分心肌死亡后，达尔茜活了下来，所以这次的心肌破裂对她而言很不幸，因为她本可以活得更久。心脏是一个小而高贵的器官，哪怕缺氧变得越来越严重，只要没有被压垮，它就会继续泵送。但要想正常工作，它必须有节奏地、协调地跳动。扑！两个心室的瓣膜突然关闭，肌肉收缩，把血液推进动脉，之后血液流向肺部或者流向全身。同时，心脏顶部的两个心房充满了血液。通！作为动脉守门人的瓣膜，为了防止倒流现在突然关闭了；而心房和心室之间的瓣膜打开，血液涌入。扑通。扑通。持续一生。每年大约 4 000 万次。直到大量的肌肉细胞死亡，完全扰乱了这种协调的节奏，心脏第一次也是唯一一次迷失、困惑、停顿，偏离了它多年来致力于实现的目标。死亡随之而来。

为了找出达尔茜的主要死因，我必须确定一周前是什么引起了最开始的心脏事件，并导致心肌破裂。

有三条动脉为心脏供氧，从而维持心脏跳动。一条为左心室的前壁供氧，一条为左心室的后面和侧面供氧，一条为右心室供氧。达尔茜的左心室的前壁细胞已经死亡，因此，我马上知道，一定是被称作左前降支的动脉发生了阻塞。

这种阻塞并没有立即导致死亡——实际上，人们很少会仅仅因为突发心脏病而倒地死亡。这种情况可能发生，但心肌梗死——也就是我们所说的心脏病发作——往往比人们意识到的时间更长，发展更缓慢。因此，当我们听说一个男人铲雪时紧紧抱住自己胸口并倒在地上，我很可能会发现他的部分心肌实际上已经受损并死亡了几天，甚至几周。铲雪的劳累使他狭窄的动脉无法提供足够的氧气，所以濒死的细胞被推向了最后的危机。我可能会看到进一步的证据，证明他在若干年内有过多次心脏病发作，但死者并不知道，或者至少没有告诉别人。我曾见过死者的心脏几乎被死亡肌肉的白色瘢痕所覆盖，让人惊讶死者怎么能活这么久。

如果为大脑供氧的颈动脉被阻塞，结果可能是急性中风，或者另一种情况——血管性痴呆。如果一个老人在没有剧烈疼痛的情况下无法行走，原因不一定是关节炎：肌肉抽筋和行动不便可能是因为腿部动脉狭窄。但最容易变窄的是为心脏供氧的动脉，即冠状动脉——这无疑是普通英国人的主要杀手，尤其是对处于中年后期的男性来说。受影响的女性明显较少，因为她们在过了生育年龄之前有一些自然保护。到了绝经期，激素水平的变化意味着她们开始奋起直追，在10年到20年内，也就是60岁或70岁的时候，死于冠心病的女性和男性一样多。

冠状动脉疾病——被称为"冠心病"或"缺血性心脏病"——是全世界最主要的死因，它在西方社会尤其严重。日本的发病率明显低于其他发达国家——但是当日本人移民到美国时，他们的发病率就会激增，这表明饮食和遗传一样对这种疾病有重要的影响。

动脉是如何被阻塞的？主犯是胆固醇。这是一种脂肪或脂质，我们体内的许多关键化学物质都需要用它来合成。它还能维持我们的细胞壁。因为它是必需的，所以人类天生就喜欢含有这些脂肪的食物。忙碌的肝脏将脂肪转化为胆固醇，并将其释放到血液中，使它循环到所有需要它的细胞中。当然，脂肪通常不能溶解，但在吃完油腻的一餐后大约七小时，胆固醇与一种蛋白质结合，脂肪、盐和蛋白质构成的气泡状结构带着它在体内运输。这种结构叫胶束。如果消耗的脂肪超过身体所需的脂肪，那么脂肪泡在血液循环中停留的时间会更长。

动脉的内表面薄而透明，就像保鲜膜一样。血液循环中的脂肪泡从这里渗漏进来，贴在动脉壁上。脂肪油腻物在这里形成了肿块和隆起，叫作"atheroma"（粥样斑块）——这个词在希腊语中的意思是粥，它看起来正是如此。当它沿着动脉壁扩散时，较大的肿块被称为血管斑块。

动脉有薄如蛛丝的内衬，通过它很容易看到血管斑块。它通常是斑驳的白色和黄色；究竟有多黄，取决于年龄和脂肪含量。如果它存在的时间不长，摸起来就和鱿鱼一样。但随着时间推移，它可能会钙化，这个过程会使它覆盖上一层薄薄的"冰"，就是那种孩子们喜欢在非常轻微的霜冻后踩上去的冰。当人们谈论动脉"生垢"时，你可能会想象水壶的内部，但血管斑块根本不是这样。它更像是苍白的黄油，上面有一层薄薄的白色糖衣。

健康的动脉是一根非常柔韧的管子，不需要多少力气就可以弄弯它。它比电线更容易缠绕在手上。事实上——很不幸，我们又回到了食物的比喻——它类似于煮熟的意大利面。

大多数动脉是白色的，但强大的主动脉——直接来自心脏的主要动脉——呈相当明显的黄色。然而，病变的动脉在衰老、僵硬的时候会变得更黄，我们称之为"动脉硬化"。我的第一位法医病理学老师曾经说过，在切开动脉时，你只需要仔细听就能知道它的病变程度。的确，你经常可以听到动脉的噼啪声，因为它已经变得非常僵硬和钙化。到那个阶段，它听起来就像刚从包装中取出的干面条。全面的验尸应该涉及所有的五种感官，所以我赞同倾听动脉的声音——但我也关心它们的触感。

当我闭着眼睛沿着动脉摸索时，验尸室里的人感叹道："你没有在看！"但对我来说，触觉和视觉、听觉一样重要。了解健康的身体部位的触感，可以更容易地发现问题。就动脉而言，通过感觉明显的肿块或突然出现的僵硬，我可以确定问题所在。

"我马上就能找到阻塞的地方。"我告诉警长。

以前我们用特殊的小剪刀沿着动脉剪断，但这有一定的风险。你会把阻塞动脉的血块推出去。所以，现在我们以 2 毫米甚至 1 毫米的间隔，横切血管，从一侧到另一侧。左前降支是西方人最容易被阻塞的冠状动脉，现在我从主动脉开始，小心翼翼地沿着达尔茜的冠状动脉摸索和切开。每一次切割都会出现清脆的响声，让我联想到早餐麦片。

我认为，达尔茜的粥样斑块首次沉积发生在多年以前。当粥样斑块首次沉积时，它就沉淀在动脉的内层细胞下面，并整齐地安放在那里。也许会维持一生，但更可能的情况是，维持到斑块扩大为止。有些斑块会成片地形成。一个完全畅通的动脉很容易只在一个地方出现阻塞，这可能是致命的，因为一串链条的坚固程度要看它最薄弱的一环，一条动脉的畅通程度要看它最狭窄的地方。而狭窄的地方往往是血流湍急的地方，内膜受到的冲击更大——就像两条河流汇合的地方水流更汹涌，河岸更脆弱。

主动脉在心脏和左肺的支气管上面向上和向后弯曲。然后，它环着脊柱前部向下，为较小的动脉供氧，而较小的动脉又为腹部器官供氧。中年前期最早出现斑块的部位，以及中年后期出现最严重斑块的部位，都在这些从主动脉分出来的较小的动脉上。脊柱底部，也就是主动脉一分为二形成髂动脉的地方，为两条腿供血，这里是另一个形成血管斑块的重要区域。而大腿上的股动脉非常复杂，有很多湍流：很多地方都会出现斑块。

所以，粥样斑块逐渐累积的部位，主要是主动脉以及为肠道、肾脏、腿、心脏和大脑供氧的血管。我很少在别的地方看到：例如，手臂上通常不会有粥样斑块累积。而静脉里根本不会积累血管斑块，可能是因为这里的压力要小得多。

随着斑块扩大，它有时会蔓延至动脉壁的中间层，并破坏掉它。动脉壁是弹性肌肉，在结构上至关重要。当心脏泵动时，在"加压-放松"的不断循环下，斑块会严重地削弱动脉壁。一旦发生这种情况，每次"加压-放松"之后动脉壁将不会恢复到正常的大小和形状。伸展性仍然保留，动脉会像细长的聚会气球一样扩张。这就是动脉瘤。而且，和派对气球一样,如果吹得太大,动脉就会爆裂。倘若如此,血液就会涌入腹部,往往会导致快速死亡。

斑块更有可能在动脉壁的内部累积。动脉壁的内衬开始向内膨胀;当然,这就缩小了可供血液流动的通道。这是心脏病的开端——但最开始没有症状。问题被隐藏起来了。后来,人在上坡的时候可能会呼吸困难,或者在心绞痛的时候感到非常痛苦,或者腿抽筋、头晕。我敢说达尔茜很熟悉其中一些症状。我们知道她有心绞痛,但她认定这是烧心,然后完全忽略了这个问题。

斑块使动脉变窄,血液必须通过一个更小的通道,因此不可能避免进一步的湍流。动脉非常薄的内膜受到了越来越多的冲击,如果它破裂,它所覆盖和包含的粥样斑块就会立刻被释放出来。

接下来,会发生两件事情。

首先,大块的脂肪油腻物会在血液中掠过,可能阻塞更末端的小动脉,从而切断了身体别处的供氧。其次,随着内膜被撕掉,下面更坚固的粥样斑块被暴露出来。身体立即将其封住,一层层的血块加剧了这一过程。

凝血系统不仅非常高效,而且非常热情,有时会产生过多的血块。这在切到手指的时候不会成为问题,但在小动脉内是潜在的灾难。因此,在解决一个问题的时候,血块实际上可能导致了另一个更严重的问题。如果血块也被血液推着走,那么此处或更远的下游的动脉可能会被阻塞。

如果阻塞很严重,它就会导致心肌大量死亡,从而影响心脏的效率,或者扰乱心脏的节律。或者使心跳完全停止。

在距离主动脉的起点大约1厘米的地方,达尔茜的血管斑块累积成一个坚实的肿块,就像一条吞下老鼠的蛇。切开它,我发现斑块的顶部被切掉了,形成了一个血块。这个血块完全堵塞了动脉。它是一种闪亮的、像铁锈一样的大红色。它看起来就像一大团果酱,但很结实,可以像牙膏一样从动脉里挤出来。

我也检查了另外两条冠状动脉。我发现,左前降支是三条严重病变的血管中情况最糟的。如果达尔茜因为烧心去看医生,只需要做个心电图就会知道自己的冠状动脉有问题。心脏专家可能会决定把金属支架放进去,重新疏通它。或者,外科医生可能会决定做动脉搭桥术。

但是,像这样很严重的粥样斑块,是否一定会导致死亡?戴维·凯利以及我见过的很多、很多其他人的例子已经告诉我们:永远不能做这种假设。在西方社会中,50岁以上(或者说40岁以上)的几乎所有人都有一定程度的粥样斑块。只有少数人可能非常轻微。事实上,粥样斑块非常普遍,以至于在那些罕见的情况下,如果死者的动脉完全畅通,我就会立即开始寻找恶性肿瘤。似乎癌症和冠心病是互斥的。也许是因为遗传,也许是因为一些肿瘤的代谢率很高,所以它们会分解掉能找到的所有脂肪。

冠状动脉粥样斑块并不总是致命的,更常见的情况是,它只是导致心肌的工作效率下降。或者,导致我们所说的衰竭。

心力衰竭听起来似乎是死亡的同义词，但实际上它是一种许多人长期忍受的疾病。如果达尔茜去看医生，她可能也是其中之一。心力衰竭只是意味着你的心脏没有能力满足你的所有要求，不管是走两步路到你家前门这样的小事，还是跑马拉松这样的高要求的运动。因此，也许我们从中年开始，就都有一定程度的心力衰竭。

然而，我们倾向于告诉自己，只要我们真心想要，就可以获得健康。承认心脏开始衰竭，意味着要改变自己的饮食和生活方式，并与死亡开始一种新的关系。只有极少数人会自发地这样做，达尔茜肯定没有。虽然我非常肯定她曾向死亡低头：她也许最近才戒了烟。

她血管中的斑块和肺部被小气泡覆盖的样子告诉我，她长期吸烟；但很明显，她的手指现在没有被尼古丁染色。然而，她的牙齿还保留着洁牙师也无法清理掉的赭石色。

基因、运气、生活方式这三者的常见组合决定了心脏的健康状况。而在这些因素中，最重要的是生活方式。然而，已知至少有500种不同的基因会提高胆固醇。同一个家庭的成员可能都携带相同的基因，并且都有特别高的胆固醇。他们可能自己不知道，直到有人意外早逝。有一些悲惨的案例，其中甚至包括青少年，他们的猝死似乎没有明显的原因，直到法医注意到他们的动脉血管斑块，并且发现一个兄弟姐妹的胆固醇比任何标准都高很多。

并不是所有的基因都不好。在密西西比州的一项为期15

年的研究中,研究对象是一群拥有特定基因的人,这种基因被认为可以减少体内的"坏"脂肪(低密度脂蛋白)。所有参与者的年龄都在45岁到64岁之间。研究发现,该基因可以将冠心病的发病率降低88%,这非常惊人。尽管超过一半的参与者有高血压,三分之一的人吸烟,大约五分之一的人患有糖尿病——这些都是重要的风险因素。做这项研究的科学家说,该基因仅将低密度脂蛋白水平降低了28%,但似乎就使冠心病发病率不成比例地下降。科学家发现,另一个将低密度脂蛋白水平降低15%的基因,能促使冠心病发病率降低50%。因此,有关科学家推测,人**在一生中**只需要少量地减少"坏"脂肪,就能产生重大的影响。他们进一步指出,他们的研究结果为一个广泛持有的理论提供了一些证明:斑块的累积从生命早期就已经开始,虽然它的影响要到很久以后才会感觉到。我给所有年龄段的人验过尸,根据我的经验,我认为直到中年时斑块才逐渐恶化。

心血管疾病的许多风险因素是任何人都无法改变的。一般来说,男性的风险要大得多。矮小的人也是如此,但原因尚不清楚。在世界的一些地方,特别是亚洲,整体人口可能有遗传易患病倾向。在英国,低收入者或生活在贫困地区的人,心血管疾病的发病率肯定更高。糖尿病患者几乎肯定会产生更多的粥样斑块。如果不认真控制自己的病情,即使是年轻人也会受到影响。许多肾病和某些肝病会影响心血管系统。子宫里的胎儿如果经历了缺氧(也许母亲得了先兆子痫,或者母亲肥胖,或者母亲在不该感染的时候感染了），也非常有可能在很晚的时候患上心血管疾病——对孕育于1918年大流感期间的人们的长期研究引发了这种怀疑。生活在繁忙的道路附近可能会增加风险：我们已经发现空气污染对心脏健康有重大影响，但也有可能是噪声产生的持续的低水平压力影响了血压。最后，抑郁症和创伤后应激障碍也都是公认的风险因素。

幸运的是，有些风险是我们可以控制的，至少在一定程度上可以控制。

愤怒会加剧原本就存在的、无症状的心脏病。压力也是如此，特别是涉及长时间工作、不良的饮食和睡眠模式的时候。我不需要再提醒吸烟者了：香烟会导致心脏病。至于我，有时需要被提醒的是，一天的饮酒量超过5酒精单位，或者一周的饮酒量超过14酒精单位，就可能导致血压升高和体重增加。这两个主要的风险因素可以通过定期锻炼来降低。锻炼也会提升血液中的"好"脂质。西方社会食物丰富，长期、认真地审视饮食对我们都有好处，不仅要审视卡路里的含量，也要审视卡路里的构成。

我希望我总是遵从自己的忠告。年轻人将自己置于危险行为或过度行为的风险中，这很容易理解，因为他们对可能的后果视而不见。比较难理解的是，我们其他人，像我和达尔茜这样的人，为什么明知故犯，为什么拿自己的心脏健康冒险。我的结论是，拒绝面对这类事实是人类的通病。大多数人都非常了解自己的生活方式的风险，但大多数人都很容易忽视这些信息。例如，尽管在健康教育方面的努力比以前多得多，但自从十年前提出"每天五种"的准则以来，每天吃五种水果或蔬菜的人的比例几乎没有增加。在一些人口统计中，这一比例反而下降了。因为，目前我们的心脏仍在跳动，即使动脉在抱怨，我们也听不到。只有当我们遇到最严重的风险因素时，我们中的一些人才开始后悔一生中的自满。这个因素就是年龄。

我做完了达尔茜的尸检，警长对我满怀感激。

"我很高兴我让你松了口气。"我说。

"可惜我没有，医生。"

我扬起了眉毛。"她真的是自然死亡。我向你保证。"

"我是指所有关于动脉变窄的讨论。我们都不知道，知道的时候已经晚了。我一直在想自己的饮食问题。我以前也抽烟。我的意思是，我希望可以从今天重新开始，而且这次一定要正确对待。那么，我现在有什么办法可以清理动脉中累积的杂物吗？"

"很抱歉，"我说，"答案是没有办法。生活方式的改变可以减慢，甚至阻止进一步的变窄，但不幸的是，对心血管系统的健康来说，没有第二次机会。"

他的脸沉了下来。智慧来得太晚。至于我，我对此知道得太清楚了。

17

我不愿去考虑自己的记忆在衰退。但我意识到,我检索记忆的速度有时比之前慢。有时还会出错。我在前文中非常激动地描述过,当我参加高级程度考试时,协和式飞机和红箭飞行表演队进行了表演。我记得那件事,仿佛它就发生在昨天。但我后来研究了一番,这件事并没有发生过。协和式飞机1970年首次降落在希思罗机场,我肯定记得这个场面,但我的记忆中插入了红箭飞行表演队。当时没有他们。我现在发现,协和式飞机和红箭飞行表演队一起飞行是在许多年后,可能我是在2002年才真正目睹了这一幕,当时他们在伦敦上空为女王登基50周年举行了一次飞行表演。

我的记忆在捉弄我,承认这一点让我很不舒服。当然,我把它解释为一个罕见的错误。有一种可能是,这种错误很快就会变得不那么罕见;但我不愿意接受这样的可能性。但要忘掉我开始写这本书之后不久发生的一个小意外,就不那么容易了。

我养了一窝蜜蜂：为了欣赏，为了放松，最重要的是，为了在烤面包上涂抹美妙的蜂蜜。夏天，它们会成群结队地飞。它们在阳光明媚的晴朗天气里会有这种习惯。这是它们的繁殖方式。幸运的是，蜂后和她的追随者没有走远。在蜂巢附近的一棵树上，我发现了一个毛茸茸的、耷拉着脑袋、扭动着身体的圆球，嗡嗡作响，振动着潜在的蜂蜜，使蜂蜜从大约八英尺高的树枝上滴下来。这对养蜂人来说是很简单的事情。第一步：梯子。第二步：纸板箱。第三步：快速摇动的树枝。第四步：新蜂巢。大功告成。

第一步和第二步都很顺利。但接下来几分钟的事情我已经不记得了。我不确定到底是几分钟。从上面说的第三步开始，到我睁开眼睛发现急救医士靠在我身上为止。我后来估计，我已经昏迷了大约十分钟。下面这些事情我都不记得：在我拿着盒子伸向蜂群之后，梯子就塌了。我的妻子发现我躺在地上，三万只愤怒的蜜蜂围着我。她一边喊着向邻居求救，一边打了报警电话。我的妻子是医生，她很快就判断我的呼吸是濒死呼吸（费力，喘息，不规则）。救护车鸣笛开来。急救医士开始做检测，并给我做了心电图检查。

我对这些一无所知，那几分钟不复存在了。如果我死了而不是昏迷了，那么我也不会知道自己正在死去。也许死亡就是这样。就像从梯子上摔下来。一个没有痛苦的、未曾体验过的事件，只有突然到来的空无。在这种情况下，没有什么好怕的。

那天晚些时候，我从当地的急诊室回到家。我腰椎的一个横突（脊柱边上伸出来的尖刺）发生了轻微的骨折，现在我的头痛逐渐减轻，脸色很红润。我怎么这么蠢，伸出了梯子允许的范围？难道我以为自己还像 20 年前那样苗条和灵活吗？整场事故是因为我没有认识到自己正在衰老吗？在验尸室里，我有多少次注意到这种"没有认识到"比衰老本身更危险？

我恢复了，而且很快就恢复了，但我在急诊室还遇到了另一个意想不到的结果。

我做了一次常规的 CT 创伤扫描。

医生看了扫描结果，然后说："你了解你的肝脏吗？"

当时，没有什么话比这些话更能让我感到恐惧。其他人害怕事故、心脏病发作甚至谋杀；但对我来说，恐怖的不是猝死，而是肝硬化。我不想生活在肝脏长期受损的痛苦中。

你可能觉得我能很容易地通过戒酒来控制我的恐惧。当然，我会同意你的看法。但梯子冒险发生的时间，正是 2020 年因新冠而封城的漫长的夏天，我承认我喝酒喝得异常多。

我整天都在工作，但晚上试图休息。在忙碌了一天后，在遛狗的时候，在做晚饭的时候，我喜欢给自己倒一杯酒。我对威士忌苏打的偏爱，可以追溯到与我岳父在马恩岛度假时：作为一个前殖民地居民，他每天晚上都喝一杯；当我们待在那里的时候，我也那么做。正是在那个时候，我开始把酒和美好生活联系起来。把酒和衰退之日的宁静联系起来。把酒和完成艰苦工作的回报联系起来。把酒和愉悦、放松还有幽默感联系起来。

所以，现在每天晚上我都会给自己倒一杯酒。我测量过吗？当然没有。我的杯子上有一条线，这是设计的一部分，我倒酒只倒到那条线。我有时会想这条线下面有多少酒。当然，我不只喝一杯。我决定要喝两杯。

我喝得很慢。我很放松。当我喝完后……我通常会再倒一杯。我可能正在读书、聊天或看电视，但我手里经常拿着一杯酒。晚上吃饭时，我会喝掉半瓶酒……实际上，有时比半瓶还多。

很久以后我才开始计算，但即便到了那个时候，我也没有对自己诚实——真正的酒徒就是这样。两杯双份威士忌，4 酒精单位，加上半瓶葡萄酒，5 酒精单位。夜晚总共是 9 酒精单位。一周里的每个夜晚都是如此。9 酒精单位，每周 7 个夜晚……那就是……不，肯定没有这么多。所有的酒徒都可以声称一周只有 4 天。但是，为了表现得诚实，我承认我每周喝了 63 酒精单位，是建议最高量的 4 倍多，而且中间没有间隔。我的肝脏得不到休息。

我知道我必须改变。我决心至少戒酒一周。但那天晚上 19 点，我非常痛苦。无论如何，我喝酒没有任何实际的后果，对吧？威士忌是在家里喝的，所以开车不是问题。我当然没有摔倒或引起争吵。我对自己和他人都没有危险，而且我总是很清醒，准备在早晨去上班。所以喝酒的危害在哪里呢？我不再痛苦，伸手去拿酒瓶。

一天晚上，我在看电视新闻的时候听到某个声音在嘀咕——也许实际上声音还很响？这是我的声音吗？它表达了我平时可能不会表达的意见。总之，没有那么强烈。事后，我不太记得我是大声说了什么，还是只想了一下。我问了我的妻子。很明显，我大声说出来了。

我有时睡不好觉，有时早晨醒来脑袋会有点混沌，希望自己没有喝过酒。但是，如果晚上没有喝酒的仪式，我就没有那种放松和获得奖励的感觉——这种感觉是我下班之后放松身心的重要部分，或者说，这是每一天我放空自己的方法。对我来说，我不觉得喝酒是破坏性的，我觉得它在提高生活质量。根据阶级、经济状况和年龄，饮酒模式分为很多种。欢迎来到我的老年职业者景观，完全被社会接受的家庭饮酒景观。而且，我们处在封城状态。我告诉自己，所有人都这样。

封城暂时放松了，我花了一些时间与年长的亲戚在一起，几天来没有喝一滴酒。由于我离开了家，脑子里没有响起晚上19点的闹钟。戒酒使我感觉更敏锐，更欢快。事实上，这非常好，以至于我下定决心，回家之后我要戒掉喝威士忌的习惯。在做出这个决定之后，我决定完全诚实。我以前一直很诚实，但那是酒徒的诚实。现在我要戒酒了，所以我可以说出真相，全部的真相。

之前我承认我经常喝两杯双份威士忌；但事实上，我一般是喝三杯。所以，在上周和夏天的大部分时间里，当时的我每周不是喝63酒精单位，而是77酒精单位。这太多了。那个人让我感到震惊。每天夜晚，他的饮酒量几乎都达到了每周饮酒的上限。我真的不想再认识他了,无论他认为自己多么应该喝晚间小酒。

但他很快就回来了。

我不记得是什么削弱了我的决心,也许是我的妻子在夏天的温暖长夜里坐在花园中啜饮一杯金汤力,也许是森宝利超市里我最喜欢的威士忌在超低价促销。总之没过多久,我就试图趁妻子不注意把空瓶子换成满瓶子,如果她离开房间一会儿,我甚至会偷偷地把杯子倒满。一天晚上,我提出了一个可怕的问题。我上瘾了吗?

"上瘾"的一个广为使用的定义是:由于对酒或毒品的依赖,生活变得无法控制。我认为自己肯定不符合这个定义。另一个定义是,如果没有使用该物质,就不会觉得完全正常:换句话说,使用并不会带来有益的"好"状态,但失去它就会带来缺失和"坏"状态。填补这种缺失仅仅是恢复了正常的感知状态。我知道我可能符合第二个定义。我之前什么时候陷入过这种困境?啊,是的,我试图戒烟的那些年。

我完全意识到了香烟的危害;毕竟,我经常检查病变的肺和过劳的心。我在早晨醒来的时候,经常决心今天就要改变。我跟自己讲道理,设定最后的期限,我的大脑与我的习惯做交易,我经常告诫自己,几天、几周甚至几个月不要抽烟……但我总是复吸。直到中年的某一天,我知道这一次我想要戒掉。真的。而且,很简单,我做到了。

而现在,基于同样的理由,我劝自己戒酒。我已经承认了问题的严重性，我真的很想戒掉，我不想带着酒精依赖进入疫情之后的世界——大家都在期盼它赶快到来。

我试过了。但我无法摆脱封城时养成的习惯。我的饮酒量一直居高不下。现在我很生气。我开始厌恶自己。似乎不是我自己决定要喝酒，而是威士忌决定我要喝酒。失控是非常可怕的事情，也是相当可耻的事情。

所以，当我从梯子上摔下来，医生告诉我扫描显示我的肝脏有问题，我经历了一个恐怖的时刻。我一直以某种方式把一块挡板放在我与真相之间，在那一刻它突然被抬起来了。

我的肝脏当然有问题！我非常清楚，那个杯子的量并不是双份威士忌。我检查了。是的。它好像是四份威士忌。每晚3杯就有12酒精单位，再加上5酒精单位的葡萄酒，那就是每晚17酒精单位，**也就是每周119酒精单位**。我不能假装我每天早上醒来时都头脑清醒，但我并没有像其他人那样砰砰地头痛。这意味着我的肝脏已经开始习惯于处理大量的酒精。相信我，这真的不是好兆头，特别是如果愚蠢到每天都喝酒，让肝脏没有时间自我修复。而我这个酒瘾者就是这么蠢。

我想起了我见过的所有像鹅肝一样明显多脂肪的肝脏，又大又白的肝脏，像一碗已经发酵但未煮熟的生面团。油腻的面团。呕！而现在医生告诉我，我的肝脏也是一样：多脂肪，而且可能有肝肿大。

哦，多么虚伪啊。当我照镜子时，我看到的是一个相信西方医学的人，他重视疫苗接种以及所有在预防和治疗疾病上的显著进步。但我也看到了一个选择无视科学证据的人，这些证据表明他正在损害自己的身体，危害自己的健康。我认为有知觉意识的人都不会这么做。我躺在急诊室的窗帘隔间里，当时就决定要戒酒。

"我的肝怎么了？"我问医生，试图掩饰内心的恐慌。

"上面有一个囊肿。"他说。

我如释重负。就像在一个温暖的浴缸里洗澡。

"哦，只是个囊肿！"我高兴地说。不管原因是什么，都不是因为酒精。

"也许你想要观察一下？"他建议道。

我几乎笑了出来。

"不，不，如果只是囊肿……可能是天生的！"

我回家的时候感觉很快乐，不像是刚从梯子上摔下来的人。当然，我需要喝一杯。那天晚上，我的手在威士忌上徘徊。徘徊了整整一秒钟。这通常是一种奖励，但经历了这样一天之后，这成了一种补偿。我向自己保证，喝完这瓶酒就再也不买了。但我只坚持了几周，直到我最喜欢的品牌有了另一个特别优惠。

"你就不能适量饮酒吗？"我的妻子，一个能整晚喝金汤力的人问。

我尝试过，但我做不到。所以我只有一个选择，那就是放弃。

我没有。

后来，医院来了封信，叫我去做肝脏扫描。

我吓坏了，赶紧去打电话。我要去验尸，所以我没法应约。我希望他们不要再给我预约。不幸的是，接线员已经答应要为我预约。

"呃……是谁说我需要预约？"我问。

她说了医院的肝脏专家的名字，告诉我很快就可以做超声波扫描。

"有必要吗？"我问，"只是个囊肿。"

她叹了口气，向我保证专家只会做必要的检查。这我知道。我很快就知道，急诊室的扫描报告已经交给了我的全科医师。他太警觉了。他已经注意到了肝脏囊肿，现在让我回医院去。

我很害怕面对这次预约。我知道扫描结果可能是一个非常难看的肝脏。之后专家将问诊，他会问我："你喝了多少酒？"然后我就可能试图离开我夜晚的伙伴——威士忌苏打。

我不想做扫描，不想让专家来做。我想自己给自己做。

这一次，我真的戒酒了。彻底地。六周以后，我的体重减轻超过四千克，血压也比平时低，我去了肝脏诊所，在屏幕上看到了我健康的肝脏。戒酒使它受益，它可以进行必要的修复。至于囊肿，有三个。可能是什么原因？我们借这个话题开玩笑——专家是为了好玩，我是为了避免焦虑。所有我知道的感染，所有我知道的蠕虫……

我说："呃……我希望不是棘球蚴囊。"

"我只在农民身上见过它。你养过牲畜吗?"

"没有。"

"别担心。你的囊肿是先天性的,不会造成威胁。"

如果那天晚上我有过给自己倒杯酒庆祝一下的想法,那也只是一闪而过的念头。回顾我的日常饮酒,我清楚地知道,虽然我说我在过量饮酒期间感觉良好,但我其实感觉不太好。酒精的影响也有长尾效应,这个尾巴一直延伸到第二天早上。我的工作效率可能至少下降了10%,而且,早晨时我真的不舒服。当然,如果我愿意,我现在可以偶尔喝几杯酒——我知道一杯酒给一餐饭增加了一个额外的维度,这是多么令人愉悦的事情——但是我不想让自己再次被酒精的邪恶属性所影响。

我这个年龄组的人倾向于用酒精奖励自己,这种倾向反映在死于酒精的人数上。这个数字在中年后期达到顶峰,然后开始下降,但到了我这个年龄时仍然很显著。另一种恶习杀死了我的更多同龄人。那就是尼古丁。

战时的英国是一个吸烟者的国度;在此后的许多年里,我们依然如此。大约在我出生的时候,即20世纪50年代初,流行病学先驱理查德·多尔持续提醒人们注意吸烟对健康的影响。这条消息遇到了巨大的阻力。我在封城期间的饮酒证明了一件事:知道某种东西有害是一回事,改掉成瘾的习惯则是另一回事。

我们这代人很幸运,在开始吸烟之前就已经知道了吸烟的危害,那么我们为什么还要吸烟呢?一定是因为我们在模仿别人。而且，我们上了广告的当。我非常清楚地记得，在那个粗犷的景观中，一个坚毅的男子在马背上眺望远方，香烟，当然是那个令人回味的场景的必要组成部分。一些演员参与了那场著名的香烟营销，他们几乎都死于肺癌或慢性肺病。

我不能怪我的父亲树立了坏榜样。我们家是一个不吸烟的家庭——实际上是反吸烟的家庭。但在家庭之外，我身边都是不想戒烟的人。在我们的整个青年时代和大部分生命中，烟雾意味着舒适、幸福和成熟。如果不是在家里吸烟，就是在每辆巴士或每列火车上，在每家咖啡馆或酒馆里，在每条街道上。工作时，办公室和走廊里都弥漫着烟雾；甚至在医院里，病房外面有专门为吸烟者设置的休息室。

我开始吸烟是刚上医学院的时候。对，很讽刺。我花了20多年才戒掉这个习惯，而许多人根本就没有戒掉。吸烟群体就在这个国家的统计数据中，他们死于各种癌症，死于吸烟导致的慢性肺病，还有一部分死于心血管疾病，因而没有纳入统计数据。多年来，人们可能会期望，与吸烟有关的癌症不再是最主要的死因，因为吸烟的人会越来越少，尤其是年轻烟民越来越少。但是，尽管现在发达国家的吸烟率非常低，但其他地方的情况并非如此。移居到这个国家的人往往坚守着原来的习惯，出生于英国的吸烟者多年来也是如此，所以这可能会在未来一段时间内反映在死亡统计数据中。

理查德·多尔就此问题的发言在部分程度上构成了对他自己的纪念：

老年死亡是不可避免的，老前死亡则不然。在先前的许多世纪中，我们认为70岁就是人类被分配的寿命，只有大约五分之一的人能活到这个年龄。然而现在，对于西方国家的非吸烟者来说，情况发生了逆转：只有大约五分之一的人在70岁之前死亡，而且非吸烟者的死亡率仍在下降；至少，发达国家可以承诺一个大多数人活到70岁的世界。为了兑现这一承诺，必须设法限制目前烟草造成的巨大伤害。不仅让发达国家的数百万人认识到，而且让其他地方的更多人认识到，继续吸烟的人在多大程度上缩短了他们的预期寿命。

我自己的生活证实了这位伟大的流行病学家的话。在我出生的那一年，平均预期寿命是69.17岁，女人长一点，男人短一点。我还没有到达这个年龄，所以我仍然可能在69.17岁死去（如果你好奇的话，是2022年11月21日）。然而，我已绕过生活中的危险，找到了应对的办法：戒烟并且活到了目前的68岁，我的预期寿命已经上升到令人振奋的83岁。

我已经经历了生命中的心脏危险，吸太多烟，喝太多酒，但有一个风险因素被我非常幸运地躲掉了。它在临床上被发现，但鲜为人知，而且往往影响社会中的老年成员——尽管它与疫情封城期间长期与世隔绝的人可能也有关联。这个因素就是孤独。大多数人都会承认家人和朋友的重要性：当然，如果没有他们，我的世界里的一切都会变得微不足道。但我这个年龄组的人的一个特点是，生活的变化和损失意味着，到了现在，许多人完全是孤独的。

鉴于冠心病与孤独之间的神秘而已被证实的联系，我可以推测——但只是推测，我最早经手的案子之一，凶手就是孤独。经历了 23 000 多次验尸之后，我可能会忘记其中的许多，但没有忘记这一个案子。

1990 年，我是一名热心的年轻病理学家，渴望将多年的学习和培训付诸实践。每当电话响起，我就匆匆赶过去，有一天下午，有电话通知我去萨里郡的一间停尸房。前一天晚上刮了一场大风，当我出城的时候，我看到了很多倒下的树，大树已经断掉，重重地摔在路边。我没有想到，大风就是我接到电话的原因。

一名验尸官办公室官员和一名资历很浅的警员在停尸房等我，他们周围是各种各样的箱子和塑料袋。没有常用的密封资料袋。再加上警察很少，我知道了，大风的后遗症占用了资源，有人已做出决定：死者和这个案子都不重要。

验尸官办公室官员解释说，一棵树在大风中倒下，根部露出了人骨。这棵树离多尔金很近，但很少，或者说几乎没有人来参观。它曾经属于一处宏伟的景观和巨大的花园，但现在所有这些都已经破败，发现尸体的地方杂草丛生。在前一天晚上的大风之后，今天才有人到现场调查树木的损坏情况。

我的第一反应是怀疑，因为总有人拿着骨头找到法医病理学家。建筑商会很不情愿，因为他们知道，如果这属于一个维京人，那么所有的施工都必须停止，考古学家就会进驻。而自己动手为房子扩建地基的人会很兴奋，他们认为自己可能处在谋杀之谜的线索中。几乎所有以这种方式发现的骨头都是动物骨头。但这一次，验尸官办公室官员向我保证，第一个被找到的是人的头骨，所以不可能出错。

我快速扫了一眼警员递给我的照片，发现林地上有一个头骨，附近还散落着几根长骨头。最明显的是一根股骨，也就是大腿上的大骨头。但还有别的。

最后，我看到了衣服，尽管这些衣服从照片上看不出来。警察最开始小心翼翼地挖掘，但后来他们只是把找到的所有东西都放进袋子和盒子里，让我来整理。

我进一步研究这些照片。在树长出来之前，尸体是不是已经在那里？我认为不是。这棵树从它生长的陡坡上倒下，造成了轻微的滑坡：正是这个滑坡使尸体暴露出来。

我瞥一眼这些盒子，闻了闻上面的泥土味，就知道这具骸髅在**原地**待了很久。我现在试图从照片上确定这具尸体是否被埋在一个浅坟里。也许是。但不一定。也有可能死者死在附近，就在这棵树附近，多年来逐渐被落叶和林地的其他碎片覆盖。将一棵树连根拔起会对林地的结构和生态造成巨大的干扰，因此，很难区分哪里是挖过的地方，哪里是被扰动的地方。

我决定先整理人造物品。包里的所有东西都被紧紧地挤成一团，而且被泥土包裹的方式证明它们已经被挤压很久了。

有一条粗花呢的裤子，之前可能是绿色的。一件深色的单排扣夹克，有些地方几乎已经与衬里分离，但臂骨仍然在一只袖子里。

"呃……"年轻的警员说，"就像在看恐怖电影。"

我小心翼翼地把夹克从骨头上解下来。袖口没有手。如果手和脚暴露在外，通常很快就会被老鼠吃掉。

一件破烂的羊毛衫，现在是土壤的颜色，之前可能是黄褐色。里面没有标签，但下面有一个钱包，装着几枚硬币，最新的一枚是1975年的。有两把钥匙，在一个双菱形钥匙扣上。一盒烟丝，还有火柴。两只结实的棕色系带鞋，其中一只和裤子一起被发现，仿佛里面有一具尸体；另一只鞋在几英尺外，靠近林地表面。两只鞋都没有鞋带。但这两只鞋的袜子里都有脚部的小骨头。

所有这些都表明，死者可能是个男人；而且从衣服和物品来看，我觉得他死的时候可能至少是中年后期。衣服的样式和保存情况都表明，这个人不是都铎王朝的贵族，而是20年前仍然在世的人。所以，如果死者是凶杀案的受害者，凶手很可能还在附近。

我感觉，无论这个人是谁，他都已经被警方注销了。我要从这堆希望非常渺茫的收藏中确定是否有杀人的证据，我认为这是我的工作，也是我对死者的责任。到目前为止，还没有证据。例如，衣服上没有明显的刀子进入或挣扎后撕裂的痕迹。

然而，有一个值得关注的、可能非常有用的特征。

在裤袋内，横跨衬里的地方，用绿色记号笔工整地写着："N HAMILTON LYTT"。下面是"25 – 3 – 75"。

这引发了我们三个人的许多猜测。为什么有人把自己的名字写在口袋里？这个日期是什么意思？考虑到 1975 是他口袋里最新的一枚硬币的年份，这个日期会不会是他的死亡日期？如果是这样，我们可以假设不是意外或心脏病发作，而是非常奇怪的凶杀，或者更可能是自杀。尽管对于有自杀倾向的人来说，这似乎是一件奇怪的事——写下名字和日期，以便多年后给发现骷髅的警察一些提示。

现在我们猜测这个人的名字是 N Hamilton Lytt（出于某种原因，我们选择叫他尼尔）。警员相信不需要多久就能找到更多关于他的信息：他马上给办公室打了电话，说明了情况。但这并没有阻止我们继续猜测。

我个人怀疑这个奇怪的标记是否表明尼尔患有痴呆或其他精神问题，照顾他的人把他的名字写在那里，以防他迷路。如果他死于 20 世纪 70 年代末或 80 年代初，那么他可能来自某个大型机构——萨里郡肯定有几个这样的机构，保护但有时也监禁弱势群体。在 80 年代，社区护理发生了转变，这些机构中的许多住院者第一次发现自己置身于更广阔的世界，有些人根本无法应付。尼尔是其中之一吗？

如果有人照顾他，那么我猜 Lytt 可能不是他的名字，而是他住的服务机构的名字缩写。也有另一种可能，即 Lytt 是别人的名字。死者可能是流浪汉，或者这是救世军[1]提供的衣服，而 N Hamilton Lytt 可能是这些衣服的前主人。

这些猜测表明，我们有很多东西不知道，而且有可能永远不会知道。所以我继续完成分类和检查的任务。

大部分骨头在一个盒子里。经过仔细研究，我确信它们来自同一个人。确定这一点很重要。在 1990 年，在广泛使用 DNA 检测之前，这完全靠判断，而不靠科学分析。它们看起来是来自同一个人的身体，而且没有重复的骨头，所以这个假设似乎很可靠。

骨头是棕色的，和土壤的颜色一样。法医小组没有发现其他的身体碎片：除了骨头，其他部分都已经腐烂或被动物吃掉了。令人遗憾的是，警方已经认定此案并不重要，不值得耗费许多稀缺的资源。如果在案发现场 4 立方米范围内仔细搜查，可能会发现更多的东西——或者，无论如何会发现一些较小的骨头，这可能会有所启示。

我们开始在水槽里把骨头擦洗干净。

尼尔的头颅没有下颌，上颌没有牙齿，但我从牙槽可以看出他在死亡时有牙齿。左右两侧都有肩骨和臂骨。也有髋骨，还有 10 根左肋骨和 9 根右肋骨。24 块有关节的椎骨中，有 19 块是存在的。有很多右腿骨，但没有左腿骨。没有手骨，但脚

---

[1] 救世军（Salvation Army），1865 年在伦敦成立的慈善公益组织，它以军队的形式作为其架构和行政方针，以基督教作为基本信仰，在街头布道、做慈善和提供社会服务。

部的小骨头被整齐地保留下来了。

我把骨骼摆在白色的床单上，像玩拼图一样。这是我喜欢的一项工作，两名警官都很着迷。当以二维的方式呈现时，人类的骨骼有一种怪异的魅力。尼尔的骨骼有点像一棵奇怪但可爱的树，肋骨从最上面向外伸展，一排强壮的椎骨像树干一样从中间穿过。

衣服让我感觉这是一具男人的尸体；头骨似乎证实了我的直觉。眼睛上方、眉毛所在地方的嵴，即眶上嵴，通常在男性中更为突出。颞骨乳突也是如此。完全依靠这些特征确定骨骼的性别是很不可靠的，因为可能有很多变量。例如，加勒比地区的黑人女性往往有较大的眶上嵴。然而，我相当确定尼尔是男性：女性头骨的形状往往更圆、更光滑，而且比男性头骨略小。

对新手来说，人类的骨骼似乎只是一堆乱七八糟的肿块、凸起、凹槽和棱角。但是，每一块骨头都有特殊的存在原因，如果你能读懂骨头，它们就很吸引人——特别是当你试图确定骨骼是属于男性还是女性时。

首先要检查的是髋骨，确定坐骨大切迹的形状。秘诀是，"L"代表露西（女），"J"代表约翰尼（男）。尼尔绝对是男性。接下来看髋骨前端的角度——耻骨联合。它像尖塔一样锋利，所以，又一次证明了尼尔是男性。最后，我通过髋骨孔往下看，确定其整体形状。尼尔的髋骨孔不是椭圆形（椭圆形能让婴儿的头通过），而是整齐的"O"形。他是个男人，没有错。我用一个特殊的测骨盘测量他保留下来的长骨的长度，并应用标准公式，我估计他的身高在 5 英尺 5 英寸到 5 英尺 8 英寸之间。

我们重新仔细检查了现场的照片，寻找更多的线索。但什么也没有。只有脏衣服、棕色的旧骨头，由于它们分散在各处并被很好地伪装起来，所以很难看出来。骨头之所以会缺失和散落，当然是因为捕食者。而且有很多。大的如狐狸和狗，小的如老鼠，还有一些更小的：昆虫和细菌——在我们重返大地的关键过程中，它们有很大的贡献。尘归尘，土归土。如果没有埋太深，大型捕食者确实可以把尸体的一部分拖到表面。事实的确如此。它们有时候不会立即坐下来吃东西，很多时候，它们会把骨头带走，到很远的地方去啃，这让病理学家很生气。较小的捕食者非常喜欢把衣服或头发的碎片铺在洞穴中。

在保留下来的骨头中，动物的牙印清晰可见，但没有证据表明尼尔遇到了事故或凶杀。如果他只是摔倒后死于低温，那么从现有的骨头也无法判断出来。如果有人用刀袭击了他，那么行凶者的秘密就会随着尼尔一起沉入地下。然后，我注意到尼尔的一根肋骨上有轻微的肿胀，表明它曾经被打断过。如果我们确定了他是谁，这可能表明死亡时有暴力发生——警方可能会对这种情况更感兴趣。但是，我把肋骨转了几圈，发现这是一个旧的骨折伤——可能发生在死前一年左右。几乎不可能表明尼尔的死因。

判断年龄就有点困难了。超过 30 岁的死者，在任何情况下都很难判断年龄。他的一个膝盖上有轻微的关节炎。牙齿都长出来了。第三颗臼齿（智齿）的牙槽仍然存在。大多数牙齿只有空洞的牙槽，有些牙齿在活着的时候就已经缺失，但颌骨已经愈合。为数不多的几颗牙齿状况不佳，磨损严重，牙齿根部非常近的地方有一圈结石，这很能说明问题。

有点骨质疏松，早期关节炎、磨损的牙齿……甚至烟丝似乎也与年龄有关。把所有这些放在一起，我估计尼尔去世时的年龄在60岁到70岁之间。

警方想问的关键问题是：他死了多久？有各种各样的人造物可以检查。如果他们准备付钱给火柴或烟草专家（我确信有这样的人），我敢说尼尔携带的烟草盒会有帮助。也许衣服也可以确定日期。但是警方只想让我来回答这个非常困难的问题。

尼尔的尸体已经完全分解，骨头表面被严重侵蚀，所以我确信尼尔至少死了5年。他身上最新的硬币是1975年的，也就是15年前。我选择了这两种可能性之间的中点，认为他死于10年前，也就是1980年。也许吧。[1]

当然，我必须把死因写成：不明。在我的文件里，尼尔有一个号码，文件的名字是"骨头"。我确信他迟早会被认出来。当然，一定有人报告了 N Hamilton Lytt 的失踪，如果警方梳理他们的失踪人口档案，他们会找到一个照顾者、一个朋友、一

---

[1] 这个案子年代极久远，死者已经去世了很久，显然与任何人都没有关系。所以我允许自己打破自己的规则，透露可能会确认他身份的信息。——原书注

个邻居或一个家庭成员……

过了一段时间，一直在追踪"N Hamilton Lytt"这个名字的警探最后报告说，英国绝对没有一个叫 N Hamilton Lytt 的人在 1975 年还活着。他不在任何名单或登记册上。我们对尼尔的描述，不符合任何已报告的失踪人口。

令我惊讶的是，警方随后决定花钱对头骨做三维面貌复原。这在当时很流行，而且并不便宜。大多数复原都是用黏土精心制作的，有些确实准确无误，并因此识别出了失踪者。但我对此表示怀疑。他们拥有头骨的主要部分，但没有颌骨；头骨来自一个可能十年前就已经死亡的人，而且只有几颗牙齿。这种复原能有多准确？

尼尔的形象最开始是雕刻出来的，但我得到了一张二维照片，以电子的形式放在头骨的照片上。我的疑虑被打消了。我肯定这就是尼尔。当我从一个图像逐渐过渡到另一个图像时，下面的头骨变得清晰可见，脸部也很自然地贴合，看起来就像某个人的叔叔的黑白照片。尼尔穿着毛衣、衬衫，打着领带，像当时的老年男性一样穿着休闲装，看起来完全就是某个你一定认识的人。不是很熟。但你经常看到他。每天早晨在火车上读《每日快报》的举止温和的读者，或者经常跟你说几句话的遛狗人，或者经常和邻居待在一起的安静的兄弟，或者……好吧，在那张照片里，我看到的是一个活生生的人，而不是躺在林地里、被狐狸踢来踢去的半截头骨。

我肯定，这张照片一流传，就会招来尼尔的一个亲戚或朋友。

事实并非如此。

尼尔的骨头和口袋里神秘的记号"N HAMILTON LYTT"，仍然列在国家打击犯罪调查局（NCA）的失踪人口名单中。时至今日，还没有人站出来说认识他，或暗示他可能是谁。显然，他生前隐于世间，死后被人遗忘。但我没有忘记他。多年来，我检查过许多身份不明的尸体。通常最终都能确认他们的身份。有一个男人，发现他尸体的地方距离发现尼尔尸体的地方不远，而且发现他的时候就在发现尼尔之前不久。他的心脏起搏器被认出来了——每个心脏起搏器都有一个序列号，追踪主人的名字并不难。结果人们发现这是一个出门散步未归的当地人。他的妻子在9个月前就报告了失踪。

我们必须假设，尼尔至少在晚年过着流浪的生活，所以他从平常待的地方消失了，这并没有惊动任何人。有时，老人在家中被发现，尸体已经开始分解，邻居们只是因为闻到了气味才警觉，没有人注意到他们不在外面，也没有人担心他们不接电话。在这种情况下，尸体可能会有一定程度的分解，我们因此无法确定死者是不是自然死亡。老人或弱势群体总是独自一人，这时可能发生很多事情——残忍的骗子可以利用其弱点，他呼救时没有人会听到，他感到问题严重时没有人伸出援手。

是什么导致尼尔死在离城镇这么近的孤独的山坡上？在他活着的时候，是什么导致了周围人的冷漠？尼尔活着的时候是游魂，他死后仍困扰着我。

18

　　我被叫到一栋昂贵、漂亮的房子。它位于一个繁忙的住宅区，旁边是一条主干道和一条铁路线，但没有什么噪声，因为它坐落在一个成熟的、精心打理的花园中。车道两边是成排的杜鹃花，由于现在是5月，杜鹃花开得旺盛。

　　警察告诉我，这里有两具尸体，是一对夫妇。听到这个消息，我立即想到这是一起"谋杀后自杀"案件。这通常一目了然。如果女人躺在厨房的地板上，背后插着一把刀，而男人在客厅里，身上有近距离接触的猎枪弹伤，那么就用不着咨询维多克协会。

　　然而，警察接着补充说，这对夫妇年纪很大了。我马上知道，这个案子更加复杂。"谋杀后自杀"属于那些有激情的人，或者说，属于那些害怕爱情和欲望（爱情的伙伴）减退的人。老夫妻会有很多情绪，但很少有强烈的激情。他们太忙于应付自身的困难。是的，我们现在必须研究"老老期"这一不可避免的现象。不是衰老，而是过了从"初老期"到"老老期"

的临界点。[1] 这个临界点很难被辨认出来，因为它是渐进地到来的，也因为它对一些人来说来得很晚，对另一些人来说却出奇地早。

也许我们可以这样定义：失去了一些独立性，但没有完全失去独立性。或者说，只是身处限制中。在这个群体中，许多之前忙碌、活跃的人发现自己的生活受限于身体疼痛、疾病或多年来悄悄出现的疲劳感，这种疲劳感使他们越来越喜欢扶手椅。园艺这样的爱好不再是一种乐趣，而是逐渐变成一系列必须勉强解决的杂事——或者必须找别人来解决。至于假期，曾经可以无忧无虑地计划和期待，但现在想要放松必须有年轻后代来陪伴。即便如此，假期也可能催生焦虑，因为失去了平时的生活习惯，或者可能无法得到需要的东西——近在咫尺的卫生间、午餐、晚餐前的酒、当地的好医生。

年轻人像蜘蛛一样忙碌地编织复杂的生活之网；老人不愿意把压力留给年轻人，经常感到焦虑。他们焦虑自己的需求得不到满足，或者焦虑身体上和精神上可能出现的新限制已经超出了他们的能力。30 年前还是工业界巨头的人，现在可能会发现，换乘火车这样简单的事也成了一种心理和生理上的挑战。慢性的长期病痛和周期性的短期问题，导致他们越来越有依赖

---

[1] 根据世界卫生组织的定义，老年人可以分为三类：初老期（young-old，约 65 岁至 74 岁）、中老期（middle-old，约 75 岁至 84 岁）和老老期（old-old，85 岁以上）。

性。小时候，我们的世界越来越大；直到 20 多岁，世界完全属于我们。而现在，到了老老期，世界变得越来越小。我们把大部分时间用于管理自己衰弱的身体。我们开始依赖别人——就像孩提时代那样。

所以，当警察告诉我一对老夫妇双双死亡时，我本以为会走进一个由损伤、限制和依赖组成的纠缠的绳结。杂草丛生的花园，铺得很松的小路，剥落的油漆，玻璃上长满水藻的温室：房子外面的这些迹象，都表明里面住着老人。

但这里不一样。我看到了精心打理的花园，干净的窗户，新粉刷过的窗框。唯一的蛛丝马迹是靠在门边外墙上的一根手杖。

在房子里，一位警察接待了我，并向我介绍情况。他慢慢地打开前门，我很快就理解了他的谨慎。很容易被里面的尸体绊倒。

"这是梅森-格兰特夫人。"他说。

这位上了年纪的女人衣着得体，粗花呢短裙，实用的鞋和紧身裤袜。她仰面躺着，脚正在门内，头离楼梯的第一级台阶只有几码远。她的羊毛衫和上衣被拉开，救护车的急救医士把蓝色的心电图传感器放在她的胸口。她的紧身裤袜被剪开了，也许是法医为了给她量体温。如果是这样，我会很高兴。我知道有很多人会问我死亡时间。

我也给梅森-格兰特夫人测了体温。尸体是早上 10 点发现的，法医[1]很快就来了，一个法医小组已经忙了一整天。现在已经是下午17点多了。

一名犯罪现场调查人员从我们身边走过。

"我想你没有记录室温吧？"我问，以为会得到一个茫然的答案。

那人戴着口罩，斜眼看我。

"医生！"他说，"上次在总部听了你的犯罪现场讲座，现在，我每次做的第一件事就是测室温。"

我扬起了眉毛。真的有人在听我讲话啊？

"即便是在盗窃案中！"他补充说，"在这里，还有在楼上那个老人旁边，我都测过室温。我们到达以后，在两个人旁边，每个小时都会测一次。"

我想和他握手。

我简单地看了看大厅里的死者，寻找明显的伤痕。没有。但只通过这种快速检查，我就知道她有多么瘦弱。

她旁边有一个结实的彩格呢袋子。皮质提手已经磨损，说明用了很多次。也许梅森-格兰特夫人走到几条街外的便利店

---

[1] 本书中的法医病理学家（forensic pathologist）、验尸官（coroner）和法医（forensic medical examiner）的主要区别如下：验尸官是政府官员（无须是医生），通常是由选举产生，其职责是调查和/或确定死因并证明死亡，但不做实际的验尸。法医需要具备医学专业知识，但在许多地方，他们无须具备病理学专业学位，其职责是确认死因和死亡方式，决定是否需要通过法医检查来确定死亡原因，完成死亡证明并挑选样本，然后交由法医病理学家检验。法医病理学家的职责与法医的非常接近，区别在于，前者需要接受更长时间的医学教育（至少拥有博士学位），并做过一年的法医研究，更侧重于通过验尸来确认死因。

买东西，我开车经过了那里。我看了看袋子里面。啊哈。她可能每天早晨散步都是这样的。沿着车道，绕过街区，买一份报纸，一些牛奶……还有两瓶伏特加。我看了眼警察，他扬起了眉毛，但什么也没说。

他把我带到了客厅。法医小组现在已经完成了工作。他们离开之后，房子显得更大，也更安静。

"他们没有找到非法闯入的证据，"警察告诉我，"我们想知道，是否有人闯进来，就在梅森-格兰特夫人回家的时候，就在她打开门的时候……"

"这里没有搏斗的痕迹。"我说。

"等你看看楼上再说。"

客厅很豪华。这里有精美的家具和结实的窗帘。它非常整洁。有一张很大的黑白照片，是多年前的一场婚礼，可能是梅森-格兰特夫妇的婚礼。新郎穿着制服。

"他当过兵？"

"应该是个上校。"警察对我说。

钢琴上摆着一些较小的照片。有一些照片带有朦胧感，像是死了很久的人；但也有几张比较明亮，显然是孩子的照片。我想，这是梅森-格兰特夫妇的儿子，而不是孙子。都是男孩，每张照片上的孩子都穿着校服僵硬地站着。没有高个子，没有满脸堆笑的孩子，也没有满身泥泞的足球运动员。这些男孩现在一定已经长大了，但没有超过12岁的照片。我想，这是一个非常"正常"的家庭。他们的孩子死了吗？或者只是变得不那么"正常",所以不适合拍照了?钢琴上没有灰尘,但很难想象真的有人在这里弹琴。尤其是如果他们漏掉了一个音符。

一把扶手椅旁边有一个分层餐具架,上面有一份叠好的报纸,露出的一页是填好了的纵横字谜。《每日电讯报》,也就是我在购物袋里看到的那份报纸。我想象着,梅森-格兰特夫人每天都拿着笔坐在椅子上;现在我仔细看,这把椅子的扶手已经磨损。我很容易想到她在读报纸,做完纵横字谜,然后把报纸扔进分层餐具架。旁边的桌子上会有什么饮料?茶?或者为自己准备的伏特加?为什么这种日常在今天突然中止?

厨房足够大,有一个中央岛。它整洁到一尘不染,大部分表面都没有东西。没有最近做饭或吃东西的证据。

这是一个井然有序的房子,习惯和常规都得到了遵从。我们上了楼,看到了次卧。其中一间正在使用。单人床铺得很整齐,被子翻了下来。一个亮粉色的小旅行闹钟放在床头柜上,轻声地嘀嗒着,给这个空旷的房间增添了一抹色彩。闹钟设定为早上6点。其他房间已经有一段时间没人住了。其中一间成了熨衣室,床上的衣服叠得很整齐。

然后我们到了主卧,一切都不一样。非常混乱,似乎闭上眼睛都能感觉到。我穿过乱七八糟的地板,找到了房间中央的老人,他穿着睡衣,仰面躺着。

再一次,急救医士留下了他们的痕迹:蓝色的心电图传感器。再一次,我找不到任何伤痕。再一次,我注意到这个人很瘦。

我给梅森-格兰特上校量了体温，然后环顾四周。

旁边有一把翻倒的凳子。床上的衣服乱成一团。地上散落着待洗的衣服。

"你觉得这里发生过争执吗？"警察满怀期待地问。我摇了摇头。的确，每一个台面上都堆着乱七八糟的东西。但大部分杂物是医疗用品：纸巾、绷带、剪刀、橡皮膏、乳膏、润肤剂、指甲锉、笔、高尔夫奖杯、一些军人徽章，很难理解的是，还有一座埃菲尔铁塔的小塑像。这间房间曾经很有条理，后来由于某种原因，条理被忽略了，所有东西都不在正确的位置。这仿佛是搅动，是不一样的疯狂，不同于闯入者留下的混乱。

在梳妆台上，我确实看到了几个空的伏特加酒瓶。它们无辜地立在化妆品瓶子和药瓶周围，就像商店扒手试图混入人群。

我在卧室里寻找更多的瓶子，但没有找到。也许大厅里的两个满瓶是打算拿进来的，而这两个空瓶是打算扔出去的。这片无序之海自有一种系统。有两个罐子，一个在梳妆台上，另一个在床边，里面装着黑乎乎的黏液。它看起来像某种身体废物，可能是老人吐出来的东西。

现在，我开始想到了各种可能性。我看到的情况已经足够多了。是时候通过验尸来发现更多的问题。但是，已经19点了。而且我当天已经完成了另外两次验尸，警探同意我们第二天早晨在停尸房再见。

我到的时候，工作人员说梅森-格兰特上校和梅森-格兰特夫人已经在验尸室里准备就绪。他们问从谁开始。

"先从梅森-格兰特夫人开始吧,她更可能是一切的关键。"我边说边朝遗属室相反的方向走去。还好,这里没有丧亲的人。相反,警察坐在那里,蜷着身子喝茶,从开了口的尼斯饼干盒往里看,找饼干里面的奶油。

他们概括地讲了他们知道的一切。昨天早晨,三个儿子中的一个发现了这对老夫妇:他没有钥匙,但反复敲门后,他试着去前门,惊奇地发现门没有上锁。一般来说,他的父母非常不欢迎随兴的探访。我在这栋房子的大多数地方看到的秩序,显然也延伸到了这对夫妇处理人际关系的方式上。家庭成员必须经过事先安排才被允许探访,而且探访的次数不能太多,也不能停留太长时间。三个儿子和其他家人都知道这些规则,并答应严格遵守这些规则。

其中一个儿子在周末曾试图给父母打电话,但没有人接。这并不奇怪。但第二次和第三次也没有人接听,他很惊讶。他提醒了自己的兄弟,兄弟们也试了一下。没有回音。你可能觉得,这足以让他们中的一个人感到惊讶,住在本地的儿子,也许最迟在周一早上就会直接过来。但他受过父母良好的"训练",不会这样做。为了避免不请自来惹恼父母,他继续给他们打电话;其他人也是如此。

周二晚上,三个人一致同意,第二天他们有理由未经授权前去探访。离家最近的儿子将在第二天早上过去,但不会太早,实际上是在10点,那时梅森-格兰特夫人通常已经购物回来了。但如果父母对这种突然来访表现出任何不满,他就要立刻离开。

我们面面相觑,啃起了饼干。

"他们一定是一对可怕的父母。"一名警探说。

这是一种与孩子建立关系的奇怪方式。仿佛有些事情不想让他们看到,或者在任何人进入房子之前必须做一些准备工作。

"关于父母的健康状况,儿子们是怎么说的?"我问。

"母亲一年前得了癌症……"他开始查阅笔记,"肠癌。但她做了手术,六个月前就已经痊愈,之后就没事了。"

"父亲呢?一个酒瘾者吗?"

"啊,慢慢来,医生。没有人提到这个!"

父亲是一名上校,我怀疑他的家人是受他统治的。

"儿子只是觉得父亲正在衰老,变得有点虚弱;事实上,他把父亲描述成一个残疾人士。似乎不知道他到底出了什么问题。"

"他多大年纪?"

"他们都是74岁。"

这有点意外。因为梅森-格兰特夫妇看起来年纪更大,而且我没有想到他们已经这么虚弱——尤其是考虑到他们属于富裕的中产阶级。除非有潜在的疾病。在我年轻的时候,74岁肯定属于老老期,但现在……也许随着年龄的增长,我的看法已经改变了。也许,周围活跃而机警的74岁老人比以前多了很多。

在这对悲惨的夫妇中，第一个被推进来的是妻子。没有受伤或被攻击的证据。但是，仅从外表判断，我怀疑她死于低温。她身体的某些部位——臀部、肘部、膝盖和手，皮肤颜色有了斑驳的变化，变成了独特的红褐色。我只在发生低温的时候见过这种颜色。

"房子里面真的非常冷，"警察们表示同意，"5月不会有这么冷。"

其中一个人伸手去拿笔记本。

"犯罪现场调查人员说，多项测量结果显示，在白天的任何时间，房间里任何地方的温度都没有超过13度，"他停顿了一下，翻了几页，"他，呃，医生，他问你是否想把这些结果画成图表上的彩色线条……还是只需要列表？"

他在咧嘴笑。

"请在图表上画彩色线条。"我说。也许我不应该在那次讲座上讲这么多关于测室温的内容。

"还有，医生，你想要一个华氏度的图表和一个摄氏度的图表，还是——?"

总督察打断了他的玩笑。

"我不理解他们为什么不开暖气？他们又不穷。"

我们耸了耸肩。也许梅森-格兰特夫妇是那种在4月底关暖气、到10月再打开的人，不管中间天气如何。我瞥了一眼梅森-格兰特夫人的脸。她看起来很严肃。或者，也许她鼻子和嘴巴周围的锋利程度只是源于瘦弱。

验尸官办公室官员说:"我不明白。好吧,天气很冷,但我们不是在北极圈里。你不会说这位老太太买了东西,走回家,然后冻死了吧?"

但并不是只有在北极才会出现低温。如果你年老或行动不便,那么你很容易在自己家里死于低温:10摄氏度就可能致命,尤其是在有风或有气流或潮湿的条件下。我只能假设,梅森-格兰特夫人从商店回来后,不知出于什么原因,在寒冷的走廊上一直待在同一个地方。

内部检查最开始显示她是一个健康的女人。她的呼吸系统良好,心脏的形状合适。她的动脉有少量的粥样斑块。事实上,考虑到她的年龄,粥样斑块已经算非常少了,少到让我怀疑。癌症似乎在嘲笑我们,因为它帮了我们一个大忙,清理了心血管系统——心血管是它在杀人游戏中的主要对手。我想知道梅森-格兰特夫人的肠癌是否真的已经痊愈。

我首先检查了她的胃,发现了独特的、足以确诊低温的证据,也就是遍布胃黏膜的细小的黑色糜烂。它看起来就像被泼了黑色的油漆。低温使血液变稠,血液因而会在许多器官的毛细血管中淤积。胃黏膜的新陈代谢很高,由于它暴露在大量的酸中,细胞不断地被清除然后被替换。血液为这一过程提供动力,当血流减缓或停止时,替代细胞就会减少,细胞黏膜就会出现缺口。这就是糜烂。

在检查胃部时,我试图不去看旁边的肝脏,但我一直注意到它。庞大,鲜艳。在我的眼角余光中,我感觉到有什么东西闯入了我的视线。啊，鸠占鹊巢。当我检查完胃，我不能再忽视它了。我把它拿起来。

"**那**是什么？"最年轻的警探问。

"看起来像月球表面！"验尸官办公室官员说，他看过很多肝脏。

"我猜是肝硬化？"他的同事认为，"是伏特加导致的吗？"我摇了摇头。

"不，我认为伏特加是送给她楼上的丈夫的。她的肝脏满是继发性肿瘤。转移瘤。"

最年轻的警探无法把目光从这样一个奇怪而畸形的器官上移开。肿瘤大小不一，有些像豌豆一样小，有几个像板球那样大。它们分布在各处，有些挨得很近，相互接近的地方边缘变得很平，仿佛是挤在一起的气球。它们颜色鲜艳——黄色、红色或白色，甚至还有驳杂的三种颜色——整体效果相当奇异，仿佛是属于某种怪诞游乐园里的物品。它的总重量超过3 000克，体积比正常肝脏的两倍还要大。

我检查了梅森-格兰特夫人的肠道，发现了肿瘤切除手术的位置。手术很成功，在那里没有发现癌症的证据。有人告诉她，警报解除了，但似乎没有人知道，危险已经偷偷溜走，进入了血液或淋巴结。它在这里找到了去肝脏的路。但我怀疑梅森-格兰特夫人已经猜到了这一点。我很快从她的医生那里得知，她最近去看过医生，她感觉很不舒服，很快就被转去做了扫描。扫描显示她的肝脏有肿瘤……但梅森-格兰特夫人实际上还没有回到全科医师那里去看结果。她可能已经猜到了真相，但还没有人告诉她。

"如果癌细胞扩散到肝脏，会当场死亡吗？"一名警探问。

我解释说："到了这个阶段，体内的化学反应会完全失控。癌症已经发展到了一定程度，可能已经干扰得太严重了。"

"那么，你的想法是什么呢，医生？"验尸官办公室官员问。

"这是一个喜欢假装一切正常的家庭——尽管它并不正常。梅森-格兰特夫人每天早晨都会去商店，但那天早晨她觉得很不舒服。她是那种咬紧牙关、循规蹈矩的一代，尽管她在内心不是这样的人。我认为她感觉到虚弱和恶心已经有一段时间了，我估计她的腹痛很严重。但她可能认为散步后会感觉好些。当然，她只会感觉越来越糟糕。"

一名警探说："是的，我们问过店主，他怀疑梅森-格兰特夫人的身体并不好。因为她一句话也没有说。她平时虽然不友好，但至少很有礼貌。"

"值得关注的是，她没有得黄疸病，"我说，"这让人很惊讶，但事实如此。总之，当她回到家的时候，她感觉很糟糕：我们都经历过这种情况——回到家里只想躺着。"

警察点点头。

"她走到前门，开门时把手杖放在墙边——但再也没有拿起来。她只是关上身后的门，放下购物袋……然后就自己倒下了。在那之后，她就不能动了。她可能也不想动。事实上，她可能很快就失去了知觉。她躺在冰冷的地板上，可能是因为门外的气流，她越来越冷。一直到寒冷吞噬了她的身体。寒冷先于她的肝脏杀死了她——但可能没有领先太多，而且可能不分胜负。"

"所以，她在死之前躺了多久？"最年轻的警探问。

"大概不会超过一个小时。"我说。

"你能绝对肯定……"一名警探开口了。答案是不能，因为我很少绝对肯定什么事。"你能绝对肯定她没有被人推倒，或者在门口被闯入者攻击吗？"

我说："嗯，可能是这样。但没有证据。我的意思是，没有瘀伤，没有头部损伤……"

"儿子们小题大做了……他们说如果双亲同时死亡，那么**一定**有人闯入。"

"他们认为有什么东西被拿走了？"

"他们今天要去家里弄清楚。"

我确信没有其他人卷入其中，但我能理解为什么儿子们觉得双双死亡意味着一定存在谋杀。

年轻的警探也在想同样的事情。

"也许她在死前杀了她的丈夫！甚至就在她去买东西之前！"

我们都看向他。有道理。

我们一致认为，现在是时候检查梅森-格兰特上校了。

当梅森-格兰特夫人被推出去的时候，她的丈夫被推了进来。

"瘦小的家伙!"验尸官办公室官员盯着我们面前那具虚弱的尸体说。

"也许他也得了癌症。"一名警探说。

"然后,他们同时死去吗?"他的同事摇了摇头,"得了吧!"

我首先检查他身上有没有割伤或瘀伤——任何可能表明有其他人在这栋房子里的证据,或者如警探所说,表明他妻子袭击了他的证据。

他的胸部有几处旧伤。左太阳穴有一处轻微的瘀伤。我往后面看,发现了一个比看起来更大、更深的瘀伤区域。然后我检查头皮内部,发现了一个从外表几乎看不出来的头部瘀伤。就在后脑勺的正中间。

"一定是脑袋被打了!"一名警探激动地说。

"也许吧,"我同意,"但更有可能是他向后倒在地毯上造成的。他脸朝上躺着。"

梅森-格兰特上校的皮肤没有发红,表明他没有出现低温。我非常仔细地检查了这一点,包括他的手。

"看他的指甲!"验尸官办公室官员说,"我打赌他绝不会这样出现在军队里。"

这位老兵的指甲又长又脏,明显弯曲了。有一个医学术语似乎正好可以形容这种情况,即"甲弯曲",意思是羊角指甲。

"我敢打赌他从来没有离开过房子,"有人说,"看起来不像出过门。"

我认为他很可能是对的。据他的儿子说,梅森-格兰特上校生前有残疾。他之所以必须事先预约才能见儿子,是因为他首先需要起床、准备……也许还要为了他们醒酒。

"他究竟出了什么问题?"一名警探问,他的语气有些疑惑,"有人跟我们说了吗?"

"老了。"另一个人说。

"老,以前是死因,但现在不是。它就不算个病,"我提醒他,"到目前为止,我没有发现他有什么问题。呼吸系统正常,心脏正常,血管正常,但是让我们看看……"

我正在检查他的胃,果然,他和妻子一样,有黑色的、像泼漆一样的病变。

"啊,这太奇怪了!"一名警探说。

"有没有可能,是妻子给他下了毒药,让他胃上长斑,然后自己也喝了毒药呢?"资浅警探问,他显然上了太多关于谋杀案的课程。

"我还不知道有什么毒药会造成这么典型的低温病变。"我说。

一阵沉默。

"别告诉我他们都死于同一种病。"验尸官办公室官员说。

我检查了梅森-格兰特上校的胃,眼角的余光告诉我,有另一个严重病变的肝脏在等着我。我现在转向它。梅森-格兰特上校的肝脏还不到他妻子的三分之一。和她的一样凹凸不平,但肯定是缩小了。

"这是非常严重的肝硬化,"我告诉他们,"它显示了瘢痕形成和纤维化之间的斗争,以及肝脏拼命再生的努力。看到这个结节了吗?如果我把它放在显微镜下,它看起来会很可怕。"

"所以……是低温还是肝硬化害死了他?"

"可能都有。"

但两名警探都开始摇头。

"和妻子一样?这种巧合不可能发生吧,医生。"他们严肃地说。

"这并不是巧合。上校是个酒瘾者,他的肝硬化很快就会杀死他。他的妻子帮助他,让他维持喝酒的习惯:妻子可能在整个婚姻生活中都听命于他,现在丈夫让她去买东西。而且肯定不只是牛奶。但有一天,她没能上楼。"

"所以你认为,当毒理学结果出来的时候,会显示他死于酒精中毒?"

"不。我认为当毒理学结果出来的时候,会显示他的血液里几乎没有酒精。"

他们低头看着梅森-格兰特上校,仿佛他准备向他们解释究竟发生了什么。

"你们有没有见过没酒喝时的酒瘾者?"我问。

"见过。戒断症状。太可怕了。他们会开始颤抖,有时还会癫痫发作。"最年长的警探说。

"上校可能就是这样。他听到妻子带着他的酒回来了,但妻子不听话,没有出现在他面前。他躺在床上,冲楼下大喊:'快上来!'但妻子没有来……"

"但你说过,他没有什么大问题!"年轻的警探突然惊呼,"如果屋子很冷,没有什么东西能阻止他打开暖气。如果他想要喝酒,为什么不自己下楼拿呢?"

我还没有来得及回答,他的同事说:"我想他的脑子已经完全糊涂了。妻子照顾他,安排好了一切,请了个花匠,告诉清洁工该怎么做。上校从没有露面。妻子做了这一切。而他什么也帮不上。"

"但除了肝脏,他什么毛病都没有!"资浅警探重复道。

"他有这么严重的肝硬化,身上肯定有什么毛病。我们知道,他可能有酒精导致的精神病。"我说。

"他是个酒瘾者,他们感到羞愧,"验尸官办公室官员说,"他们甚至不能向自己的儿子承认这一点。在孩子回家探访自己的父母之前,他们必须让上校走出卧室,穿好衣服,清理指甲,把他撑着坐在椅子上。"

我说:"妻子没有上来的时候,也许他确实想下楼。我怀疑他是好奇,或者担心妻子,又或者非常想要拿到伏特加。但他没能爬过床。他瘫倒在地。他可能癫痫发作了;不管怎样,他肯定是撞到了头。他可能在那里躺了很长时间,没有吃的也没有喝的。在寒冷之中。直到死去。"

"所以……他们都因为肝脏出问题而昏倒。也许都死于寒冷。"资深警探缓慢地说。

"好吧，我愿意接受任何你能想到的符合医学事实的情况。"

接下来又有一些关于闯入者的讨论，但都不是认真的。我看得出来，警察们开始接受我的说法。

"那房子里有一对很值得研究的肝脏。"我一边说一边脱下手术服。

第二天早晨，警察给我打电话，问我是否愿意见见这三个儿子。他们仍然认为有闯入者——尽管他们不得不承认，房子里似乎没有丢什么东西。

我们在医院里我的办公室见面。这三个儿子非常不同。大儿子在金融城工作，穿着西装，语气严肃，声音低沉，行为举止非常克制，我怀疑这是他父亲的风格。二儿子穿着破洞牛仔裤，身上有很多文身和穿孔。很容易想象到他与父母之间的愤怒对峙，他的父母显然都是注重外表的人。小儿子表现得轻松友好：他说自己在一家电影公司工作，他在我们的问询中哭了，他是唯一一个能够对父母之死有情感反应的儿子。很明显，他们中没有人选择跟随父亲的脚步入伍。我想知道他们的父母是否对此感到失望，以及是否表现出这种失望。

这三个人截然不同，但他们一致认为，两个人在同一时间死亡，只可能是因为有第三方闯入。我温和地指出，事实上，梅森-格兰特上校和梅森-格兰特夫人并没有同时死亡。他们的母亲去世后，过了很多个小时，他们的父亲才去世。但是，由于尸体上都没有分解迹象，而且仅在两位死者的腿上有一些尸僵的感觉，所以我确信他们都是周二去世的。或者考虑到天气寒冷，可能是周一去世的。

这使小儿子感到非常焦虑。此前，他一直假设父母在周末就去世了。现在他意识到，如果他敢在周一去探访，就可能及时赶到去救他们。当然，他的父母已经向他灌输了这样的信念：他不能这么做。和很多时候一样，他们的死亡是自己生活和性格的产物。但这并没有宽慰到小儿子。他非常痛苦。二哥很快就去安慰他；大哥显得很尴尬。

"你也无能为力。"我说。我曾多少次用这句话来安慰因自责而心碎的亲属。"你母亲的肝癌已经到了晚期。"

"她为什么不说？"小儿子咆哮道。

"因为，"二儿子告诉他，"她从来都不说。50年来她一直都是**他**的传话人。"

"你们家里似乎有很多固执的人，"我认为，"而且公平地说，她并不知道。她刚做了一次扫描……"

"她没有告诉我们！"

"……而且还没有拿到结果。但可能不是什么好消息。她的全科医师会告诉她，这个阶段没有治疗方法，离死亡已经很近了。"

"她猜到了吗？"

"有可能。她病得很厉害。她居然能去趟商店又回来。至于你的父亲……呃……我想你们知道他是个酒瘾者吧。"

他们没有回答，但他们的表情很明显：全家人都知道。每个人都假装不知道。他们去看父亲的时候，都默认了父亲表现出来的年老体衰的外表，三兄弟各自得出了结论：这是处理问题的最不痛苦的方式。

"他是老板，她执行他的命令，"二儿子说，声音中带着一丝愤怒，"什么都改变不了这一点。"

"我们真不该离开她，让她一个人跟他相处！"小儿子说。

"她坚持这么做，"大儿子提醒他，"这是她的选择。"

"我想告诉你们，"我说，"你们的父母都病得很重。你们的父亲有肝硬化，肝脏无法正常运作，几乎可以肯定他活不了多久。你们母亲的肝癌无法用手术治疗，只能顺其自然。如果你们早点赶到，可能会把他们从低温中救出来——顺便说一下，这可能不是一种糟糕的或痛苦的死亡方式——但他们很快就会被自己的肝脏杀死。"

小儿子抽了抽鼻子。我想提醒他，我们的生命有一个伟大而不可避免的循环，其中最重要的一个部分是：我们的父母会死去。他们的死亡是悲伤的时刻，但也是追忆的时刻，让我们认识到这种循环在不断流动。到了时间，我们也必将衰老和死亡。

但很快他就泪流满面。二哥抱着他，大哥看起来很尴尬。也许现在不是讨论生命循环的时候。

双双死亡很罕见，但可能并不像你想象的那么罕见。它最常出现在老年人非常依赖别人的时候。当两个人中较强壮的一方意外倒下时，较弱的一方只能自己照顾自己。有时，较弱的伴侣（通常在卧室里）以自己不习惯的速度冲下楼寻找不见踪影的较强的伴侣时，他/她可能会折断自己的脖子，从而双双死亡。这种双双死亡是一种依赖性的症状，而依赖性是一种不受欢迎但不可避免的症状。事实就是，随着时间的推移，衰老会发生。

我已经尽力识别衰老有一天会给我的生活带来的限制，并做好了准备。培养一种兴趣，应对我的膝盖走不了远路的那一天，以及当我的认知能力下降、别人不相信我能控制一架小飞机的时候。

我很幸运，有一些我喜欢做的事情，在温暖的环境里坐下来就可以做。我开始修复旧钟表。我已经修复了几个漂亮的钟表，而且我正在学习成为一名钟表技术员。进入并了解这个新的世界，让我非常高兴。当身体虚弱限制了我的世界时，钟表学将使我仍能保持有效的娱乐和活动。当然，直到我手上的关节炎阻止我。

19

下面这三个例子，死者都是老人。我指的并不是初老期。我是从几十个——或者说几百个——类似的案例中随机挑选的。你会发现它们在医学上非常简单明了。但在道德上和法律上——这当然并不总是一回事——它们要复杂得多。

第一个例子是 81 岁的戈弗雷·奥利弗。他和妻子住在海边，一天晚上正准备睡觉时，突然有人敲门。奥利弗夫人去开门，一个闯入者冲进屋子。他拿着一把菜刀，大声吓骂，威胁奥利弗夫人，然后他来到客厅，发现奥利弗先生坐在沙发上。在没有明显动机的情况下，他开始用拳头和刀攻击奥利弗先生。奥利弗夫妇只知道这个闯入者是一个住得很远的邻居，要么是有精神病，要么喝得大醉：事实上，他当时喝得很醉。

这次突如其来的袭击严重且剧烈，任何人都会感到害怕。但奥利弗夫人意识到要打电话报警，这时闯入者跌跌撞撞地消失在夜色中。

警察和救护车赶到后发现戈弗雷·奥利弗身上有割伤和瘀

伤，他妻子的骨盆上有一个轻微的刺伤。当然，两个人都受到了惊吓。

他们的伤可能都很严重，但当地医院很快就确定伤并不严重。然而，他们确实意识到了，这样的事件会对老年人的生活造成非常大的不稳定。警方没有记录奥利弗夫人的病历，但她的丈夫被送进医院接受治疗，之后又转送到附近另一家较大的医院，这家医院有观察病房。他既痛苦又难受，在医院的照顾和观察下活了近一个月，然后病情恶化，死亡。

警方很想起诉闯入者，不仅是指控袭击，还想指控谋杀。你可能认为更合适的罪名是非预谋杀人：闯入者没有对奥利弗先生造成严重的身体伤害，他也不可能知道奥利弗先生因肺癌而变得虚弱。但这个辩护理由在法律上不成立。法律规定，袭击者"必须接受每个受害者的个体特征"[1]，这意味着受害者被袭击后死亡，即属于谋杀，无论犯罪者知不知道受害者的健康状况。

在验尸的过程中，我一开始就注意到戈弗雷·奥利弗非常瘦弱。他不矮，但他只有32千克，与一个10岁孩子的平均体重相差无几。在外部检查中，我没有发现袭击的物证：他的伤明显已经痊愈。但是在内部检查时，我发现他有一次小规模的脑出血，而这一问题还没有完全得到解决。

---

[1] 原文是 must take his victim as he finds them，这个法律原则也叫"蛋壳头骨规则"，意思是，纵使受害者的体质不正常或过于脆弱，甚至头骨薄如蛋壳，嫌疑犯也要对自己的行为负责。

在奥利弗先生那个年龄，他的心脏状况并不差，他的冠状动脉阻塞并不是很严重。在主动脉，只有一个区域有明显的斑块累积。这里的动脉壁正在向腹部膨胀。这是一个即将破裂的动脉瘤。

然而，他之所以健康状况不佳，不是因为这个极端脆弱的动脉瘤，而是因为他的肺。首先，肺部有一个肿瘤。它已经长到了6厘米，但它的界线很模糊，很难知道肿瘤和肺组织的边界在哪里。我在前面描述过螃蟹状的肿瘤，奥利弗先生的肿瘤也非常像螃蟹，爪子朝各个方向伸展。它很坚硬，来势汹汹，驳杂着白色和黄色，上面有红色和黑色的斑点。中心的细胞已经死亡并正在分解，因为它生长得太快了，血液供应跟不上。而且，在发生退化的地方，肿瘤成了一个柔软潮湿的肿块。

奥利弗先生在几个月前被诊断出患有癌症，尽管医生都同意不能做全面的、治愈性的治疗，但还是要为他做放疗，以延长他的生命。他本应在他去世的那个月开始接受治疗。

肿瘤非常糟糕，他的动脉疾病也很糟糕，而且奥利弗先生还患有十分严重的肺气肿。这可能是因为他的工业职业生涯，但更可能是因为他大量吸烟。由于肺气肿，肺部在第一眼看的时候显得很空洞。健康的肺就像坚硬的粉红色沐浴海绵：儿童的肺的确如此，甚至还有一些老人——来自无污染的农村环境中的不吸烟的老人——也能终生保持这样健康的肺。

在有肺气肿的地方，海绵上会出现越来越多的孔洞——它们大小不一，有些可能像板球一样大。我可以用镊子把肺气肿的边缘挑出来直接查看。我很容易联想到，我在看着一块脏的洗碗布。

在人死后，气肿的肺是可怜的、泄气的东西，就像塌陷的蛋奶酥一样平整。我可以把福尔马林推进去，让它看起来像活的一样。我这样做了，瞧啊，孔被吹起来了，而且不再缩小，就像奥利弗先生刚刚深吸了一口气，还没有吐出来。

一旦二维的孔洞变成了三维的泡泡，微小的呼吸囊——也就是肺泡——之间的组织如何分解，呼吸囊如何连在一起形成更大的泡泡，这些都变得明显。事实上，奥利弗先生的肺基本上就是气泡——豌豆大小的气泡、高尔夫球大小的气泡，对了，还有板球大小的气泡。他必须非常努力地呼吸，因为，当这些巨大的模拟呼吸囊增多时，肺的总表面积会不断减少，直到它无法提供有用的气体交换。

检查肺的最好方法是把它切成薄片。现在这里有一些奇妙的东西。这时我会很愉悦，就像我看见一棵挂着华丽红色果实的苹果树生长在垃圾堆旁一样。无论肿瘤、慢性阻塞性肺病或肺气肿听起来多么丑陋，它们都是大自然选择在最丑陋的地方展现其巨大美感的一个例子。

从横截面来看，奥利弗先生的肺像是由网眼织物构成的。众多的气泡，直径不一样，形状不均匀，形成了古灵精怪的细线。造物者是个疯子，是个酒鬼，却有杰出的才能。切片的一侧是闪闪发光的白色、黄色、红色和黑色的肿瘤，它的触须穿过精细的丝线，像带着优雅手套的手指一样伸展开来。

奥利弗先生可能不知道他的肺有多么美,当这种美杀死他的时候,他已经失去了意识。确切地说,杀死他的既不是癌症,也不是肺气肿。真正的凶手被称为"老人之友"。我刚触摸到他的肺,甚至还没有把它放在显微镜下,就知道他在医院里感染了支气管肺炎。那感觉就像是干豌豆散落在两个肺里。方糖大小的颗粒连在一起,最大的有豌豆那么大——它们不会变成高尔夫球或板球那样大。奥利弗先生的白细胞为了保卫他免受细菌感染而进行了激烈的战斗,这些就是战斗的证据,是留在战场上的废弃炮弹。但是,白细胞最终确实输掉了这场战斗。

他患上肺炎是因为他长期不能动吗?毕竟,他被限制在医院的病床上,这是袭击的直接结果。或者说,他患上肺炎是因为他潜在的肺癌吗?当然也可能如此。

换句话说,一个醉醺醺的闯入者挥舞着刀子闯进奥利弗家,与将近一个月后的戈弗雷·奥利弗之死有多大关系?如果没有这场袭击,他是否也会在这时死去?

你可能认为,答案是否定的。你可能会说,尽管奥利弗先生的健康状况不佳,但如果没有袭击,他也许还能活几个月。甚至,如果按计划做放疗,并且运气好,他也许还能活一整年。

如果警方向皇家检控署提出这样的论点,他们会失望。皇家检控署认为,无论是指控谋杀还是非预谋杀人,在法庭上都不会成功。闯入者确实受到了不太严重的攻击指控,但他从未因戈弗雷·奥利弗之死而被起诉。

第二个例子是伊曼纽尔·阿德巴约。他在大热天给汽车换轮胎，到家的时候已经疲惫不堪，筋疲力尽。他当时79岁。我不知道为什么他的邻居决定在这个时候跟他打架。但警方的记录表明，阿德巴约先生无疑是争吵中的无辜一方。

他受到的辱骂越来越严重。然后，其中一位咄咄逼人的邻居重重地打了一拳。阿德巴约先生踉跄了一下，但紧紧地抓住篱笆，没有倒下。他是虔诚的基督徒，他看着攻击他的人，平静地告诉他们，他原谅他们。但不到一分钟，他就倒下了。

在争吵过程中，他的妻子因为害怕离开了家，并打电话报了警。因此，在阿德巴约先生倒地之后，警察很快赶到现场：事实上，当阿德巴约夫人鼓起勇气从门后出来时，她发现警察正在试图给丈夫做心肺复苏。

一辆救护车直接将患者送往医院，一个急救小组等在那里。他们已经看过病历，知道他有高血压，两年前曾因心律失常接受过治疗。

急救小组开始抢救，稳定了他的心血管系统，但他仍然深度昏迷。我们用格拉斯哥昏迷指数来衡量意识，该指数评估睁眼、语言反应和运动反应。最高分是15，最低分是3。阿德巴约先生的得分是3。

急救小组担心他有头部损伤，可能是因为被打，也可能是因为倒地时撞伤。然而，CT扫描显示头骨内没有骨折或出血。他的格拉斯哥昏迷指数得分仍然是3。他的瞳孔固定并放大，对光线没有反应。他对声音没有反应，对运动也没有反应：当呼吸机断开时，他无法呼吸。

第二天，神经科主任医师和一位神经外科医师聚集在他的床边。他们检查了他的情况，CT扫描和当前的临床情况都表明没有希望。他们要求做脑干测试，看看有无反应。这些检查由两名医生独立完成，两次测试间隔了数小时，防止出错和串通。

脑干测试表明阿德巴约先生已经脑死亡，不可能恢复。CT的变化显示大脑的大部分已经损伤和肿胀。他们认为这不是由击打造成的，也不是由摔倒造成的。他们认为出现这一问题的时间是在警察和急救医士开始抢救之前，当时阿德巴约先生处于心脏停搏、大脑缺氧的状态。

只能人为地延长生命。阿德巴约先生的家人也是虔诚的基督徒，和很多处于这种情况的人一样，他们希望出现奇迹。但有人向他们指出，用机械延长生命并不会改变任何事情，也不会对任何人有益。然后，这个家庭面临着一个异常艰难的决定。在他们看来，阿德巴约先生只是睡着了——除了有管子和呼吸机。

在袭击发生之后过了近五天，阿德巴约先生的家人在医院牧师和他们自己的牧师的帮助下，接受了脑损伤是不可逆转的这一事实。医学支持被撤销了，他们见证了阿德巴约先生之死。而且，就在那一刻，对邻居的刑事指控从谋杀未遂变成了谋杀。

我进行了第一次验尸。

受害者的左脸颊上有模糊的瘀伤，可以清楚地看到他脸上被打过的痕迹。在身体内部，瘀伤又深又突出，大约7厘米见方。后脑和左背有已经愈合的擦伤。这些擦伤之下是深瘀伤，这是背部摔倒的典型迹象。

在身体内部，大脑外侧的峰峦变得平坦，仿佛有冰川从上面经过。如果一个人大脑缺氧而身体还活着，就会出现这种情况。然而，我在大脑表面和大脑深处都没有发现出血的迹象。

除此之外，阿德巴约先生在所有方面都是一个健康的79岁老人，除了一个地方，那就是左前降支，也就是三条冠状动脉中最容易被阻塞的一条：我在一个点上发现阿德巴约先生的冠状动脉有90%被粥样斑块阻塞。而阻塞的顶部是一个血块——血栓形成。这是典型的冠状动脉血栓，长在典型的冠状动脉粥样斑块上。当血块形成时，由动脉供氧的那部分心肌肯定突然被剥夺了氧气。

另一个发现是最近有肋骨骨折。但这并不可怕：事实上，当警察或急救医士拼命抢救时，肋骨骨折是完全可以预见的。

我同意神经科医师的说法，脑损伤不是由击打或摔倒造成的，而是因为阿德巴约先生在心脏停跳期间缺氧。严格来说，他可能最终死于脑损伤——但冠状动脉阻塞导致了心肌梗死，这是一次导致他心跳停止的心脏病发作。这是导致他死亡的一系列事件的第一个环节。

所以，问题不是发生了什么，而是何时发生。心肌梗死的时间可以精确到他最终死亡前的五天——换句话说，就是袭击发生的那天。

心脏病发作的时间是在争吵的时候，或大约在那个时候，这意味着皇家检控署现在很高兴能提出谋杀指控。由于我为阿德巴约先生进行了第一次验尸，并向警方提供了建议，我将作为控方的专家证人出庭。我预想会有一些强硬的交叉询问，并计划在控方律师的最初提问中，尽早提出我关于案件的立场。英国法律认为，必须接受每个受害者的个体特征。但有些辩护律师仍然会努力驳倒这个概念，他们偶尔也能做到。根据我处理此类起诉的经验，倒地与死亡之间的间隔越长，起诉成功的概率就越低。而在本案中，时间为五天，所以我预期会有一些难度。

当然，在看了我的验尸报告后，辩方热衷于争辩说，邻居的行为对阿德巴约先生之死几乎没有任何影响：他们辩称，体内有这样的冠状动脉阻塞，他已经是个将死之人。

我在交叉询问中同意这点，阿德巴约先生随时有可能死于严重的心脏病。但我马上补充说，他同样有可能活好几年。我曾检查过死于其他原因的尸体，他们的年龄比阿德巴约先生大得多，他们的粥样斑块同样严重，甚至更糟糕。

应控方律师的要求，我在之前解释过，压力如何导致我们释放肾上腺素。这种激素减少了身体中所有非基本器官的供血，从而减少供氧，以最大限度地增加骨骼肌、大脑和心脏的血流量——以防我们需要奔跑或为生命而战。心脏非常需要氧气，由于肾上腺素的作用，它跳动得更快。当我们经历恐惧时，我们会听到胸口那种响亮的、沉重的砰砰声，我们都很熟悉这种声音。

当心跳如此剧烈时，如果阻塞限制了心脏的供血，那么部分心肌就会缺氧。这时，心脏可能会以一种危险的不规则方式跳动。就像阿德巴约先生的例子，心律不齐可能会导致摔倒——当然，这可能会导致头部撞伤。如果他立即死亡，我们就看不到明显的心肌损伤。但阿德巴约先生在重症监护室里"活"了五天，因此在这段时间里，身体仍在继续修复受损的心肌。

辩方想知道阿德巴约先生会认为哪种情况压力更大：他受到的辱骂，还是打在他脸上的那一拳。我说，光是辱骂就可能使肾上腺素上升到一个危险的水平，但打击的疼痛也会释放出危险的肾上腺素：这是疼痛的结果。

律师继续问，炎热的天气呢？瘪了的轮胎呢？这不都是压力吗？我坚持认为，相比于辱骂和拳打的压力，这不算什么。

那么，为什么受害者没有立即倒下？如果肾上腺素使他的心率上升了这么多，为什么他有足够的时间在倒地前与攻击者交谈？我说，即便压力事件已经停止，肾上腺素也会继续释放。而且，在很长一段时间内，它肯定会继续引起重大的心血管变化。肾上腺素就是为此而诞生的。我指出，在休克之后，甚至在非创伤性压力之后，脉搏加速、心跳加快和恐惧的感觉可能会持续很多分钟。

但辩护律师就像一条咬到了骨头的狗。他把脸皱成了那种卡通式的怀疑的表情。我猜法学院是这样教的。**肯定**，他说，你能**肯定**地区分争吵引起的压力和拳打引起的压力吗？

这很荒谬，但比赛还在进行。专家证人不能简单地拒绝回答法庭上提出的问题。无论这个问题多么蠢。我选择了多重否定的方法。

"我不能肯定地说，如果没有被打，他就不会摔倒。"

辩护律师几乎掩饰不住他的笑容。

我补充说，我们**肯定**需要把这场意外作为一个整体来考虑，因为两个事件在时间上非常相关，**肯定**不能分开。

但我觉得律师忙着舔嘴唇，没有注意到。

我用对我来说异常强烈的语言说："但我还是要指出，不能说口头辱骂会不可避免地造成死亡，也不能排除殴打的作用。两者都与死亡有关。"

这时，辩护律师正挥舞着一本从某个满是灰尘的图书馆里借来的旧医学教科书。他读过无症状脑梗死的内容，知道有可能会出现一种现象：心脏病发作但没有注意到……至少暂时没有注意到。我把阿德巴约先生心脏病发作的时间定在了事故发生的那天，但我怎么能排除，心脏病发作不是在争吵之前，也就是他在夏天的烈日之下更换瘪了的轮胎时呢？（和许多辩护律师一样，他也是一位没有如愿的小说家？）当然，除非……（说到这里，他又摆出一副卡通人物式的狡黠表情。）我非常聪明，能够把心脏病发作的时间精确到分钟。

我说："心脏受损的面积非常大，不太可能不疼。因此，谈不上是无症状。"

辩护律师张嘴想说话，但我的速度更快。

"而且，几乎可以确定的是，当心脏不再有效工作的时候，阿德巴约先生会喘不过气来。我真的认为他不可能注意不到这样的事情。"

辩护律师停顿了好久，才再次开始说话。不屈不挠地。我认为，以谦卑的态度认知和承认生命的全部可能性，这是很重要的。这种理念使我在法庭上惹了不少麻烦。在我看来，法庭上的胜利有时候属于夸夸其谈、固执己见的人。而我不是这种人。

辩护律师坚持认为，阿德巴约先生有可能在换轮胎的时候出现了无症状脑梗死。对此，我最后说："我无法完全排除这种可能性，即在争吵之前心肌出现随机的自发损伤。但在显微镜下，没有证据表明有这样的损伤，而肌肉受损的区域完全符合一次大型事件。"

在结案陈词中，辩护律师看起来非常满意。法官提醒陪审团，如果他们对邻居导致阿德巴约先生死亡一事有任何怀疑，就不能判他们有罪。陪审员对此感到怀疑。他们认定邻居无罪。

案子结束时，我对自己很生气，我觉得是辩护律师激怒了我。也许我没有向陪审团充分解释病理的复杂性，尽管我知道，一个完全由了解医疗细节的医生组成的陪审团也会很难做出判决。不过，当案件结束时，我为阿德巴约夫人感到遗憾。她将继续住在邻居的隔壁，这对她来说是多么可怕啊。

第三个例子始于超市停车场的一起事故。欧内斯特·科尔布鲁克78岁，住在附近，已经买了东西，现在准备回家。他的最短路线需要穿过停车场。而欧内斯特肯定会走最短路线：从各方面来看，他都是行动迟缓之人。

同时，26岁的理查德·怀特也买完了东西。一个朋友家里的酒局正在引诱他。他借了一辆车，匆匆去买了一瓶朗姆酒和一包烟。他在超市里对工作人员很无礼，所以引起了人们的注意。现在他正在快速地从车位上倒车，却没有花时间看身后。他几乎完成了弧形转弯，这时他撞倒了欧内斯特·科尔布鲁克。

事后，他说自己没有意识到自己撞了人。他飞快地离开了停车场。监控录像记录了整个事件。

过路的人赶来帮助欧内斯特。有人叫了救护车，也有人打电话报警。

幸运的是，事实证明，欧内斯特的伤势虽然很痛苦，非常不方便，但没有生命危险。他的右胫骨，也就是从膝盖一直到脚踝的部分，发生了骨折，骨折的位置在膝盖的下面——这是典型的"保险杠"伤。医生做了一次手术修复骨折，之后欧内斯特有好几天不能离开医院。他离开的时候当然打着石膏，这大大限制了他的行动。行动不便是深静脉血栓形成的主要原因之一。

静脉无法把血液泵回到心脏。它们是依靠身体的运动，也就是靠肌肉收缩，推动血液通过一系列瓣膜，这些瓣膜的目的是防止血液回流。如果肌肉在一段时间内不运动，静脉就无法被挤压，血液可能会在静脉中积聚。积聚的、静止的血液有形成血块的趋势。

深静脉血栓有时也被称为静脉血栓栓塞，它有许多风险因素。在许多例子中，行动不便是最主要的诱因；少数人有形成血块的遗传倾向，但几乎任何东西都可能诱发它——从感染新冠肺炎到癌症和肥胖。如果有任何迹象的话，第一个迹象就是腿部肿胀、发红。

体内任何地方的任何血管中的血块都是危险的。在静脉中，血块可能从血管壁脱落，沿着更大的血管，通过右心室到达心脏。在接下来的通往肺部的旅程中，血管会逐渐变小。迟早有一天，血块会和血管直径一样大。此时，血块会被卡住，阻断流向肺部的血液。这就是肺栓塞。它可能会威胁生命。不像黑夜之后就是白天，深静脉血栓形成之后不一定会出现肺栓塞，但任何听到"深静脉血栓形成"这几个字的人都必须认识到，出现肺栓塞的可能性非常高。

对于欧内斯特·科尔布鲁克来说，黑夜之后的确是白天。当他坐在家里、石膏固定在腿上的时候，他的医护人员也许应该更加警惕血栓形成的可能性。也许，在石膏下面，他的左腿实际上已经红肿，但我后来发现另一条腿也有深静脉血栓。为什么有人应该检查呢？因为他已经表现出了腿部静脉出现血栓的倾向。

他在五年前经历过一系列小的肺栓塞。医生给他开了一种血液稀释剂，一种抗凝血药，防止肺栓塞反复发生。五年来，这些药一直在起作用。但现在不行了。他有两处而不是一处深静脉血栓，而且它们已经脱离血管并进入了肺部。理查德·怀特在没有保险的情况下开车。警方很不喜欢他，想以危险驾驶导致死亡作为第一项罪名。他们很失望地发现，酒精并没有增加他们成功起诉的概率，反而减少了，因为事故中涉及的酒精太多：理查德·怀特的车上有一瓶朗姆酒，他的呼吸测试呈阳性，但血液测试显示，他的血液酒精水平略低于英国的酒驾限制（80毫克/100毫升）。此外，科尔布鲁克先生的购物袋里竟然装满了烈性啤酒和一些廉价的葡萄酒。当他到达医院时，没有人测试他的血液酒精水平，但一名护士注意到他的呼吸可能有酒精的味道。

辩方肯定会好好利用护士的评估和他购物袋里的东西，从而暗示欧内斯特·科尔布鲁克是醉酒后在正在倒车的车后面徘徊。我在验尸报告里提到了科尔布鲁克的肝脏，辩方也会借题发挥。他的肝肿大非常明显，呈现出与饮酒有关的慢性脂肪变化。此外，他身体的主要动脉，即主动脉，有大量的粥样斑块，以至于一个地方出现了危险的隆起。这又是一个即将发生的破裂。由于长期的高血压，他的心脏严重地胀大。事实上，也有之前心脏病发作留下的瘢痕证据，虽然没有最近的证据。

在停车场事故发生13天后，欧内斯特·科尔布鲁克去世了。对我来说，这一连串的事件就像那句古老的谚语一样清楚：因为掉了一颗钉子，而毁灭了一个王国。[1]

理查德·怀特撞了科尔布鲁克先生，直接结果是，科尔布鲁克先生的腿骨折了。骨折的直接结果是，他行动不便。行动不便的直接结果是，他有了深静脉血栓（尽管他的确有血栓史）。深静脉血栓的直接结果是，他得了肺栓塞。肺栓塞的直接结果是，他死了。证明完毕。

我收到了皇家检控署的一封信，他们的工作是判断政府是否能打赢一场官司，起诉会不会把纳税人的钱浪费在败局上。

皇家检控署的律师根本没有时间说"必须接受每个受害者的个体特征"之类的术语。她指出，根据先例，最初的事件必须是"根本死亡原因"。她认为腿骨折不可能是根本死亡原因，因为死亡是在13天后由肺栓塞引起的。

我叹了口气。显然，我的验尸报告不够明确，她不能理解从腿骨折到深静脉血栓形成再到肺栓塞的直接因果关系。在信的结尾，她提醒我说，所有起诉都必须是为了公众的利益。

我个人认为，起诉理查德·怀特非常符合公众利益。但当我打电话给她解释我的评论时，我坚持从医学的角度出发。

"但腿骨折在多大程度上决定了科尔布鲁克先生之死呢？"她重复道。

我说，我认为汽车撞到腿至少有80%的责任。我排除了

---

[1] 完整的谚语是：掉了一颗钉子，坏了一个马掌；坏了一个马掌，毁了一匹战马；毁了一匹战马，输掉一场战役；输掉一场战役，毁灭了一个王国。

20%，只是因为我不能完全确定欧内斯特之前的深静脉血栓扮演了什么角色。如果没有被车撞，他今天还会活着吗？几乎可以确定。我说，我希望她认为80%就足够了。

"等一下。你说：**几乎**可以确定？你只能**几乎**确定他还会活着？"

我说："嗯，他确实有严重的心脏病。可是谁又能完全确定某件事呢？我都不能百分之百地肯定我今晚可以安全到家，对吧？"

但是，现在我已经猜到了结果。果然，警察很快就非常失望地打电话给我，说皇家检控署将起诉理查德·怀特无保险驾驶，但不会因为欧内斯特·科尔布鲁克之死起诉他。

在这三个例子中，死亡似乎是一种不成比例的结果，或者与据称的肇事者造成的身体损伤无关。但高龄老人非常有可能毫无征兆地死去。这是否能减轻罪责？

显然是这样，因为在这三个例子中，可能造成了死亡的人都没有被起诉或追究责任，尽管在每个案件中，如果没有最初的事件，受害者**几乎肯定**可以活下来。

虽然规则适用于所有人，但事实是，在这类案件中，受害者通常是老年人。为什么行凶者很少对老人的死亡负责？是因为我们认为老人的生命可以牺牲吗？或者仅仅是因为，当人到老年的时候，有太多的系统性故障，以至于死亡出现在一个尴尬的和令人困惑的局面中：倒地是行凶者的行为使然，还是受害者的脆弱性所致？

20

有一天,我在厨房水槽下面修漏水的地方。我必须躺下来抬头看水管。我花了一点时间,才笨拙地爬到下面。一到地板上,我就知道自己犯了个严重的错误。修好了,但当我试图站起来的时候,我只能翻身,双膝跪地,往后蹲,然后每次向前移动一条腿,同时用上我的手。

昨天晚上我尝试打开一个罐子。我的手指——有赫伯登结节的手指,这表明我在 20 年前有关节炎——无法紧紧地抓住盖子。出汗和咒骂也无济于事。最后,我把瓶盖夹在门和门框之间,终于把它打开了。我再一次发现,我会向我的身体发出它无法执行的指令。

因此我想,它来了。老老期。

在过去两年,恶化的不只是关节炎。我还接受过前列腺癌的治疗。这是一种很常见的癌症。我在学习成为一名法医病理学家的时候,有一个经验法则是,如果你努力地观察,至少可以在 80% 的 80 岁以上男性的前列腺中找到癌细胞。虽然很明显是恶性的，但大多数无害，很少成为死亡的原因。然而，有更严重的类型：疾病的确切过程可能是由基因决定的。

我父亲在 60 多岁时确诊了前列腺癌，他在 80 多岁时因此去世。我的哥哥在 60 多岁时也得了前列腺癌，可喜的是他目前还健康。我自欺欺人，说我是家里唯一没有这种病的男性。所以，我逃避了前列腺特异性抗原测试。然后有一天，我感染了，非常疼，尤其是在排尿的时候。我去看了全科医师。我以为他给我开的抗生素几天之内就可以生效。但事实并非如此。

"奇怪，"全科医师说，"你的小便里没有病菌。我们会重新做一遍测试。走之前留个尿样。"

全科医师给我开了一个疗程的另一种抗生素。我感觉很糟糕。我发烧了，处于半昏迷状态，只想蜷缩在床上。在第三次就诊并服用了和"兰多霸"洁厕剂一样强劲的抗生素之后，感染才有所好转。我一好，就马上忘了这件事。

但感染很难根除，这本身就是一个危险信号了。我的前列腺可能已经举起了巨幅招牌，上面写着：快检查我有没有得癌症！医院想检查，但我宁愿不看那个招牌。我只想继续生活，当我感觉良好时，我真的没有时间去考虑癌症这样的并发症。

当然，我最后做了前列腺特异性抗原测试，抗原水平非常高。这在严重感染之后很普遍。前列腺是胡桃大小的腺体，位于膀胱下方，它产生射精所必需的精液。和精子一样，尿液也需要通过它排出体外。它是由激素驱动的，这个激素当然就是睾酮。而且和大多数腺体一样，前列腺的细胞再生速度很快。

细胞分裂率越高，出错的可能性就越大。癌症就是个大错误。

不幸的是，前列腺特异性抗原居高不下。现在，我的医生严重怀疑我的前列腺有问题。你可能认为，他的担忧会让我感到高兴，但我确实迟疑了很久才同意做磁共振成像扫描。

结果表明，是的，我的前列腺有问题。

我想：嗯，很明显，那只是感染留下的一点瘢痕。

这一切都很烦人。但最后，我不得不同意做活体组织检查。

医生说我得了癌症，这时我才意识到我一直生活在一个愚蠢的乐园里。我希望我没有癌症，我不想得癌症，所以我就不会得癌症。而且，从感染开始，甚至当一切都指向癌症时，我继续沿着这条否认之河划船而下。

在这个时候，我在前列腺癌格利森评分系统中的分数高得吓人——该系统评估的是前列腺癌的危害性。我们可以在显微镜下确定和量化癌症的不同强度水平（甚至同一个肿瘤的不同部分强度也不同）。最初的分数是1到10，但现在经过改进，缩减为更实用的6到9。我的得分是7。

在格利森评分系统中，7相当于第二级癌症。第二级癌症相当温和，可以治疗，但第一级癌症会更好。如果我没有那么顽固，如果我没有愚蠢地希望和否认，我现在可能只是第一级癌症。

医生让我在放疗和手术之间做选择。手术，就是一个穿着手术服、戴着口罩、拿着手术刀的人站在我面前，就像我在验尸时站在死者面前一样？不，谢了。我选择放疗。第一次是在麻醉状态下，电脑控制的放射性针头给我的前列腺致命一击。然后用精密的 X 射线仪做快速的、每日剂量的放疗，持续两周。这几乎成了我与医院团队的社交活动。那是两年前的事情。现在我觉得自己很健康，也很感激国民医疗服务体系比我自己更执着地追求我的健康。

最后一次检查后，我得知一切正常，这时我想，一切都结束了。直到……几个月前，我看到了厕纸上的血迹，嘴里还骂骂咧咧的。哦哦。放疗有副作用吗？这一次，我立即行动起来。

出血并不是放疗的并发症，而是一个完全独立的问题。问题在我的肠道里。我欣然接受了结肠镜检查的屈辱。医生发现了一个良性的息肉。任何过度生长的细胞都会迅速恶化，所以医生把它切除了。我可以在屏幕上兴致勃勃地观看整个过程。当外科医生在我的肠子里文出一个小文身时，我非常高兴。又一个生命之谜被解开了。多年来，我一直在想，为什么有时会在尸体的肠子里发现这些蓝色的小斑点？它们究竟来自哪里？现在我知道了。外科医生标记的切除点，防止息肉进一步生长。

我不想承认，但是过了 60 岁，我就必须认识到健康问题已经开始累积。

我一生的工作见证了人类对人类的残忍，这最终在断层线的断裂中达到了顶峰，我在另一本书里记录了这个过程。在

"地震"之后，当我被诊断出患有创伤后应激障碍时，我曾认真考虑过自杀。我经常站在自杀者的遗体旁，想知道他们怎么能给所爱之人带来如此巨大的痛苦。现在我终于明白了，自杀者可能根本就没有想到他们爱的人，只看到了自己的痛苦。当我考虑卧轨自杀的时候，我小心地向自己指出，这将导致火车司机在余生中痛苦不堪。我从来没有想过这种死法，但我检查过很多这样死去的人，我知道这种后果对尸体——当然还有对火车司机——来说有多么可怕。那是一个关于自杀的封闭世界，我很幸运地得到了足够多的帮助，这把我带回了另一个更快乐的世界。

我的癌症等级很低，容易治疗。肠息肉很快就消散了。我从梯子上摔了下来，摔成了脑震荡。关节炎恶化。我与酒精之间有过短暂的"荒谬风流"。最近，我的肝脏有囊肿要检查。我遗憾地背诵这张清单，因为我注意到，我在60岁之前很少去看医生，但随着年龄的增长，对健康的担忧会不可避免地加剧。很多不便。衰老的路标。未来的预兆。如果十年前有人告诉我，我会积累这么多微小的灾难，我肯定不相信。这种积累在这个年龄是完全正常的。但我们都不认为这种事情会发生在自己身上。

我们自欺欺人地以为可以欺骗衰老。名人为了维持自己的青春而花费几个小时，或者一掷千金地做整形手术。但事实上，我们看一眼就会本能地知道年龄，因为，无论我们多么努力地消灭证据，年龄就写在我们身上。我们的皮肤失去了弹性,变得有皱纹;我们的手上显示了色素变化;我们肯定没了体毛,可能还会脱发;我们也通常会发胖,即使没有胖,脂肪也会转移到身体的不同地方,所以体形就会变化;我们的肌肉看起来也不一样,动作也不相同。

然而乍一看,身体内部非常像比我们年轻得多的身体。如果有变化的话,其中许多是可以选择的。随着大量的血管斑块和粥样斑块阻塞血管,凸起的动脉壁有可能破裂:我们本可能吃得更健康,但我们没有。脂肪肝:我们本有可能少喝一些,但我们没有。灰色的、有洞的肺:我们本可以戒烟,但我们没有。当然,这其中大部分是遗传的。但不是所有。现在我们已经很老了,我们的生活故事,我们的习惯,我们的行为,我们的好恶,它们在我们体内,讲述我们的故事,预示着我们将如何死去。

我看着86岁的多琳·洛夫人的尸体,试图读懂她的故事。她的子宫告诉我,她至少生了两个孩子;她的卵巢告诉我,那是很久以前的事情。她的脾脏缺失,左肋骨曾骨折,已经治愈的脑出血呈淡红色,这些告诉我曾发生过一场事故,我怀疑是一场交通事故,可能发生在她中年的时候。她的牙齿和心血管系统表明,她喜欢吃东西,尤其是黄油和甜食,比如蛋糕和糕点。她的肝脏证实,她喝过一点酒。她粉红色的肺仿佛在夸耀说,她从未吸烟,也从未生活在伦敦这样肮脏、重污染的城市。她髋部的关节炎说明她在晚年的时候已经有点行动不便,这或许是她体重增加的原因:大部分长在腹部。

她刚被推进来的时候，我对她的外表印象更深。显然，她过着舒适有序的生活。她的指甲干净整洁，整齐的银发表明她经常去美发店，她的衣服也很整齐。她的眼睛很浑浊，有着独特的老年环——有时出现在老年人虹膜周围的白色环。它由胆固醇等物质组成，但大量的研究证明，它并不能预测心血管疾病。虽然洛夫人同时有老年环和心脏病。

最后，我看了她的病历。病历显示出这样一幅图景。**忙碌的女士，用药物控制心脏问题，经常外出，直到最近才有健忘的迹象。两年前和儿子飞到法国，经常与朋友见面，最近因为关节炎而减少了活动，但仍然很善于交际。**

这就是多琳·洛。不仅是个很健康的老人，还是一个精力充沛的女人。所以，她为什么会在停尸房里？

一天晚上，她在自己的公寓里，突然遇到了三个年轻人——不知道他们是如何进来的。没有人知道确切发生了什么。当然，发生了口头上的辱骂和一些恶毒的威胁。洛夫人反应强硬。他们劝洛夫人把钱包给他们，她同意了。他们似乎心满意足了，因为他们离开了公寓，没有带走别的任何东西，也没有碰洛夫人。她身上只有后来抢救造成的瘀伤。

洛夫人在经历了这次磨难之后表现得镇定自若，立即打电话报警。警察很快就到了，发现她坐在椅子上，十分惊恐。她已经告诉接线员发生了什么，但没法跟警察说更多的话就倒地了。警察尝试救醒她，但都失败了。

毫无疑问，肾上腺素给了她力量，让她打电话报警，告诉接线员发生了什么，描述了闯入者，甚至提供了一个人称呼另一个人的名字。结果，这三个人在试图进入附近的另一套公寓时被发现，洛夫人的钱包还在他们身上。他们立即被逮捕。当事实证明洛夫人无法复活时，他们被指控谋杀。

他们坚持说没有碰过她。洛夫人很快就向他们妥协了：如果他们愿意离开，就把钱包给他们。他们同意了，也离开了。另外，他们怎么可能知道她就要倒地死去了呢？

到86岁的时候，我们的许多肌肉一定会萎缩。因为，由于各种各样的原因（主要原因是关节炎的疼痛），我们不再像以前那样频繁地使用肌肉。我们可能会体重减轻，睡眠增多，运动量减少，所以肌肉会萎缩，强健肌肉的鲜红色会消退，变得接近粉红色。

器官也会萎缩。在细胞仍在自我补充的地方，比如肝脏，萎缩可能没那么明显。但是，心肌细胞不会被替换，当它们死亡后，心脏会变得更小。也许提高心率的运动可以稍微延缓这个过程，但86岁的老人很少会使用划船机。洛夫人可能从来没有为了锻炼而锻炼过。我敢说她一直在忙于工作、家庭和孩子。没有必要去健身房。即使她去过，那也是很久以前。所以她对心脏的要求很低。结果，它缩小了或萎缩了。总之，长径少了大约2厘米。这给冠状动脉造成了一个问题——冠状动脉在心脏上运行，为它供血。它们要覆盖的器官变小了很多，所以不得不像蜿蜒的河流一样扭动，从而适应不断缩小的表面积。白色和黄色的纤维在那颗柔软而苍老的心脏上左右摇摆。

在一个86岁的女人身上,多余的生殖系统也一定会萎缩,原因是没有使用。卵巢就像吐掉的口香糖。子宫缩小到比核桃还小——如果生过两个以上孩子,子宫会稍微大一点。因为对它没有什么别的要求,它已经蜷缩成了一个坚硬的灰球。洛夫人的子宫内膜上有一个良性息肉:她自己不知道,就像许多女性不知道自己有子宫肌瘤一样。

根据她的病历,她还得了风湿性多肌痛,这是一种自身免疫病,会经常引起肩膀的剧烈疼痛,一些患者很难举起手臂。我没有寻找这方面的证据,但我很容易就可以找到医生报告的充血性心力衰竭的证据。她的二尖瓣变厚,并有轻微钙化。洛夫人可能会因为心力衰竭而出现腿部肿胀、疲劳和呼吸困难,因为心脏无法有效地向全身泵血,满足她对血液的需求——尽管需求很低。

多琳·洛的心脏问题不只是这些。她的右冠状动脉有严重的粥样斑块。从心脏壁上的瘢痕,我可以看出至少在一年前有过一次小的心脏病发作。我还发现她的大肠有轻度的结肠憩室病,肝脏有一个囊肿。

这是一个包含重病和轻病的列表,它的长度在老年人中并不罕见。但是在与闯入者发生了可怕的摩擦之后,到底是哪个问题导致了洛夫人之死呢?

事实上,多琳·洛随时都有可能死,因为她的心脏病非常严重,但她在事故发生后很快就死了——实际上是10分钟内。当闯入者出现时,她的肾上腺素激增,随之而来的是心率急剧增加，而她的心肌无力应对。这将扰乱心律，使心脏无法持续跳动。是这三个男孩的行为直接导致了洛夫人之死。在我写过的所有此类案例中，这是唯一一例凶手被成功起诉的。

起诉的关键是，事故与死亡之间的间隔非常短。在这种差距如此短的情况下，辩方很难说是衰老而不是当事人的行为造成了死亡。但如果差距超过10分钟，他们肯定会尝试。

我为那些肇事者感到遗憾，这让我很惊讶。不同于这类案例的其他被告，他们没有捅受害者一刀，或者动一根手指。他们都未满18岁，这三个男孩只是出来玩，他们既不知道，也不在乎自己的威胁会给脆弱的人带来多么大的不安。他们站在被告席上，看上去年轻且惊恐，看着他们，我不禁想到，如果那天晚上有人说他们会杀死人，那么他们都会宁愿待在家里。但所有选择欺负老人的人都会面临一种风险：正如皇家检控署一直告诉我的那样，"必须接受每个受害者的个体特征"。

在所有离奇纷乱的故事之后,
最后一场戏是童年的重现,是一切的湮灭;
牙齿脱落,眼睛花白,舌根无味,万事皆空。

21

我们都想长寿,但有人想活到衰老吗?我知道我不想。

在我年轻的时候,老人都害怕中风。如今中风早已不是老年人的主要死因,但仍然严重地损害着老年人的精神和身体。中风可能是个重大事件,会导致大脑功能发生突然且令人震惊的紊乱。大约一半的中风最终会致命。而活下来的患者,只有10%能恢复到以前的正常状态。

在某些方面,中风可能类似于心脏病发作:一般来说,他们都是由阻塞引起的,阻塞通过阻止血液流向重要器官的某个区域从而杀死细胞。但对于中风而言,这个重要器官是大脑。

阻塞有多种形式。一个血块。一个血管斑块或粥样斑块,它挣脱出来,在血流中运动,直到它与血管直径一样大为止。或者,一个微小的气泡穿过动脉壁的薄弱区域,也就是破裂的动脉瘤——破裂的原因通常是它受到了高血压的猛击——就会导致脑部出血。

相比于血管阻塞引起的中风,在验尸时更容易发现由血管破裂引起的中风。阻塞的下游的脑细胞在大约一周后变得苍白和柔软。如果中风的患者活了下来,缺氧和缺血的组织会解体。大脑会出现孔洞、裂缝和缝隙。如果中风非常严重,我甚至可以发现一半的大脑已经塌陷,造成了令人不安的不对称。

涉及血液渗漏的中风看起来有所不同。残留的血迹——棕色的,黄色的,金色的——永远不会消失。

高血压很容易导致中风。其他的风险因素还包括:吸烟、糖尿病、饮酒、高脂肪的饮食、缺乏运动、压力,以及不可避免的基因。我担心我自己的生活中也存在其中一些风险。像我这样的医生,充分了解自己的行为对身体的影响,而且生活的环境比数百万人的都更舒适,如果连我都表现得如此糟糕,那么那些生活在贫困中的人还有什么机会打败这个怪物呢?贫困是我没有提到的风险因素。它与心脏病以及中风的联系,是流行病学家要研究的问题,而不是法医病理学家的问题。但是,从统计学上看,这种联系是存在的。

如今,老人不再像以前那样害怕中风。他们更害怕别的东西。目前,最大的杀手应该是痴呆,它远远超过了中风。中风和痴呆当然不是一回事。中风可能会导致痴呆,但痴呆肯定不是一个突发的重大事件,它是一种慢性病,可能有很多原因。

一般情况下,痴呆首先导致短期记忆丧失。这通常会导致一些语言技能的丧失,然后会损害决策能力。随着情况不断恶化,可能伴随着焦虑。当患者意识到这个过程,意识到它在恶化,意识到不可能有效地阻止它,抑郁症可能会随之而来。之后，随着疾病的发展，患者不再有自我认知的负担。我们一生都在从周围的人那里获得有助于调节我们的行为和反应的信息，现在这些信息对我们已经无用了。我们的核心自我被抛弃在一片空白之中。随着记忆丧失，患者把女儿当成姐姐，然后当成母亲，最后当成陌生人。

渐渐地，我们忘记了父母教给我们的知识。忘了如何说话。忘了如何刷牙。忘了早上如何穿衣服。忘了如何走路。当所有的高级功能都消失了，我们大脑中更古老部分的神经元开始死亡。如果没有帮助，我们就坐不起来，也不能在床上翻身，而阻碍这一切的不是衰老的身体，而是衰老的大脑。我们失去了咀嚼食物的能力。即使是液态的食物，我们吞咽的时候也偶尔会被噎住。

最后，由于行动不便，我们可能有视力，但没有视觉。我们可能有听力，但听不到音乐，声音毫无意义。我们可以触摸柔软的东西，或者感觉阳光照在脸上，或者闻到甜美的香水，并体验到一些快乐（希望如此），但我们既不能定义，也不能识别或回忆感官体验。我们连几天前的事情都不记得，最开始也许保留了许多关于遥远过去的回忆；我们失去了关于未来的任何知识，甚至可能在一种孤立的状态下体验此时此地。如果心血管问题导致了痴呆，那么它们最终也可能导致死亡。但最有可能导致死亡的是支气管肺炎，它使虚弱不堪、营养不良、行动不便的痴呆患者陷入困境。

老年人的大脑与众不同。首先，它很小。在老年时，我们已经损失了很多脑细胞，头骨的内衬层和萎缩的大脑表面之间可能有相当大的空隙。除了一些杂乱无章的、松散的"亚麻布碎片"，没有什么能阻止大脑在这个空间里晃动。如果仔细观察，这些"亚麻布"看起来更像是一堆微型钟乳石。它们是细小的桥静脉。由于大脑缩小了，桥静脉必须伸展；而头骨内衬层和大脑之间不再是小缝隙，而是宽阔的深渊。随着年龄的增长，桥静脉变得脆弱，而且伸展得比以往更长。因此，它们很容易受伤。例如，在轻轻摔倒之后，缩小的大脑在颅内移动时很容易撕裂细小的血管。然后血管会出血。这就是硬脑膜下出血。

奇怪的是，这个更容易导致出血的空间，却能减轻疼痛。它使渗漏的血液有地方可去。对大多数人来说，硬脑膜下出血非常可怕，因为血液会在一个非常狭小的空间里产生令人难以忍受的压力。但是，在衰老的身体中，血液可以积聚在大脑萎缩后产生的空腔里。这种出血甚至可能不被注意到。验尸时，我可能会发现一个黄褐色的污点，告诉我这里隐藏着一个之前脑出血的幽灵，它在一个已经患有痴呆的人身上不会导致什么症状，所以没有被调查过。

还有哪里可能发现硬脑膜下出血？在生命的另一端，在被残忍摇晃过的婴儿的大脑中。但最终的结果非常不同。发生硬脑膜下出血之后，有些已经糊涂的老人也许还能活好几年。而被摇晃过的婴儿，大多数会死去，或者留下持续一生的脑损伤。

除了特别小，老年人的大脑表面也明显不同。年轻时那些美丽的阿尔卑斯山的山峦和沟壑怎么样了？现在仍然是阿尔卑斯山，但海拔更低，河流已经冲刷出了开阔的山谷。山谷的两边已经有很多年没有被触摸过了。

切开一个横截面，可以看到山谷有多宽，并看到更多的缝隙。在内部，大脑有四个大空间，即四个脑室。脑组织受损伤时，这些空间会随着脑壁的塌陷而慢慢扩大。环绕大脑的无菌液体，也就是脑脊液，在脑室内形成，它立即填补了扩大的空间。现在的脑室看起来就像地下洞穴系统：充满液体的巨大洞穴。

随着年龄的增长，白质——也就是大脑的线路——会减少。大脑的任何地方都可能有满是孔洞的区域，但古老的中央神经节周围尤其多。就像古代文明留下的废墟，这些孔洞表明这里曾经有大量的功能神经元束。但现在孔洞被液体填满了。

那么，是否可以说，大脑的变化不仅是正常的，而且是不可避免的？大脑组织一定会减少，但基因和各种生活方式等因素可以改变这种情况。重要的是，要接受这样一个事实：随着年龄的增长，一些脑细胞会逐渐丧失；而且总体而言，我们不会产生新的神经元。**总体而言**。好消息是，近年来的研究表明，大脑的某些部分在一生中都会产生新细胞。

海马体小而隐蔽，它因为形状像海马而得名。它的作用是处理记忆，将记忆储存在其他地方，然后在需要时调取记忆。因此，它有助于导航——如果没有它，你将永远找不到回家的路。它还将情感和感官与记忆联系起来。普鲁斯特在喝茶和吃玛德琳蛋糕时写道："可就在这一匙混有点心屑的热茶碰到上颚的一瞬间，我冷不丁打了个颤……我感受到一种美妙的愉悦感。"[1] 这种愉悦并不是来自他当时所处的环境，而是由于他回忆起了童年时代和姑妈一起喝茶、吃玛德琳蛋糕的情境。这是海马体发挥作用的最著名的例子。

找不到回家的路，无法调取模糊的记忆，无法储存新的记忆，这些都是痴呆的标志。所以，我们都想要一个能创造新的脑细胞的海马体。最近的研究似乎表明，我们也许能够通过锻炼实现这一目标，这在我们的一生中都有效，包括老年时期。这项研究的基线是，有人假设在没有痴呆迹象的老人身上，海马体一年会收缩1%或2%。然而，在意大利的一项研究中，经过一年的有氧运动干预后，参与者的海马体大小实际上增加了2%。仅仅三个月后，记忆力就得到了明显的改善。其他的研究把较高的体能与较低的认知衰退率和较低的痴呆风险联系起来，似乎也证实了这一点。因此，运动似乎确实能增加脑容量。

该研究报告的作者承认，到目前为止，我们对海马体还知之甚少。但他们得出的结论是：

> 鉴于能活到高龄的成年人大大增加，以及照顾患有神经系统衰退和情绪障碍的老年人的费用十分惊人，体育活

---

[1] 译文引自《追寻逝去的时光（第一卷）：去万斯家那边》，[法国] 马塞尔·普鲁斯特著，周克希译，人民文学出版社2021年版。

动可能是一种简单而有效的低成本治疗干预，可以改善神经认知和情绪功能。此外，大多数成年人都可以参加体育活动，而且可以免除药物治疗中经常出现的难以忍受的副作用。

我们曾经被允许给出一种死因：年老。健忘和一些身体上的损伤在当时是被接受的，并被认为是正常的衰老。但在我的职业生涯中，痴呆已经到来，取代了年老的地位。以前，"痴呆"这个词被用来描述那些过早地失去机能和认知能力的患者。进入21世纪，患痴呆的人数明显大幅增加，不仅是因为我们活得更长，还可能是因为我们现在觉得任何年龄的死亡都太早了。也因为我们对定义更加敏感，我们倾向于把年老当成一种疾病，而不仅仅是生命的另一环。或者，将痴呆视为一种疾病，是一条漫长道路的第一步，这条路的终点是理解，并有望更进一步地预防和/或治疗。

《柳叶刀》委员会的2020年痴呆报告[1]非常精彩地综述了痴呆病因的所有证据。报告称，全球有5 000万痴呆患者，并补充说，鉴于目前的肥胖、糖尿病和缺乏运动的水平，智人的预后不容乐观。我们可以从中得出结论：肥胖被认为是主要的风险因素；其他可预测的因素包括吸烟（或与吸烟的人在一

---

[1] 该报告的完整标题是"痴呆的预防、干预和护理：2020年《柳叶刀》委员会报告"（Dementia prevention, intervention and care: 2020 report of the Lancet Commission），发表于《柳叶刀》2020年8月8日。

起)、饮酒,以及也许不是那么明显的空气污染。

委员会强调,预防痴呆永远不会太早或太迟:其中一些因素实际上始于童年,而且中年时的行为往往将有助于避免以后的健康问题。因此,一旦到了40岁,你就要把你的收缩压(也就是仪器上的第一个数字)保持在130毫米汞柱,或者最好低于这个数字。高血压使血管处在强大的压力之下。它会在全身造成很多不同的后果,但在大脑中,细小的血管可能会直接失控,造成局部损伤,导致它们供血的组织死亡。在晚年测量血压并庆祝血压降低或体重下降是没有用的:在这个阶段,这些变化可能代表了不健康。而在中年,它们通常是有希望的指标。

人在一生中保护耳朵不受巨大噪声的影响也很重要。如果你之前没有听力问题,当你的听力开始下降时,要诚实,承认这一点,并使用助听器。听力损伤的影响非常显著:听力损伤与认知能力的下降有直接关系。佩戴助听器可以消除这种关联。没有人确切地知道其中的原因,但面对听力损伤时采取隔离和减少刺激的措施可能是一种解释。

为了避免痴呆,我们应该避免头部损伤,包括在年轻的时候。当然,我们会努力做到这一点。没有人希望发生车祸。但是某些运动——如拳击、摔跤、足球、橄榄球、美式足球、冰上曲棍球——会增加风险,特别是专业水平的运动。现在我们知道,反复打击头部,例如,足球运动员用头顶球,很可能导致慢性创伤性脑病。这是一种神经系统变性疾病,其表现与阿尔茨海默病相似。

《柳叶刀》委员会说，中年是遭受头部创伤的特别糟糕的时机——但有好的时机吗？我愚蠢地从梯子上摔下来，之后的脑震荡只被归类为轻微的头部损伤，但它显然提高了我患上痴呆的概率。

从幼年开始接受教育，并尽量长时间地受教育，可能对日后的大脑健康至关重要。这对父母和政府来说是很重要的信息，中低收入国家也证明了这一点。这些国家的老一代人在童年时受到的教育有限，但他们的预期寿命增加了；在这样的国家，痴呆患者急剧增加。而在英国，今天老一代的女性在年轻时的教育劣势可能反映在她们较高的痴呆发病率上。教育的重要性似乎在于，使用大脑会增加认知储备。我和许多人认为，这种情况应该持续一生。这意味着，即使你的大脑病理学已经开始对你不利，你也可能有维持日常功能的适应能力。

各种研究强调了中年之后睡眠的重要性。每晚睡眠不足5个小时或超过10个小时的人，患各种痴呆的风险会增加。最后，还有一个新的且不受欢迎的风险因素。我们不知道新冠疫情的长期影响是什么，但有人猜测，它引发的免疫反应可能会导致大脑出现严重的炎症。而炎症可能导致一些患者在大脑衰老时出现记忆和认知方面的困难。发人深思的是，在撰写本书时，那些主要死因是新冠肺炎的死亡证明上，最常见的潜在疾病就是痴呆。

对于我们这些害怕痴呆的人，《柳叶刀》委员会的报告包含了一丝希望：他们估计40%的痴呆是可以预防的。

22

我们不知道痴呆患者忍受了多少痛苦。一旦病情发展到患者也没有意识的程度，他们还有可能生活在某种程度的满足之中吗？我们能确定的是，当家属对比逐渐被病情削弱的患者和发病之前的患者时，他们可能会非常难过。

患者的家属，他们的恐惧和感受，现在变得和患者的需求一样重要。在我参与的法律案件中，如果死者年事已高且身体虚弱，几乎都是家属向警方投诉后才让我介入的。通常的指控是疏忽大意，甚至是非预谋杀人。

在年迈的父亲艾伯特·坎宁顿去世后，我收到了一份其家属的非常令人不安的口供。下面是摘录。坎宁顿先生在9月3日住进当地地区级综合医院时被诊断出患有胰腺癌。据报告，他的健康状况非常好，没有任何迫切的危险，医生建议做几次化疗。

他的家属住在郡里的另一个地方，并要求把他转到那里，但被告知这只会推迟化疗。坎宁顿先生仍然在原医院，他的儿子在9月19日长途跋涉去看他。下一周的9月26日是他的85岁生日，他的四个孩子都聚集在他的病床边。

"他可能很瘦，但精神状态很好。我们一直担心他有痴呆，但他问了我们所有人的家庭和工作情况。我告诉他，化疗后他可能会转到离我们更近的医院，他很高兴。我们在那里待了两个小时，他完全没有抱怨疼痛。

"10月5日，一位护士打电话说他的病情恶化了，现在非常糟糕。我问这是否意味着他快死了，并解释说他的家属分散在英国各地，我们所有人都至少在200英里之外。护士说，虽然告诉我是违反规定的，但她认为他也许只能活几天。

"我打电话给我的兄弟姐妹，我们都直接去了那里。我们发现爸爸在一个隔间里睡觉，我们没有叫醒他。我们制定了一个轮值表，这样我们就一直有人在那里。

"10月6日，我们要求见一位医生。她说，爸爸得了胰腺癌，已经病入膏肓。我说，他在聊天，能够坐起来，似乎并不会即将死亡。事实上，我们发现他强壮、健谈、很有活力。他以前的情况比现在糟糕得多，但总能挺过来。但医生说：'你们的父亲经常很糊涂。他已经停止进食。他的体重正在迅速下降。很快他就会陷入昏迷，再也不会醒来。'

"我问是否可以给他输液，但医生说不行，并说她不希望我们把他转移到我住的地方附近。我女儿出去买了一些果汁、牛奶和奶粉，还有一个带嘴的喂食杯。爸爸吃了很多，而且很喜欢。

"然而,他开始进入深度睡眠,并不断做一些奇怪的事,比如凌空抓一些不存在的东西。护士说,这是由二乙酰吗啡造成的。

"接下来的几天,父亲进入了睡眠状态,而医院里的人一直说,这是昏迷,他即将死亡。他们认为是时候准备最后的仪式了,牧师也来了。

"但有时爸爸会尖叫着或哭喊着醒来,说:'救命,救命!'有一次,他以为发生了火灾。每次发生这种情况时,我们都能看到他非常害怕,这让人心碎。

"爸爸得到的治疗,我们一点也不满意。因为,实际上,他根本没有得到治疗。他的脉搏很强,握力也很强。有一个连接胃部的泵一直在注射二乙酰吗啡,对此我们很担心。我们一直要求输液,他们说不行。而且几乎没有医生靠近过他。

"10月9日,我给凯医生打了电话。她是我们家的朋友,也是一名私人医生。我恳求她过来。过来之后,她看到了爸爸的皮肤,说他严重脱水。病房医生告诉她,爸爸得了胰腺癌,而且他的胸部也都是癌细胞,他很快就会死去。他们从来没有告诉我们胸部的情况。病房医生说,没有必要给爸爸输液,因为打吗啡意味着他感觉不到疼痛。但是凯医生说,水合过程对生命是必需的,实际上是一种人权。她要求医生给他输液。她认为这将有助于减少痛苦。

"凯医生问她是否可以给爸爸做检查,病房医生同意了。于是凯医生掀开床罩,我们都惊恐地看到他瘦成了一副骨架。

这太可怕了。然后凯医生给我们看他左臀部的一个大的疮口。里面有脓液渗出。她说这是一个受感染的压疮。上面没有敷料。

"后来，凯医生说：'我要遗憾地告诉你们，你们的父亲被医院用二乙酰吗啡杀害了。'"

坎宁顿先生没有得到输液。在接下来的几天里，家属变得越来越愤怒：医护人员把他们转给了医生，医生同意与他们见面，但没有出现，或者刚说了几句话就匆匆离开。凯医生打了好几次电话，医院承诺会输液，但没有。最后，坎宁顿先生的儿子与一名代理医生面对面地讨论输液问题。

"他告诉我们：'你们的父亲快死了，更积极的治疗只能延长死亡。'他说二乙酰吗啡不会加速死亡。我说我们爱我们的父亲，他是个强壮的人，强壮到死不了。我们都希望他能活下去。我们已经要求输液八天了，我们希望他能输液。"

之后有更多的冲突和电话。在家属的坚持下，坎宁顿先生输上了液。它为坎宁顿先生补充了水分，还补充了滋养他的维生素。很快，凯医生又一次长途跋涉来到医院。她告诉家属，他们的父亲病得很重。他的呼吸很不稳定，这种模式被称为陈-施呼吸（Cheyne-Stokes breathing），有时出现在死亡之前。家属恳求她让他们的父亲离开这家医院。她为坎宁顿先生在她和大儿子居住的地区的一个癌症中心找到了床位。他们安排私人救护车转移患者。医院很不高兴，要求家属签一份免责声明。他们警告说，他们不认为坎宁顿先生在旅途中能存活。

"我告诉医生,如果爸爸留在这里,他肯定会死。"儿子写道。

10月15日,他们出发了,两名家属在救护车上,更多的人坐在汽车上跟着救护车。到达癌症中心时,他们第一次看到了坎宁顿先生的压疮。

儿子写道:"这的确令人震惊,而且让我们都感到恶心。肩膀、背部、臀部、大腿、腿和脚都有压疮。凯医生负责照顾他。这是一项艰巨的任务,但她恢复了他的尊严,使他不再担惊受怕。她充满爱意地、温柔地照顾着他。她很善良,很有同情心。她还很尊重人。她照顾了他很长时间,我们将永远感激她。"

坎宁顿先生于10月29日去世。这时,警方介入了他的死亡。

很值得从其他相关人员的角度来思考这个悲伤的故事。

首先是凯医生。她是一位富有同情心的经验丰富的医生。她与这个家庭的关系使她很容易接受家属在情绪混乱时提出的要求,这些要求源自他们对父亲的关心,以及认为父亲具有某些需求。凯医生是治疗轻症的医生,在患者不太可能存活的情况下,她不知道这些需求会如何变化。但她显然对这个家庭有不可估量的帮助。

坎宁顿先生长途跋涉来到癌症中心,他非常脆弱。凯医生接收了他,并立即与家属达成一致,把二乙酰吗啡的剂量减半。在她的记录中,她给坎宁顿先生输了营养液,每两小时翻一次身,并在疮口上敷了敷料。凯医生还为他提供了口服液和治疗感染的抗生素。为了提高舒适度和减少压疮，她使用了有波纹的床褥。

坎宁顿先生的高烧逐渐退去。他的心跳不稳，医生给他开了药。在整个过程中，尽管他不能说话，但他确实在和家属交流，握着他们的手，点头回应他们。

随着死亡临近，凯医生解释说，坎宁顿先生的肾脏正在衰竭，她能做的事情也不多。显然，在这位值得信赖的医生的解释下，家属终于接受了死亡是不可避免的。多位医生与当地的临终关怀医院沟通，但儿子坚持认为父亲应该在他（儿子）的家里去世。10月26日，坎宁顿先生最后一次被转移。凯医生在地区医院护士的帮助下继续照顾他。三天后，坎宁顿先生去世了。因为考虑到家属对坎宁顿先生在医院的治疗感到担忧，凯医生没有开具死亡证明，而是联系了验尸官。验尸官又联系了警察。

现在我们来听听医院的说法。我们完全可以想象，医院职员的忙碌、相关主任医师的长期缺席（她在休长假）以及病房里不断出现的越来越愤怒的家属，肯定让氛围越来越紧张。

根据病历，坎宁顿先生是因为胰腺癌入院的。

化疗被认为是很好的姑息治疗方案，但这需要很长时间来安排。到10月5日，医生认为已经太晚了，坎宁顿先生的病情已经严重恶化。他经常感到迷糊，无法服药，因此给他配备了一个注射泵，可以在预先设定的限度内注射二乙酰吗啡。

也许在那个阶段，医院害怕被家属批评，因为它似乎处于守势。医生在笔记中写道:"他的家属可能会问,早期治疗是否可以避免这种恶化。我的回答是,我认为即使已经开始化疗,也会出现这种情况。"

随着坎宁顿先生的病情恶化,医院增加了吗啡剂量。10月10日,一名医生写道:"情况非常糟,(坎宁顿先生)对语言评论会有睁眼反应,但没有语言反应。严重的是臀部和骶骨的感染性压疮。移动时感到疼痛。用积极措施延长生命是不道德的。"

第二天,他们与家属发生了冲突,家属要求用口服补液。高级住院医师写道:"我同意埃迪森医生和吉劳德医生的意见,积极治疗对改变预后没有帮助,也无助于患者的舒适。这个阶段的积极干预是不道德的,也是对坎宁顿先生尊严的一种侮辱。有一位凯医生也与我联系过,她试图影响我们对该患者的治疗。这也是不恰当和不道德的,除非高级医师另有指示,否则坎宁顿先生的治疗方案将保持不变。但止痛药除外,止痛药将在需要时以适当的数量提供。"

接下来的笔记有一种更个人化的风格。

"注意:我们知道坎宁顿先生的亲属直到最近几天才真正地去看望他,他们的内疚感就是由此而来。也许这也是他们不分昼夜地持续骚扰医疗和护理人员的原因之一。我个人认为,维持坎宁顿先生的舒适和尊严是我们的责任,我拒绝为了安抚他的亲属而牺牲这些。我已经和(一位主任医师)讨论过这个问题,她也同意。"

坎宁顿先生的儿子也记录了这段经历:"医生说爸爸已经

住院几周了，还问我，为什么我们之前没来过这里。我想他是在暗示我们不关心父亲。我很不高兴，告诉他我们住在英国各地，而且无论如何，我们在父亲的生日时都会去看他。"

很明显，到目前为止，家属和医生双方已经失去了信任。他们之间的关系随着坎宁顿先生的病情恶化而恶化。第二天，坎宁顿先生在翻身时感到疼痛，所以他的二乙酰吗啡剂量又增加了。两天后，在与家属讨论了更多之后，医院终于不情愿地同意让坎宁顿先生转院，去离大儿子家较近的癌症中心，行程200英里。

在这个案例中，多么容易看到每个人的观点啊。

我们很容易看到，这个家庭被挚爱的父亲缓慢而不愉快的死亡所折磨，他们痛苦地看着他挨饿：对于一个癌症患者来说，极度消瘦可能是正常的；但对家属来说这不正常，他们对此觉得非常不安。坎宁顿先生的家属认为患者的极度消瘦（以及那些压疮）是因为缺乏照顾，这样的观点并不罕见。

医院选择不断增加坎宁顿先生的止痛剂，让他感觉不到褥疮，让家属给他翻身从而缓解压疮，这一点也很容易理解。但是，也许实用主义在这一决定中也发挥了作用，比如住院医生水平低、负责的主任医师一直不在。当然，从医院的记录来看，他们并非没有投入对坎宁顿先生的护理——他们继续执行自己的计划，并决心不放纵他的家属。

为临终者提供食物和补水的话题是一个文化、伦理和医疗上的雷区。临终关怀医院通常不使用人工手段在生命的最后阶段提供液体。患者的身体正在走向死亡，往往感觉不到饥饿或口渴。大多数临终关怀政策是尽可能少地干预这一过程。事实上，有一些证据表明，给患者提供过多的食物或饮水，可能会造成不适。有一些更温和的方法可以在没有导管或点滴的干扰下满足少量的补水需求，比如口腔拭子和喷雾。患者正在悄悄地走向死亡，而这种方式的人工喂养可能会不必要地延长生命。另外，在一些研究中，人工输液与更有可能出现的临终期躁动不安有关。这是一些患者在临近死亡时可能会经历的一种躁动形式，它需要平静和安心来舒缓——对患者和饱受打击的家属都是如此。

临终关怀医院知道如何提供卓越的临终管理，他们有这方面的全面的工作知识。一般来说，延长生命是医院的职责。医院决定不给坎宁顿先生补水符合临终关怀政策。也许，按照临终关怀的标准，医院较早地开始了这一过程。他们预料到坎宁顿先生会提前死亡，而预测死亡无疑是一件危险的事。但是，如果坎宁顿先生没有从家属要求的输液中获得额外的营养和水分，他的死也许会发生在医院预期的时候。

是的，如果我们置身事外，很容易看到每一方的观点。但本案的一个关键问题是，没有人能够从其他人的观点看待坎宁顿先生之死。当然，患者也无法表达自己的意愿。

在给警方的口供中，大儿子说："我相信医院的医生和工作人员可耻地忽视了我父亲，只要看到他的压疮就能确定这个事实。"

然后,他更进一步。

"我认为医院的医生要对我父亲的死负责。我认为他们故意终结我父亲的生命。他们给他注射的二乙酰吗啡远远超过了他需要的量。我还认为医生故意导致他脱水,他们剥夺了他的水分,就是剥夺了他的基本需求和基本人权。"

家属认为医护人员在加速死亡,或者更严重的是,在故意杀死濒死的患者——事实上,这种指控很常见,经常同时出现的还有家属的拒绝接受。家属非常情绪化,此时的紧张气氛是无法忍受的,令人心碎的,许多临终关怀医院已经学会了如何应对此刻的家属。他们在早期就解释了患者无法通过吃饭或输液来恢复到以前的样子,但他们鼓励亲属以其他方式满足患者的生理需求。一些临终关怀医院发现,必须详细讨论这些事情,而且要经常反复讨论,因为拒绝接受的亲属很难相信这一点。但在这个案例中,医院和家属缺乏这种沟通。

最初,医院的一位病理学家在警察在场的情况下进行了验尸。随后,警方将此案提交给我。于是,坎宁顿先生来到了我的验尸台上。

不出所料,他是一个瘦得可怜的老人,身上的黑色压疮像餐盘一样大。这些都在身体的背面;而在正面,他的手臂、手和脚的某些部分覆盖着巨大的紫色斑点。这是只出现在非常老的人身上的瘀伤。它们被称为"老年性紫癜"。它们看起来像是暴力的结果,但由于皮肤薄且没有弹性,日常护理的轻微接触也会导致它们形成。

我很快就找到了坎宁顿先生的胰腺：一个熟悉的、坚硬的白色螃蟹依偎在胰脏的尾部。但他身上很多地方都非常不健康。左心室通往主动脉的出口，因一个老化的主动脉瓣而严重缩小，多年来，主动脉瓣已经钙化，无法正常运作。因此，他辛勤工作的心脏已经增大，迫使血液通过这个不断缩小的缺口。我发现主动脉上两个更低的地方也有明显的粥样斑块，部分阻塞了通往肾脏的动脉。难怪医院完全排除了做肿瘤手术的可能性：有这样的动脉疾病，坎宁顿先生不可能在任何手术中活下来。

肝脏很健康，但表现出了与长期心力衰竭有关的变化。膀胱被感染了。由于年龄的增长，以及粥样斑块阻塞了肾动脉，所以他的肾脏很小，多孔且凄惨。肾脏无力完成自己的工作。检查肺的时候，我立刻看到脓液从呼吸道中渗出，感觉到支气管肺炎的"干豌豆"。

比"干豌豆"更大的是无数坚固的肿块，我知道这只能说明一件事。我在显微镜下检查了它们。是的，医院是对的。坎宁顿先生的肺部充满了从胰腺转移过来的癌症沉积物。

当然，警方让我回应家属的指控，即医院通过增加二乙酰吗啡的剂量故意加速坎宁顿先生的死亡。家属笔记中描述的二乙酰吗啡的剂量相当高，而在濒死的时候，确实没有明确的限制。我们都知道，坎宁顿先生的癌症令他非常痛苦。我认为这个剂量的止痛剂不是为了杀死他：在减轻痛苦和保持意识之间画出一条线，这是技巧所在。当然，超过一定的量后，患者就不可能保持意识。然而，处方的剂量是基于患者当天的确切需要而做出的临床决定，而病理学家在患者死后不能回过头来判断这一点。我也拒绝这样做。

然而，我可以处理另一项指控，即缺乏护理。医院没有给坎宁顿先生补水和提供营养，家属误解了这一点。医院的行为完全符合当前的临终关怀指南，但这一点沟通得很差——导致了更多的痛苦。

但那些压疮怎么说呢？它们并没有杀死他，但这是否说明了医院的忽视？坎宁顿先生入院时感到非常不舒服。这一点，加上他严重病变的动脉，表明他已经有一段时间行动不便了。所以他在到达病房的时候可能已经有了初期压疮。但也可能没有。因为，对于一个处于半昏迷状态、患有动脉疾病且不能下床的患者，压疮会以令人难以置信的速度快速出现，有时只需要一天时间。压疮可能表明缺乏适当的护理。但是，即使在人员充足的病房，患者能享有持续的护理（包括频繁的翻身），有时也不能预防压疮。而且，一旦长出来了，它们就很难被消除。

我给出了坎宁顿先生的死因：

1a. 肾衰竭和支气管肺炎
1b. 转移性胰腺癌

家属希望我写上是否缺乏照顾。我无权这样做。只有验尸官可以根据所有的信息做出这个决定。他正确地理解了坎宁顿先生死于自然原因。尽管家属提出了一些愤怒的要求,但他没有启动死因调查,而是建议儿子直接向医院提出投诉。我确信有一些投诉的理由——但这些理由更多的是沟通问题,而不是医疗问题。医院必须彻底调查这些问题。

多年来,我见过许多丧亲的家属。当我开始执业时,我害怕他们的惊恐和情绪。我究竟如何处理那么多的悲伤?一看到这种情况,我也会开始感到不安。当然,这对他们来说一点好处都没有。最后,我明白了,简单地告诉亲属死亡的事实,向他们解释,安慰他们,这是我能做的最善良的事情。我见过数以百计乃至数以千计的悲伤家庭,他们都是不同的,他们的悲伤有不同的形式。

我没有见过坎宁顿一家。我的信息仅限于口供、医生的笔记和坎宁顿先生的尸体。我的感觉是,父亲一直是家里的狮子,性格强势,从小就被儿女视为不可战胜的人。也许有时这也会引起人们的反感。

也许这一家人的所有行为都是出于爱和关心——如他们声称的那样。但也许不是。他们肯定为他争取了短暂的额外生命,尽管每一秒都带来了更多的痛苦。这就是这个案例让人感觉很不舒服的原因。我无法平息一个小小的疑虑。所有这些殷切的行为,可能包含一些潜在的残酷。我觉得他们几乎肯定加重了父亲的痛苦。难道他们内心深处想这样做吗?

当然,我不可能知道这个家庭中存在着什么断层线。但当我再次阅读这些笔记,我发现,在医生和护士的最早的说明中，以及在亲属的联系方式中，都记录了一位在床边的伴侣，包括她的名字。但坎宁顿先生的伴侣随后就在故事中消失了，没有人提及，儿子也没有提及。这暗示了一种之前就存在的家庭分裂，也许是对一个越来越无力的人发动的小型权力斗争？家属一开始就要求把他搬到很远的地方；也许他们想远离那位伴侣。不管发生了什么斗争，这位伴侣很快就输了。

同样重要的是，医院不得不首先给家属打电话，告诉他们坎宁顿先生病了，已经被送进医院。我注意到了一些情况，工作人员也注意到了。在接到通知之后，坎宁顿一家在两周里没有来探望，然后连续在周末来探望，其中一个周末是他们父亲的生日。在他入院一个月后，医院提醒孩子们说，他可能即将死亡。就在这时，他们在床边24小时守卫，并开始与医生对峙。

我想起了我的哥哥姐姐和我是如何在父亲年老体弱的时候与他保持联系。我们都不太喜欢我们的继母，但我们很高兴他有这段感情。她的存在并没有阻止我，因为我住得最近，如果我们有担心的理由，我就会在凌晨4点起床，从伦敦到德文郡再返回。我们都经常定期给他打电话，三个孩子都非常关心他的健康，并给予支持。

我们都没有什么特别之处。但如果我们的父亲住院了，绝不可能直到医院通知，我们才知道他生病。下面这些事情也绝对不可能：我们中的一个人没有立即去探望他，或者我们所有人都没有立即去看望他。或者，我们会在他明显接近死亡时坚持要人为地延长他的生命。或者，我们会在最后阶段将他转移到200英里远的地方。或者，在他死前，我们中的一个人会告诉医生和临终关怀医院，说他必须死在我们自己的房子里，不能死在其他地方。

我尽量不以自己的标准来衡量别人，也许我不应该怀疑这家人对他们父亲的真实情感。但事实就是这样。坎宁顿先生躺着，濒临死亡。他是静止的，无助的，半清醒的；而愤怒和争论在他周围肆虐。虽然我相信这并不会影响他何时死去，但这不是——肯定不是——任何人应有的死亡方式。

我们对"好的"死亡的理解最近受到了挑战，而这个挑战来自新冠疫情。那些死在重症监护室里的人不能被认为是迎来了"糟糕的"死亡：当死亡来临的时候，他们得到了很好的护理，有镇静剂和呼吸机，他们自己没有意识。这毕竟是我们注定要独自走过的旅程——无论谁坐在我们的床边。但是，这些患者的亲属会遭受巨大的痛苦——照顾他们的工作人员也是如此，许多人付出了超人的努力，为不被允许进入医院的焦虑家属和他们即将死去的亲人打开了沟通的渠道。

不能守在床边，这对亲属来说是可怕的。他们无法握住颤抖着的手，无法说出最后的话，无法提供安慰和爱，或者无法只是说声再见。对患者来说，死亡可能是一个完全平和的经历，但新冠疫情无可避免地导致了对许多亲属而言"糟糕"的死亡。艾伯特·坎宁顿的家属会完全同意：死亡的过程不完全是关于患者的离去，它也关乎对未死之人的影响。

23

人们经常问我死亡是什么感觉。就好像我知道一样。就好像有人知道一样。

不管宗教信仰为何,濒死并被抢救回来的人都描述了非常相似的经历,而且这些描述几乎都相同地令人愉快。对于幸存者描述的美丽灯光、团聚、爱情的延续,可能存在生理上的解释,但为什么要寻找这种解释呢?他们的描述证实了我自己的强烈猜测,即死亡是一个几乎精致、甜蜜的过程。无论死亡以何种方式发生,这个过程一旦开始,就一定是某种释放的过程。

我们的大部分生命是在忧虑中度过的,恐惧未来,怨恨过去,游戏,期待,后悔。随着我们的家庭形态和我们在其中的角色发生了变化,很多时间被花在购物、烹饪、清洁、维护和管理上,很多的时间被花在安排、计划、建设和整合上。

这一切是多么混乱啊。到了最后,我们放手。噪声停止了。随着几声叹息,也许还有一声急响,我们释放了生命。只要我们意识到自己没有选择,这种释放就一定会令人愉悦。即使我们睡着了,我们也不会像屈服于死亡这样完全放松:我认为人活着的时候不可能有这种释放。无论我们是因为暴力而不合时宜地死,还是在医院的病床上安静地准备几周,上述说法都成立。

认为死者的脸呈现出恐怖、震惊或恐惧,这是犯罪小说家的谬论。事实并不是如此。无论死亡是如何发生,死者的脸上都显示出安静与安详。我们要记住,死亡是一个过程,而不是一个突发事件。有变化的时刻,但这个过程可能需要几分钟。细胞随着系统的关闭而逐渐死亡。也许有一种慢慢放松到温水浴中的感觉。

我希望我在离开的时候,还有时间感受快乐。随着年龄的增长,我对死亡的忧虑越来越少,我越来越意识到生命是一种美好的经历。是的,所有这些,美好和糟糕,恐惧和幸福,错误和胜利,甚至还有痛苦和损失。当然,有令人振奋的山川湖海之美,但琐碎的事情,现在对我来说也有眼花缭乱的美。我曾经在图厅的一个下雨的早晨赶巴士去上班,我没有想到有一天我会高兴地记住这些:湿雨衣的气味,脚步在楼梯上的咔嗒声,巴士减速时的双响铃,在外面穿行的明亮雨伞,被雾化的窗户掩盖的颜色……我记得所有这些平凡的细节,而我此刻的体验比当时的更加强烈。现在我在它们身上看到了我当时没有看到的美。

在我的家人和我爱的人身上,我也看到了同样的美。每次我乘坐小型飞机起飞，聆听飞机的静默，看到地球延伸的地平线，看着海岸，看着世界升起，我意识到这是一幅精致的画，它的细节和强度是任何艺术家都无法复制的。而我在生理上和精神上都体验到了这种美。这种沉浸在生命的超然中的感觉，带来了一种快乐，这种快乐一定会战胜所有对死亡的恐惧。

在本书中，你已经读到了各种各样的死亡，因为凶杀、自杀、爱、残酷、疯狂和厄运……这就是法医病理学家的世界。但对我们大多数人来说，死亡不是这样的。就像我父亲的死，它是悄悄发生的，临死时我们知道人生值得一过，我们被爱过。我希望在椅子上看书时死去，有一件事我可以确定，我真的不想睡过去，以防我错过这段经历，它也许是人生最美妙的经历。

致　　谢

有许多人影响了我的生活，因此也影响了这本书。只提其中一部分人是不可取的，但在这里我想特别回忆一下我在圣乔治医院医学院的第一位导师和法医病理学老师。在写这本书的时候，鲁弗斯·克朗普顿医生不幸死于新冠肺炎。

在我的职业生涯中，来自英国各地乃至世界各地的许多同事——犯罪现场调查员、法医科学家、毒理学家、警察、律师和验尸官——都帮助和指导过我。他们在许多场合、以许多方式提供了帮助。我衷心感谢你们的友谊、知识、诚实、关怀和支持。感谢你们为我指点迷津！

然而，一本书的出现并不容易，书和作者都需要被培养，被支持，迈克尔·约瑟夫的团队无可指责，他们在这个项目的每一步都珍惜我和帮助我。他们的方法包括威胁、爱、劝说，或只是支持。我要感谢罗兰·怀特、露丝·阿特金斯、萨拉·戴、劳拉·尼科尔、斯瑞娅·瓦拉达拉詹。当然还要感谢马克·卢卡斯，以及尼亚姆·奥格雷迪的巧妙帮助。如果没有他们，我可能还在四处游荡，希望文字和纸张能奇迹般地结合起来，创造有趣的事。

然后是我的家人，如今分散在英国各地甚至在世界各地的家人，总是在我变得戏剧化的时候制造危机，让我知道自己是谁。你们仍然以各种方式使我保持"年轻"，如果没有你们我该怎么办呢？克里斯和安娜，你们来到这个世界的时候我真的很年轻。你们以我无法计数的方式为我的生活带来了快乐。而且，是的，你们也教会了我很多。在这本书的写作过程中，你们都提供了宝贵的建议：多年前我怎么能猜到有一天我会依靠你们的智慧和同情？我还要感谢我的三位"临时工"：雷切尔，萨拉和莉迪娅，你们以不同的方式为我的生活增添了许多额外的内容。

现在回到我自己的家。我很幸运，现在还有很多人陪着我，还有我的私人训练员，阿奇和伯蒂，它们是忠诚的杰克罗素梗，总是在我写作的时候陪在我身边。它们已经听我讲了很多次故事，所以它们可能看起来在睡觉。但是只要我一动，它们就会出现在我面前。最后，还有可爱的女士、优秀的妻子琳达，有一天，当一群蜜蜂、一个坏掉的梯子以及地心引力合谋试图夺走我的生命时，她确确实实地救了我。我怎么能不感谢你和我一起走过的这段美妙旅程呢？